무슨 말인지 **이해하셨어요?**

무슨 말인지 이해하셨어요?

FAILURE TO COMMUNICATE:
WHY WE MISUNDERSTAND
WHAT WE HEAR, READ,
AND SEE

우리가 보고 듣고 읽는 것이
제대로 전달되지 않는 이유

로저 크루즈 지음 | 김정은 옮김

현암사

무슨 말인지 이해하셨어요?
우리가 보고 듣고 읽는 것이 제대로 전달되지 않는 이유

초판 1쇄 발행 2024년 9월 19일

지은이 | 로저 크루즈
옮긴이 | 김정은

펴낸이 | 조미현
책임편집 | 김솔지
교정교열 | 정차임
디자인 | 이경란

펴낸곳 | (주)현암사
등록 | 1951년 12월 24일 · 제10-126호
주소 | 04029 서울시 마포구 동교로12안길 35
전화 | 02-365-5051
팩스 | 02-313-2729
전자우편 | editor@hyeonamsa.com
홈페이지 | www.hyeonamsa.com

ISBN 978-89-323-2384-8 (03700)

책값은 뒤표지에 있습니다. 잘못된 책은 바꾸어 드립니다.

밥과 실라에게

Failure to Communicate
© 2023 by Roger Kreuz

Translated from the English Language edition of Failure to Communicate by Roger Kreuz originally published by Prometheus, an imprint of The Rowman & Littlefield Publishing Group, Inc., Copyright©2023 by the author(s). Translated into and published in the Korean language by arrangement with the Rowman & Littlefield Publishing Group, Inc. All rights reserved.

No part of this book may be reproduced or transmitted in any form or by any means electronic or mechanical including photocopying, reprinting, or on any information storage or retrieval system, without permission in writing from the Rowman & Littlefield Publishing Group, Inc.

Korean translation copyright ©2024 by Hyeonamsa

이 책의 한국어판 저작권은 PubHub 에이전시를 통해 Rowman & Littlefield Publishing Group, Inc.와 독점계약한 ㈜현암사에 있습니다. 저작권법에 의해 한국 내에서 보호를 받는 저작물이므로 무단 전재와 무단 복제를 금합니다.

그녀가 두려워한 것은 죽음이 아니었다.
오해였다.

- 조라 닐 허스턴, 『그들의 눈은 신을 보고 있었다』 (1937) 중에서

"삶의 고난은 대부분 오해에서 비롯된다고 생각해요."
앤이 말했다.

- 루시 모드 몽고메리, 『레이먼드의 앤』 (1915) 중에서

목차

들어가는 글 ○ 13

감사의 글 ○ 20

1장 네가 그렇게 말할 거라고 예상했어
오해를 낳는 여러 요소

의심하지도 않았던 생각의 틀 ○ 25
기대가 어긋날 때 ○ 29
모호한 문장과 불명확한 개념들 ○ 34
표현 뒤에 숨긴 의미 ○ 38
얼마나 말해야 충분할까? ○ 42
인터넷 후의 세상 ○ 47

2장 이 정도는 다들 아는 상식이잖아
심리적 요인

상대를 향한 자기중심적 믿음들 ○ 55
우리 모두 아는 공통 기반 ○ 59
비꼬기의 틈 ○ 63
상식이 가져오는 오류 ○ 68
잘못 추론하고 무의식중에 떠올리다 ○ 72
누가 정정할 것인가? ○ 78

3장 방금 누가 내 이름 부르지 않았어?
지각의 문제

어른들은 듣지 못하는 소리 • 85
비슷하지만 전혀 다른 소리들 • 88
존재하지 않는 목소리가 들려 • 93
레이디 몬더그린과 잔디밭 • 97
익숙한 단어는 보지 못한다 • 102
자유분방한 손글씨의 저주 • 106

4장 삼연패한 당신의 권투를 빕니다
헷갈리는 단어

발음이 어려워서 그만 • 111
금강산과 금광산 • 116
같은 말, 반대의 뜻 • 120
표현 이상의 의미를 숨기다 • 123
모두가 다르게 받아들여서 • 127
그녀가 대체 누군데? • 132
골치 아픈 전문 용어 • 137

5장 오늘 빳빳한 거 한번 써볼래?
  표현의 문제

나쁜 내용을 좋게 말하는 게 가능해? ◦ 145

말 뒤에 숨긴 암시 ◦ 149

유용하지만 한계를 짓는 은유 ◦ 154

다들 아는 관용구 아니었어? ◦ 159

십 년이면 언어도 변한다 ◦ 164

신조어의 등장 ◦ 169

너무 짧은 문자 메시지 ◦ 173

6장 팀장님 표정이… 혹시 화나셨어요?
  비언어적 표현

얼굴을 (잘못) 읽다 ◦ 181

눈으로만 웃을 수 있을까 ◦ 184

손짓으로 말해요 ◦ 188

소속 집단을 의미하는 손동작? ◦ 193

글보다 그림이 낫다? ◦ 197

스포츠의 사인, 수신호와 카드 ◦ 201

침묵은 동의일까 거절일까 ◦ 205

7장 그거 그 뭐더라, 그거 맞나?
인지적 요인

전화기 게임을 하는 아이들 ◦ 213
길을 잃은 문장들 ◦ 217
쉼표, 넣을까 말까 ◦ 221
더 빠르게 읽을 수 있다면 ◦ 226
기억은 왜곡된다 ◦ 230
그게 무슨 말이더라? ◦ 235

8장 친구야, 넌 내 농담 이해했지?
사회적 요인

그냥 농담이었어요 ◦ 243
있잖아, 그거 들었어? ◦ 247
콜라 주세요. 제 말은, 소다요 ◦ 251
매력은 내용을 이긴다 ◦ 254
우리끼리만 아는 이야기 ◦ 259
어떤 오해는 의도된다 ◦ 263

9장 아무것도 모르면서 앞뒤 자르지 마세요
매체와 맥락

소셜 미디어에는 맥락이 없다 ◦ 271
전문 용어는 쓰레기다? ◦ 276
저자의 의도를 찾으시오 ◦ 281
번역에서 길을 잃다 ◦ 286
사실에서 멀어지는 기사들 ◦ 290
저랑 만나보실래요? ◦ 294

10장 빵빵! 못 봤어요, 미안해요
장소와 맥락

자기중심성과 이메일 ◦ 303
도로 위의 분노 ◦ 307
혼돈의 법정 ◦ 312
전쟁의 승패가 갈리다 ◦ 316
하늘에서 쓰는 언어 ◦ 320
최악의 항공 참사 ◦ 325

나가는 글 ◦ 331
미주 ◦ 338

들어가는 글

우리는 의사소통의 홍수 속에서 살아가고 있다. 어느 때보다도 소통 수단이 다양하다는 뜻이다. 하지만 그만큼 원활히 소통하고 있을까? 꼭 그렇지만은 않은 것 같다. 물론 의사소통 수단의 다양성 측면에서는 더할 나위 없는 시대다. 문자, 블로그, 트위터로 글을 쓰고 언제든 공유할 수 있다. 그러나 진정한 의사소통의 측면에서 볼 때 오늘날은 최악의 시대라고 해도 과언이 아니다. 새로운 매체를 통한 소통은 진정한 상호작용을 어렴풋이 흉내낸 것에 불과해 온갖 오해를 낳는다. 트위터나 문자 메시지는 막상 받고 나면 보낸 사람의 진의를 파악하기가 어렵다. 이 메시지는 진지한 걸까, 장난일까? 이 단답형 메시지는 뭐지? 화가 난 건가? 그냥 바쁜 거겠지? 여기 마침표는 왜 찍은 걸까? 확인할 수 없는 온갖 가정과 부정확한 추론들로 우리 머리는 늘 혼란스럽다.

우리는 역사상 가장 소통이 어려운 시대의 한가운데에 서 있다. 무엇보다도, 새롭고 다양한 소통 수단이 너무 빠르게 진화하고 확산된다. 그러다 보니 가벼운 업무 메일 하나를 보낼 때조차 혹시나 오해를 살까 봐 고민에 고민을 거듭하게 된다. '이모지emoji'를 쓰면 어떨까? 어떤 것을 고르지? 업무 메일에 이모지는 좀 이상한가?

1980년대에는 온라인 게시판과 채팅방, 토론방이 크게 유행하면서 '네티켓'이라는 용어가 생겼다. 온라인에서 글을 쓸 때 지켜야 할 규칙을 두루 이르는 말이다. 하지만 공식적인 규칙이 아니었던 만큼 모르는 사람도 많았고 알더라도 지키지 않는 경우가 허다했다. 오늘날의 상황도 다르지 않다. 아니, 오히려 더 심각해졌다. 사회적 합의 측면에서는 별로 나아진 것이 없는데 새로운 소통 수단만 엄청나게 늘어났으니 말이다.

이제, 이상적인 대화 장면을 상상해 보자. 당신은 지금 사람이 거의 없는 조용한 카페에서 오랜 친구와 차를 마시고 있다. 대화는 무척 편안할 것이다. 상대방을 잘 볼 수 있고 잘 들을 수 있으며 그밖의 다양한 언어적, 비언어적 신호들을 통해 상대방의 말을 더 잘 이해할 수 있다. 친구의 목소리, 표정은 물론이고 취하는 자세까지 친구의 의중을 알 수 있는 힌트도 풍부하다. 게다가 오랜 친구여서 그가 머리를 한쪽으로 기울이는 것이 농담이나 뒷담화를 시작하는 신호라는 사실도 안다. 그러다 보니 특별한 노력 없이도 친구의 이야기를, 그의 진정한 의도를 이해할 수 있다고 느낀다.

이제 상황을 조금 어렵게 만들어보겠다. 방금 전까지만 해도 거의 비어 있던 카페가 손님들로 북적이기 시작한다. 소음 때문에 친구 목소리가 잘 들리지 않는다. 그런데 갑자기 친구가 한 번도 들어본 적 없는 낯선 이름을 언급한다. 대체 누구를 말하는 거지? 친구의 말을 잠깐 끊고 다시 말해달라고 하거나 내가 생각한 사람이 맞는지 확인해야 할 것 같다. 불과 몇 분 전까지만 해도 아주 편안하게 이어지던 대화가 이제 조금 힘들게 느껴진다.

상황을 한 번 더 꼬아보자. 이번에는 오랜 친구가 아니라 낯선 이성과 시끄러운 카페에서 소개팅을 하고 있다. 당신은 상대에 대해 아는 것이 거의 없고, 단지 친구의 친구에게 소개를 받았을 뿐이다. 소소한 이야깃거리를 찾으려고 애써 보지만 부자연스럽고 어색하다. 어떤 이야기를 꺼내는 게 안전할까? 말하면서 왜 저렇게 눈알을 굴리지? 지금 한 말은 농담일까 진담일까? 그건 그렇고 다들 왜 이렇게 시끄럽게 말하는 거야? 이런 상황에서는 대화가 그 자체로 고역이고 즐겁지도 않을뿐더러 오해가 생길 소지도 다분하다.

이 책에서 나는 의사소통이 견고하면서도 동시에 취약하다는 점을 밝힐 것이다. 의사소통이 견고한 이유는, 소통을 방해하고 모호하게 만들고 질적으로 저해하는 요소가 한 가지일 때는 충분히 버틸 수 있기 때문이다. 하지만 방해 요소가 두 가지 이상이 되면 의사소통이 완전히 무너질 수도 있다는 점에서 취약하다. 예를 들어 단순히 카페가 시끄럽기만 하다면 좀 힘들기는 해도 어떻게든 친구의 말을 알아들을 수 있다. 그러나 친구가 당신이 모르는 이름을 꺼내는 순간 상황은 달라진다. 게다가 시끄러운 환경에서 전혀 모르는 사람과 소통해야 한다면? 그 시간은 모두에게 그저 인내심 테스트처럼 느껴질 수도 있다. 심지어 직접 만나지 않고 소개팅 상대와 통화를 하는데 연결 상태마저 좋지 않다고 상상해 보라. 아마 의미 있는 대화가 이루어지기는 힘들 것이다. 이처럼 의사소통을 방해하는 요소가 두 가지 이상인 상황을 상정해 보면 의사소통이 얼마나 취약하고 깨지기 쉬운지가 분명해진다.

인간의 삶은 의사소통과 함께 진화했다고 해도 과언이 아니다. 지난 수천 년 동안 인간은 오직 친숙한 사람들과 얼굴을 마주하고 상호작용을 해왔다. 변화가 일어난 건 아주 최근의 일이다. 기술 발달로 의사소통이 점차 용이해지면서 생겨난 변화다. 처음에는 글자를 읽고 쓸 줄 아는 사람이 많아지면서 멀리 떨어진 이들과도 편지를 주고받을 수 있게 되었다. 다음으로 전화가 발명되자 가족, 친구들과 실시간 의사소통이 가능해졌다. 이메일이 등장한 이후로는 어떤 문서든 눈 깜짝할 사이에 세계 곳곳으로 전송할 수 있게 되었다. 그리고 마지막으로 문자 메시지, 트위터, 기타 소셜 미디어의 출현은 의사소통을 완전히 새로운 차원으로 이동시켰다. 그러나 이 모든 변화에도 불구하고 인간의 의사소통 능력은 향상되기는커녕 퇴보한 것으로 보인다.

먼저, 전화는 상대방을 이해하기 위한 수많은 비언어적 신호들을 지워버린다. 이메일은 언어적, 비언어적 신호 둘 다를 제거해 버리니 문제가 더 심각하다. 하물며 모르는 사람이 올린 소셜 미디어 게시물은 어떤가. 진지한 글인지 장난스러운 글인지조차 헷갈린다. 이처럼 친밀한 사람과의 직접 대화에서 멀어질수록 의사소통 스트레스는 더욱 가중된다. 이대로 가면 상황이 어디까지 악화될지 모르겠다.

의사소통이 원활하지 않으면 우리는 그 이유를 알아내려고 찬찬히 소통 과정을 돌아볼 것이다. 그리고 늘 그렇듯 책임을 다른 곳으로 돌리고 싶어질 것이다. 예컨대 상대방이 부주의하거나 지식이 부족해서 오해가 생긴 것이라고 생각해 버린다. 사회심리학자들은 이런 식의 반사적 판단을 대응추론편향correspondence bias이라고 부른다. 타인의 실패는 그 사람 개인의 잘못으로 보면서 나 자신의 실패는 상황 탓으로 돌리는 사고방식이다. 카페의 사례로 돌아가서 대응추론편향이 일어나는 방식을 그려보자면 이런 식이다. 우선 상대방이 당신의 말을 이해하지 못했을 때는 그 원인을 상대방의 산만함 탓으로 돌린다. 실제 그 사람의 성격이 산만함과는 거리가 멀다 해도 말이다. 반면에 당신이 상대의 말을 이해하지 못했다면? 카페가 너무 시끄럽기 때문이라고 생각한다.

하지만 사람들이 쉽게 간과하는 사실이 있다. 의사소통이 길을 잃는 이유는 매우 다양하다는 점이다. 중요한 한 가지 원인으로는 언어 자체를 꼽을 수 있다. 언어는 분명하고 정확한 의사소통에 적합하게끔 설계되어 있지 않다. 애초에 언어는 누군가에 의해 설계된 것이 아니다. 언어는 소리 구조와 문법, 어휘에 영향을 미친 수많은 역사적 사건을 거쳐 서서히 오늘날의 형태를 갖추었다. 한마디로 언어는 논리 법칙에 입각해 만들어지지 않았고 유기적으로 성장했다. 그러다 보니 언어의 특정한 측면은 고정된 채 다른 측면만 끊임없이 변하기도 한다. 예컨대 철자는 그대로인데 발음만 계속해서 변하는 단어도 있다.

그런가 하면 우리 몸과 마음이 작동하는 방식도 의사소통 과정에 큰 영향을 미친다. 어떤 경우에는 감각적 원인, 즉 우리 몸의 감각기관이 작동하는 방식 때문에 오해가 생긴다. 또는 인지적 원인, 즉 보고 들은 것을 우리 정신이 해석하는 방식 때문에 생기기도 한다. 우리의 사고와 기억을 왜곡하는 인지적 편향도 오해를 낳는 또 하나의 원인이다. 마지막으로, 앞서 살펴보았듯 사회·문화적 원인 때문에 생겨나는 오해도 있다. 이렇듯 의사소통 실패의 책임을 물을 수 있는 지점은 아주 다양하다.

다행히도 우리는 의사소통이 이루어지는 방식에 대해 이미 많은 것을 알고 있다. 바로 인지과학의 발달 덕분이다. 인지과학이란 지난 수십 년간 심리학자와 언어학자를 비롯한 많은 연구자들이 '다학제 간 연구'를 통해 만들어낸 사고의 틀이다. 인지과학자들에 따르면 의사소통은 감각적, 인지적, 언어적, 사회적 요인이 서로 맞물리는 과정을 통해 이루어진다. 그런데 모든 복잡한 과정이 그렇듯, 의사소통 또한 한두 가지 구성 요소에만 문제가 생겨도 완전히 실패해 버릴 수 있다. 의사소통은 때로는 놀라울 만큼 견고하지만 철옹성은 아니다. 그러므로 오해를 낳는 다양한 원천을 미리 알아두는 것은 효과적인 의사소통을 위한 첫걸음인 셈이다.

이 책에서는 인지과학적 관점과 인지과학 분야의 다양한 저작물을 근거로 우리가 말하고 듣고 읽고 쓸 때 일어날 수 있는 여러 문제를 설명하고자 한다. 논의는 실제 의사소통 실패 사례를 기반으로 이루어질 것이다. 필자의 목표는 오해가 다양한 맥락에서 어떻게, 왜 생겨나는지를 설명하는 것이다. 독자 여러분이 의사소통의 힘뿐 아니라 취약성을 이해하는 데도 도움이 되기를 바란다.

감사의 글

책 한 권을 쓰는 데 온 마을이 필요하지는 않겠지만 많은 이들의 도움과 인내, 선의가 없었다면 이 책을 완성할 수 없었을 것이다. 이 프로젝트를 실현할 수 있도록 도움을 준 모든 분께 감사 인사를 전한다.

먼저 이 책의 초고를 꼼꼼히 읽고 소중한 피드백을 준 나의 첫 번째 독자, 리처드, 릭, 캐서린에게 감사하다. 이들이 먼저 읽고 애써준 덕분에 독자 여러분께 읽을 만한 책을 선보일 수 있었다. 익명의 두 리뷰어의 의견 역시 큰 도움이 되었다.

멤피스 대학교 네드맥워터 도서관 상호대차서비스 부서의 도움도 무척 컸다. 필자가 그 어떤 희귀한 자료를 요청해도 늘 바람처럼 찾아서 보내주는 대단한 능력의 소유자들이다. 도서관 사서들이야말로 이 책의 숨은 공신이라고 생각한다.

인문대 학장 애비 패릴, 심리학부 학부장 랜디 플로이드, 스케이츠홀 행정실의 직원들, 특히 토리 타더그노의 지원과 격려에 감사를 표한다.

프로메테우스북스의 존 커츠에게도 고마움을 전하고 싶다. 그는 내 제안에 처음으로 관심을 가져주었고, 이 프로젝트를 기꺼이 맡아주었다. 날카로운 눈으로 편집에 도움을 준 교열 담당자 브루스 오언스와 편집자 니콜 카티에게도 감사하다.

마지막으로, 지치지도 않고 나의 입장을 대변해 준 에이전트 앤디 로스에게 큰 감사를 전하고 싶다.

로저 크루즈

2022년 3월, 테네시주 멤피스에서

일러두기

- 본 도서의 사례 중 일부는 독자의 이해를 위해 우리말 사례로 대체했다.
- 본문의 각주는 모두 옮긴이주이고 미주는 원주이다.

1장

네가 그렇게 말할 거라고 예상했어
오해를 낳는 여러 요소

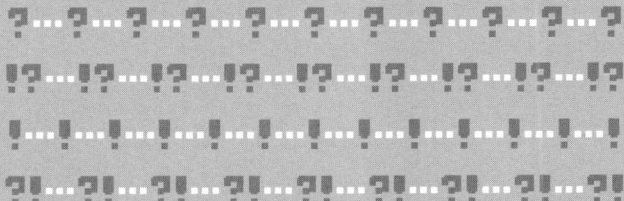

본격적인 논의에 앞서 이 장에서는 의사소통 실패의 실제 사례들을 살펴보겠다. 우리는 타인과 상호작용할 때 온갖 기대와 가정을 한다. 그런 기대와 가정은 어떤 과정을 거쳐 오해를 일으키는 것일까? 평소 우리는 오해를 낳는 다양한 요소들에 거의 관심이 없다. 하지만 그로 인한 의사소통 실패는 엄청난 결과를 불러오기도 한다.

의심하지도 않았던 생각의 틀

1998년 12월 11일, 케이프커내버럴 발사대에서는 우주선이 굉음을 내며 화성으로의 여정을 시작했다. '최초의 행성 간 기후 관측 위성'[1]으로 알려진 무인 궤도선 '화성 기후 궤도선'이었다. 이 우주선은 화성의 대기와 기상 상황을 관측하기 위해 제작되었으며, 이듬해 화성에 도착할 예정인 화성 극지 착륙선과의 소통 창구로도 활용할 계획이었다.[2] 우주선 제작과 발사에는 자그마치 2억 8,500만 달러가 소요되었다. 우주선은 화성으로 날아가는 긴 시간 내내 정상적으로 작동했다.

발사 10개월 후인 1999년 9월 23일, 우주선은 속도를 늦추면서 화성 궤도에 진입하기 시작했다. 곧이어 화성의 뒷면으로 이동한 우주선의 통신이 단절된 것까지는 예상대로였다. 문제는 통신 재개 시간이 한참 지나도록 감감 무소식이었다는 것이다. 캘리포니아주 패서디나의 제트추진연구소 기술자들은 최악의 시나리오를 떠올렸다. 뭔가 심각한 오류가 발생한 게 틀림없었다. 그리고 우주선에서는 끝끝내 아무런 신호도 감지되지 않았다.[3]

임무 실패의 원인은 후속 조사에서 밝혀졌다. 우주선이 화성 표면으로 너무 가까이 날아가는 바람에 화성 대기 속에서 불타버렸거나 우주로 튕겨 나간 것이다. 그런데 이런 일이 벌어진 원인은 다름 아닌 의사소통의 실패에 있었다. 우주선 설계와 제작을 담당한 록히드 마틴사는 자세 제어 분사기의 추진력을 계산할 때 파운드/초 단위를 사용한 반면, 미 항공우주국NASA의 유도장치는 뉴턴/초 단위를 사용했다. 이에 따라 궤도 계산에 엄청난 오차가 생겼고, 결국 임무가 실패한 건 물론이고 우주선까지 잃고 말았다.

당시 록히드 마틴사를 포함해 미국 항공우주 산업계 전체는 영국 제국단위계에서 유래한 '관용 단위계', 즉 피트와 파운드 등을 사용하고 있었다. 참고로 현재 미터, 킬로미터 등의 미터법을 사용하지 않는 나라는 미국을 포함해 단 3개국뿐이다(나머지 두 나라는 라이베리아와 미얀마다). 뉴턴/초 단위를 사용하던 나사의 제트추진연구소 엔지니어들은 이런 사실을 상상조차 하지 못했기 때문에 꼭 필요한 '환산'을 하지 않았던 것이다. 이처럼 측정 단위의 불일치를 발견하지 못해 화성 기후 궤도선을 잃고, 연이어 발사한 화성 극지 착륙선마저 추락하자 나사는 1990년대부터 모토로 삼았던 "저비용, 고속도, 고효율"이라는 구호를 다시금 돌아보게 되었다.[4]

화성 기후 궤도선 파괴는 특히나 뼈아픈(게다가 값비싼) 선례를 남겼지만, 현실에서도 준거틀이 어긋나면서 의사소통 실패나 오해가 빚어지는 사례는 수없이 많다. 이런 준거틀의 차이가 가장 잘 드러나는 경우는 아마도 서로 다른 기대와 믿음을 가진 두 문화 집단이 소통하는 상황일 것이다. 두 집단이 서로 다른 말을 하면서 벌어진 사건은 역사적으로도 많았다. 북미 원주민과 식민 정착자들 사이에 체결된 여러 조약이 좋은 사례다.

뉴욕 맨해튼섬은 1626년에 피터 미누이트*가 레나페 부족에게서 단돈 60휠더**어치의 물건을 주고 구입했다고 알려져 있다. 구체적으로 어떤 물건이었는지는 기록이 없지만 아마도 옷감과 같은 교역물이나 도구와 같은 금속 물품 등이었을 것이다.[5] 60휠더는 이 이야기가 널리 알려진 19세기 중반 기준으로 약 24달러에 해당한다.[6] 오늘날의 화폐 가치로 따지면 800달러 정도인데 맨해튼의 현재 가치인 약 1조 7,000억 달러와는 비교조차 되지 않는 액수다.[7]

미누이트 총독은 법과 조약에 기반한 유럽식 세계관을 가지고 있었고, 여기에는 부동산 소유권 개념도 포함되었다. 그의 목표는 자국민을 뉴암스테르담***에 정착시키는 것이었으므로 그 땅에 대한 명백한 소유권이 반드시 필요하다고 생각했

---

*   네덜란드 식민지 총독.
**   guilder. 네덜란드의 옛 화폐 단위. 영어식으로는 '길더'라고 한다.
*** 네덜란드가 맨해튼섬에 건설한 식민 도시. 이후 영국이 뉴욕으로 개칭했다.

다. 하지만 레나페 부족을 비롯한 아메리카 원주민들은 소유권에 대한 개념이 근본적으로 달랐다. 그들에게 땅은 공기나 물처럼 누구나 쓸 수 있는 것이었으며 당연히 사거나 팔 수도 없었다. 심지어 레나페 부족은 그 땅에 살고 있지도 않았고 때때로 사냥이나 낚시를 하러 다닐 뿐이었다. 그들은 아마도 미누이트가 준 교역품을 우정의 징표로 보았을 것이고, 기껏해야 그 땅을 사용하도록 허락해 준 것에 불과했을 것이다.[8]

위 사례에서 알 수 있듯 서로 아무리 노력해도 암묵적인 가정들 때문에 의사소통은 갈 길을 잃곤 한다. 네덜란드인들과 레나페 부족은 토지소유권에 대한 서로의 관점에 대해 의문을 제기할 필요성 자체를 느끼지 못했다. 미누이트 총독은 토지소유권을 당연히 양도할 수 있는 것으로 보았던 반면 레나페 부족 문화에는 토지소유권이라는 개념 자체가 없었기 때문이다.

그렇다면 현대인의 의사소통 능력은 많이 개선되었을까? 앞서 살펴본 화성 궤도선 사례만 보아도 우리의 소통 능력은 여전히 답보 상태다. 록히드 마틴사의 엔지니어들은 미 항공우주산업계의 일원이었고, 그 세계에서는 관용 단위계를 쓰는 것이 너무나 당연했다. 반면에 나사의 제트추진연구소에서는 항상 미터법 체계를 사용해 왔다. 이처럼 준거틀이 전혀 달랐음에도 양측은 그것이 다를 거라고 생각조차 하지 못했다. 그래서 화성 궤도에 도착하기 한참 전부터 이미 우주선의 비행 궤적이 조금씩 어긋나고 있었음에도 측정 단위의 불일치가 주범이라고는 누구도 의심하지 못했던 것이다.

준거틀은 효율적인 의사소통을 가능케 한다는 점에서 매우 유용하다. 대화 도중 상대방이 가진 세계관의 기본 개념을 끊임없이 점검해야 한다면 대화는 제대로 이어질 수 없을 것이다. 하지만 이런 틀은 우리 눈에 보이지 않기 때문에 특히 더 위험하다. 그 틀이 잘못된 것으로 드러나는 순간 우리는 그 대가를 치러야만 한다.

기대가 어긋날 때

2007년 6월 10일 저녁, 수백만 명의 미국인이 텔레비전 앞에 모여앉아 HBO 드라마 〈소프라노스〉 마지막 화를 기다리고 있었다. 〈소프라노스〉는 뉴저지의 마피아 두목 토니 소프라노와 그의 가족 이야기를 다룬 드라마로, 8년 반 전 처음 방송을 시작한 이래 줄곧 대단한 인기를 누려왔다. 총 86화가 방영되는 동안 일어난 수많은 사건은 과연 어떻게 마무리될 것인가. 모두의 이목이 집중된 순간이었다.

엔딩을 몇 분 남겨놓고 시청자들은 토니의 가족들이 하나하나 저녁 식사 자리에 도착하는 모습을 기대에 찬 눈으로 바라보고 있었다. 그런데 갑자기 화면이 검은색으로 변하더니 아무 소리도 나지 않는 것이 아닌가! 많은 시청자는 방송 사고라고 생각했다. 자신들만 토니와 가족들의 마지막 이야기를 놓치는 것이 아닐까 걱정했다. 그러나 검은 화면이 10초 동안 이어진 끝에 엔딩크레딧이 올라가기 시작했다. 정말로 끝이었다. 그런데 뭐가 어떻게 됐다는 거지? 결국 토니가 살해당했다는 건가? 드라마 제작자 데이비드 체이스는 그 후로도 결말에 대해 아무 언급을 하지 않았고 몇 년에 걸쳐 온갖 추측만 난무했다.[9] 〈소프라노스〉말고도 비슷한 사례는 더 있다(〈왕좌의 게임〉보신 분?). 여기서 우리는 알 수 있다. 사람들은 드라마의 마지막 화에 어떤 일이 일어나고 일어나지 말아야 하는가에 대해 강한 기대를 갖고 있으며, 그 기대가 깨졌을 때 상당히 불안해한다.

아주 오래전부터 심리학에서는 기대를 인간 행동의 중요한 부분으로 보았다. 1920년대 영국의 심리학자 프레더릭 바틀릿이 고안한 '스키마'(schema. 그리스어에서 '형태'나 모양'을 뜻함)라는 개념도 일종의 기대다. 스키마란 인간이 자신의 경험을 이해하기 위해 사용하는 정신적 틀을 의미한다. 바틀릿은 다수의 연구를 통해 스키마가 인간이 정보를 해석하고 기억하는 방식에 지대한 영향을 끼친다는 사실을 보여주었다.

바틀릿이 진행한 심리 실험은 다음과 같았다. 먼저 케임브리지대 학생들에게 〈유령들의 전쟁〉이라는 아메리카 원주민 설화를 읽게 한다. 이야기는 원주민 문화를 잘 모르는 사람이라면 이해하기 어려운 부분이 많았다. 주인공은 바다표범을 사냥하던 한 소년으로, 다른 이들의 손에 이끌려 이웃 부족과의 전쟁에 참여하게 된다. 전투 장면이 묘사되고 몇 가지 초현실적인 사건이 일어난다. 그 후 소년은 마을로 돌아와 사람들에게 전투에 대한 이야기를 들려주고는 갑작스러운 죽음을 맞는다.

바틀릿은 참가자들에게 이야기를 최대한 정확히 기억하라

고 요구했다. 확인 시점은 이야기를 읽고 난 직후부터 한참 뒤까지 참가자별로 다양하게 진행했다. 그는 이들이 기억해 낸 이야기에서 특징적인 왜곡의 패턴이 나타난다는 사실을 발견했다. 우선 익숙하지 않은 요소들이 익숙한 것으로 대체되었다. 바다표범 사냥은 낚시가 되고 카누는 작은 배가 되는 식이었다. 또한 전투 장면에 등장하는 유령, 소년이 죽을 때 입에서 뿜어져 나오는 검은 물질처럼 낯설고 이해하기 어려운 요소들은 많은 경우 생략되었다.

바틀릿은 참가자들이 가진 기대 때문에 기억이 왜곡되거나 생략되었을 거라고 주장했다. 문화적으로 형성된 스키마 때문에 실험 참가자들은 낯선 것을 익숙한 것으로 바꾸어버리고, 자기 생각의 틀에 맞지 않는 요소들은 아예 폐기해 버렸다는 것이다. 다시 말해 실험 참가자들이 가진 기대는 자신이 읽은 이야기에서 무엇을 기억할 것인가에 큰 영향을 끼쳤다.[10] 바틀릿의 이 연구는 1960년대 말 인지과학자들이 재발견하면서 인간의 기억에 관한 현대 이론에 큰 영향을 미친다.[11]

컴퓨터 과학자와 인공지능 연구자들이 개발한 '스크립트'라는 개념도 이와 유사하다. 스크립트란 말하자면 사건에 관한 스키마다. 아침마다 반복되는 루틴이나 식당에서 식사를 하는 과정 등이 여기에 해당한다.[12] 우리는 스크립트의 구성 요소들이 시간적 순서를 갖는다는 것을 본능적으로 안다. 식당에 가면 먼저 자리에 앉아야 하고, 주문을 하고, 식사를 한 다음 마지막으로 계산을 해야 한다는 식이다. 이런 일련의 행위가 모여 '식당 행동 스크립트'를 이룬다. 인간은 이런 활동을 여러 차례 반복함으로써 스크립트를 획득하며, 연속되는 사건 전체가 하나의 습관이 된다. 반면에 인공지능 컴퓨터에게는 사건을 경험할 수 있는 실제 세계 자체가 없기 때문에 프로그램을 짤 때 사건의 순서가 분명하게 코드화되어야만 스크립트를 획득할 수 있다.

이런 스키마와 스크립트는 실생활에서 어떤 의미를 가질까? "서커스에서 볼 수 있는 것 다섯 가지 말하기" 같은 게임을 할 때는 스키마가 도움이 된다. 하지만 이런 제한된 영역을 제외하고는 실질적인 유용성이 없으며, 오히려 상황을 파악하는 데 방해가 된다는 의견이 많다. 실제로도 스키마 때문에 직접 보고 들은 것조차 잘못 해석하고 상황을 제대로 파악하지 못한 사례는 많았다. 특히나 뼈아팠던 역사로 일본의 진주만 공격 직전 상황을 들 수 있다. 이 공격으로 미국은 제2차 세계대전의 수렁으로 빠져든다.

1941년 12월 7일 아침, 미군은 하와이 여러 섬에서 다수의 레이더를 시험 가동하고 있었다. 진주만에서 북쪽으로 약 24킬로미터 떨어진 오아후섬의 오파나 기지에서도 병사 두 명이 당직 근무를 서며 레이더를 감시하고 있었다. 아침 7시경, 이제 막 3시간의 훈련을 마친 두 병사는 레이더상에서 커다란 신호를 발견했다. 신호가 어찌나 컸던지 조 로커드 이병은 기계가 오작동을 일으켰다고 생각했다. 그러나 또 다른 병사 조지 엘리엇은 이 사안을 공습경보대에 보고하기로 했다.

당시 당직사관이었던 커밋 타일러 대위는 공습경보대로 전보된 지 이틀밖에 되지 않아 레이더 사용에 익숙하지 않았다. 그날 예상치 못한 방향에서 예상치 못한 신호가 잡힌다는 로커드 이병의 보고를 듣고 타일러 대위는 어떤 반응을 보였을까? 그의 대답은 "별일 아니야"였다. 공교롭게도 그날 아침에는 미국 본토로부터 B-17 폭격기 편대가 날아오기로 예정되어 있었다. 타일러 대위는 레이더에 잡힌 신호를 자국의 비행 편대라고 생각하고 상관에게 보고하지 않기로 했다. 그로부터 한 시간도 채 지나지 않아 일본군 비행기들이 진주만에 정박한 미군 함대에 폭탄을 쏟아붓기 시작했다. 이 공격으로 미국인 2,400여 명이 사망했고 함선 21척이 가라앉거나 파손되었다.[13]

이처럼 사람들의 기대는 어떤 결정이나 결론을 내리는 데 지대한 영향을 미친다. 처음 레이더에서 비정상 신호를 발견한 병사는 그것을 기계의 오작동이라고 치부해 버렸다. 보고를 받은 대위 역시 병사의 보고를 중요하지 않은 것이라고 단정해 버렸다. '레이더가 포착한 건 본토에서 오는 미군 비행기들'이라는 손쉬운 결론이 이미 손안에 있었기 때문이다.

심리학자들은 수많은 연구를 통해 행위의 동인으로서 기대나 가정이 얼마나 중요한 역할을 하는지 강조해 왔으며, 실제로 사건에 대한 기대가 대단히 유용한 경우도 많다. 하지만 앞의 사례를 통해 살펴보았듯이 무언가 '틀림없다'는 생각은 오해의 원천이 될 수 있다.

모호한 문장과 불명확한 개념들

1868년 미국에서 대통령 탄핵 심판이 열렸다. 논쟁은 치열했다. 양당 의원들은 서로를 위선적이고 부정직하다며 비난했고, 정치 쇼를 중단하라고 맹공격했다. 투표가 대체로 정당 노선에 따라 이루어지면서 하원은 대통령이 중대한 범죄를 저질렀으니 탄핵해야 한다고 판결했다. 하지만 상원에서는 결과가 달랐다. 재판 과정은 마찬가지로 험악했으나 대통령은 상원에서 무죄판결을 받고 자리를 보전할 수 있었다.

위와 정확히 똑같은 시나리오가 미국 역사상 세 차례나 더 반복되었다. 가장 최근에 벌어진 것은 2021년 도널드 트럼프 대통령이 내란 선동 혐의로 탄핵 소추된 사건이었다. 그밖에도 트럼프는 2019년에 권력 남용과 의회 방해 혐의로 탄핵 소추된 바 있으며, 1998년에는 빌 클린턴 대통령이 트럼프 대통령과 같은 혐의에 위증 혐의까지 더해져 탄핵 소추되었다. 그러나 첫머리에 언급한 미국 최초의 탄핵 심판, 즉 1868년 앤드루 존슨 대통령 탄핵 심판은 이후의 탄핵 심판들과는 완전히 달랐다. 당시 논의의 핵심은 '대통령이 공직보장법을 위반하였는가?'였다.

간단히 말해서 이 법은 상원이 개회하지 않은 상태에서는 대통령이 행정부 구성원을 해임할 수 없도록 금지하는 법이었다. 존슨 대통령의 거부권 행사에도 불구하고 이 법은 통과되었고, 그로부터 몇 달 후 상원 회기가 이미 끝난 상황에서 존슨 대통령이 국방부 장관 에드윈 스탠턴을 해임했던 것이다. 이에 하원은 탄핵안을 제출한다. 탄핵 심판의 핵심 쟁점은 존슨 대통령이 공직보장법을 정말로 위반했는지 여부였다. 스탠턴 국방부 장관은 존슨 대통령 취임 이전에 링컨 행정부에서 임명한 인물이었으므로 이 법이 그에게도 적용되는지가 불분명했다. 존슨 대통령은 하원 심판에서 유죄 판결을 받았지만, 뒤이은 상원 심판에서 단 한 표 차이로 탄핵을 피할 수 있었다.

1869년 율리시스 그랜트가 대통령직에 오른 후 의회는 공직보장법의 적용 요건을 완화했다. 그리고 1886년 그로버 클리블랜드 대통령 임기 중에도 이 법과 관련해 문제가 계속되자 이듬해 의회는 결국 법 자체를 폐지했다. 공직보장법의 본래 목적은 대통령의 권한을 견제하는 것이었으나 실제로 적용하기에는 법이 너무 모호하다고 판단했기 때문이다.[14]

공직보장법 해석을 둘러싼 논쟁에서 알 수 있듯 모호한 표현은 보는 사람에 따라 전혀 다르게 해석될 수 있다. 법 제정 과정에서는 이런 문제가 지속적으로 제기된다. 예를 들어 미국에서 아동 포르노그래피에 관한 법률안을 제정할 때 가장 문제가 된 것은 바로 순수한 가족사진과 아동 포르노그래피의 경계를 설정하는 일이었다. 유아 변기에 쪼그리고 앉은 벌거벗은 아이의 사진이 과연 '음란한 표현'(해당 법령에서 영상물의 불법성을 정의하기 위해 실제로 사용된 표현)에 해당할까?[15] 날개 달린 아기 천사 그림은 어떨까? 반드시 나체 상태여야만 하는가? 이에 대하여 미 제3연방순회항소법원은 나체 상태 여부가 결정적인 요

소는 아니라고 판시한 바 있다.[16]

이런 난문제를 해결하기 위해 미 법원은 '명확성의 원칙'을 적용해 왔다. 모호하게 기술된 수많은 법령을 원천적으로 무효화하는 법칙이다.[17] 예를 들어 플로리다주에는 경찰에게 부랑자 체포 권한을 주기 위해 제정된 조례가 있었다. 그런데 주 의회는 '부랑'의 개념에 "아무런 합법적 목적이나 의도 없이 이곳저곳을 배회하는 행위"를 포함시켰다.[18] 만약 이 법이 실제로 적용된다면 경찰은 흉악한 탈주범뿐만 아니라 그저 바람을 쐬면서 운동하는 무고한 시민까지도 '부랑자'로 지목해 체포할 수 있게 되는 셈이었다. 결국 1972년 파파크리스토 대 잭슨빌 사건에서 미 대법원은 이 표현이 지나치게 모호하여 법 집행 기관에 거의 무제한의 체포 권한을 주므로 위헌이라는 만장일치 판결을 내렸다.[19]

미국의 헌법 자체도 모호한 문장과 불명확한 개념으로 가득하다. 놀랍게도 미국 헌법은 본래의 수정헌법 10개 조를 포함해 전체가 총 5,000개도 채 안 되는 단어로 이루어져 있었다. (여기에 현재까지 비준된 17개의 추가 수정헌법을 통해 약 2,600단어가 추가되었다.) 연방정부의 역할을 규정하고 미국 각 주와 시민들의 권리까지 열거하기에는 상당히 부족해 보인다. 하지만 헌법 제정자들이 미래에 벌어질 수 있는 모든 시나리오를 완벽하게 예상하기란 불가능했을 것이다. 그래서 그들은 후세가 발판으로 삼을 만한 뼈대만을 마련해두고자 했으며, 헌법의 정교화는 이후 의회 입법과 재판부의 판례, 추가적인 수정안 등을 통해 이루어져야 한다고 보았다. 미국 헌법의 아버지 제임스 매디슨도 「연방주의자 논고」 37번에서 모든 새로운 법은 '모호하고 불분명'하므로 실질적인 의미를 이해하려면 법원의 판결을 거쳐야 한다고 분명히 언급한 바 있다.[20]

그럼에도 불구하고 클래런스 토머스, 닐 고서치 등 일부 대법원 판사들은 스스로를 근원주의자라고 칭하며 헌법을 제정자들의 의도에 따라 엄격하게 해석해야 한다고 주장했다.[21] 이는 상당히 오만한 발상이다. 수세기 전에 살았던 사람들의 의도를 판사가 정확히 간파했는지 여부를 누구도 알 수 없기 때문이다. 이처럼 너무나 간명하게 쓰인 헌법에 근원주의적 시각이 더해지면서 헌법 제정자들의 의도를 둘러싼 격렬한 논쟁이 벌어지기도 했다. 가장 대표적인 사례는 무기를 소유하고 휴대할 권리를 규정한 수정헌법 제2조를 둘러싼 첨예한 대립이었다.

여러 계약과 협정에 적용되는 장황하고 복잡한 표준 규정들 역시 법학자들의 통렬한 비판을 받곤 한다.[22] 미국의 '소프트웨어 최종 사용자 라이선스 협정'이 가장 대표적이다. 규정이 어찌나 길고 난해한지 웬만한 사람은 읽어볼 엄두조차 내기 힘들다.[23] 물론 이런 협정의 주목적은 소프트웨어 개발자들을 법적 책임으로부터 보호하는 것이다. 하지만 규정이 그렇게 길어진 중요한 이유는 모호하고 부정확한 문구를 피하기 위해서였을 것이다. 한 나라의 대통령을 거의 끝장낼 뻔한 그 무시무시한 법적 모호성 말이다.

으로 대중화된 월드와이드웹이 기존 인터넷을 대체하던 1990년대 중반에 온라인 세계에 등장했다. 이들은 온라인의 사회적 측면을 무엇보다 중시했으므로 마이스페이스MySpace 같은 초기 소셜 네트워크 사이트나 AOL 인스턴트 메신저AIM 등 다양한 메시지 플랫폼을 광범위하게 활용했다. 하지만 온라인 접속은 여전히 아메리카 온라인America Online과 같은 통신망을 통해 이루어졌다. 이후 이들은 페이스북이나 트위터로 옮겨 가게 된다.

세 번째 집단인 '반≄ 인터넷 민족Semi Internet People'은 '온전한 인터넷 민족'처럼 월드와이드웹의 등장과 함께 온라인 세계로 진입했지만 '온전한 인터넷 민족'과는 달리 인터넷을 사회생활의 구심점으로 삼지 않았다. 이들은 일에 필요해서, 직장에서 요구하니까 어쩔 수 없이 인터넷을 사용하는 부류다. 그러므로 페이스북 '팔로우'하기보다는 이메일을 선호한다.

네 번째 집단은 '인터넷 이전 민족Pre-Internet People'이다. 이들은 보통 나이가 지긋한 계층으로 '온전한 인터넷 민족'이나 '반 인터넷 민족'에 비해 뒤늦게 온라인 세상에 편입되었다. 이들이 인터넷 세상을 탐험하는 건 특별한 목표가 있는 경우에 한정되며, 인터넷 은어나 여타 언어적 관습에 그다지 익숙하지 않다.

마지막으로 '인터넷 이후 민족Post-Internet People'이 있다. 어려서부터 줄곧 온라인 세상 속에서 자란 사람들로, 언급된 집단 중 가장 젊고 지금도 끊임없이 팽창하고 있다. 이들의 사회적 관계는 문자 메시지와 (이 글을 쓰는 시점에서는) 스냅챗, 인스타그램에 크게 의존한다. 데스크톱 컴퓨터나 노트북으로 웹에 접속

표현 뒤에 숨긴 의미

의도적인 힌트는 얼른 알아채고 의도치 않은 힌트는 모른 척하는 것, 그것이 가정생활 최고의 덕목이다.

- 로버트 프로스트[24]

화자가 의도적으로 하는 애매한 말 때문에 오해가 빚어지기도 한다. 화자 나름대로는 애매하게 말하는 정당한 이유가 있을지 모르지만 듣는 사람이 그 의도를 늘 제대로 파악하는 것은 아니다.

먼저 간접적인 지시에 대해 생각해 보자. 타인에게 뭔가를 부탁할 때 우리는 되도록 노골적인 느낌을 주지 않으려고 애쓴다. 누구도 명령이나 직접적인 요구를 좋아하지 않기 때문이다. 하지만 문화에 따라 직접적인 요구가 허용되는 정도는 다르다. 영어권 국가에서는 뭐든 간접적으로 요청하는 것이 예의 있다고 여긴다.[25] 그런데 늘 그런 식으로 말하다 보니 간접적인 요청의 말이 실제로는 얼마나 모호한지를 인식조차 하지 못하게 된다.

예를 들어 두 사람이 함께 식사를 하고 있다고 가정해 보자. 한 사람이 다른 사람에게 "소금 좀 줄 수 있어요?"라고 묻는다. 물론 이것은 예의 바르게 뭔가를 요구하는 문장으로, 말하는 사람이 원하는 바는 명백하다. 하지만 문자 그대로 본다면 이 문장은 가능성 여부를 묻는 질문이지 뭔가를 해달라는 직접 지시가 아니다. "혹시 몇 시인지 아세요?"나 "사진 좀 찍어주실 수 있나요?"도 문자 그대로 본다면 '네' 또는 '아니요'라는 답을 구하는 질문으로 해석될 수 있다. 그렇지만 영어권 국가 사람들은 이런 간접 발언이 어떤 물건이나 행동, 정보 등을 요구하는 정중한 방식임을 즉각 알아차린다. 반면에 영어가 모국어가 아닌 사람들은 따로 배우지 않는다면 이런 간접 질문이 어떤 의미인지 헷갈릴 수도 있다.[26]

한편 다양한 해석이 가능한 문장이나 질문도 있다. "여기 정말 덥네요"라는 말은 보일러를 끄거나 창문을 열어달라는 간접적인 요청일 가능성이 크지만, 만약 방이 너무 춥다면 오히려 빈정대는 표현일 수 있다. 심지어는 상대방을 유혹하는 말로 해석될 수도 있다. 단추를 풀며 의미심장한 표정으로 말한다면 말이다. 마찬가지로 배우자의 "내가 설거지 했어"라는 말은 쓰레기 좀 갖다 버리라는 간접적인 요구로 해석될 수도 있다.

관심을 보이는 이성에게 거절의 뜻을 전할 때도 간접적인 표현을 활용할 수 있다. 예를 들어 누군가의 데이트 신청을 거절하고 싶다면 "미안, 오늘 공부해야 해"라는 식으로 대답하면 된다(20세기 중반 미국에서는 "저, 머리 감아야 해요"가 흔히 쓰이는 거절의 표현이었다고 한다). 이런 완곡한 표현을 쓰면 서로 얼굴을 붉히지 않으면서 상대의 제안을 거절할 수 있다. 하지만 사회적으로 서툰 사람들은 힌트를 줘도 눈치 채지 못하는 경우가 있다. 이처럼 끈질기게 구애하는 상대방을 쫓아내려면 "나 남자친구 있어"처럼 덜 모호한 대답이 필요할 수도 있다.

1장 네가 그렇게 말할 거라고 예상했어

모호한 표현은 또 다른 맥락에서도 유용하게 쓰인다. 선거에 출마한 정치인이 고정관념을 떠올리게 하는 암시적 표현을 사용하는 경우다. 정치적으로 민감한 주제와 관련되어 있을 때 이런 일이 흔히 벌어진다. 예를 들어 1976년 미 대선 후보였던 로널드 레이건은 린다 테일러라는 여성을 자주 언급했다. 각종 복지 혜택을 받기 위해 공공부조제도를 남용해 《시카고 트리뷴》지로부터 '복지의 여왕'이라는 별명을 얻은 여성이었다. 레이건은 테일러를 "시카고 그 여자"라고 부르며 비판하곤 했는데, 그 표현을 들은 레이건의 지지자들은 실업수당을 받는 소수 인종과 빈곤층을 떠올렸다.[27]

정치인들이 이런 간접 화법을 사용하는 이유는 뭘까? 한 가지 중요한 이유는 자신의 의도를 그럴 듯하게 부인할 수 있기 때문이다. 예를 들어 레이건은 복지 제도를 개혁하자는 자신의 입장이 인종과는 전혀 무관하다고 주장했으며, 실제로 그가 인종을 언급한 적은 단 한 번도 없었으므로 완전히 틀린 말도 아니었다. 하지만 지지자들에게는 레이건의 말이 자신들만 이해할 수 있는 하나의 암호와도 같았다. 소수 인종이 공공 부조 제도를 남용하고 있다는 그들만의 메시지였던 셈이다. 그런 이유로 정치인들의 이런 행태는 "개 호루라기 정치"*라고 불리게 되었다. 개 호루라기 정치가 활용되는 또 다른 이유는 그만큼 효

---

*   dog whistle politics. 사람 귀에는 들리지 않는 소리를 내는 개 훈련용 호루라기를 말한다.

과가 크기 때문이다. 실제로 암호화된 인종주의적 메시지는 자유주의적 성향인 사람들의 견해에 상당한 영향을 미치는 것으로 드러났다.²⁸

미국 전 역사에 걸쳐 '정치적 올바름'에 어긋나는 개 호루라기 표현은 자주 사용되었다. 예를 들어 '국가의 권리'라는 말은 백인의 우월성을 지지하는 암묵적 표현으로 흔히 쓰였다. 조지 월리스는 대선 출마 당시 '법과 질서', '이웃의 학교'라는 말을 즐겨 사용했는데 이는 인종 분리를 뜻하는 암호였다.²⁹ 1980년대와 90년대에 대선 후보자들이 내세운 '가족의 가치'는 사실 기독교 근본주의자 집단을 향해 성소수자 차별 및 낙태 방지법 지지를 호소하는 메시지였다. 원칙적으로는 누구도 반대할 수 없는 국가의 권리나 법과 질서, 가족의 가치를 내세웠지만 의도된 청중들에게 실제로 전달된 것은 암호화된 또 다른 메시지였던 것이다.

너무나 모호해서 일반 대중은 전혀 이해할 수 없는 개 호루라기 메시지도 있다. 미국 전 대통령 조지 W. 부시는 자신의 지지 기반인 기독교 보수주의자들을 향해 암호화된 메시지를 자주 보냈다. 예를 들어 2003년 국정연설에 등장한 "놀라운 능력 wonder-working power"이라는 문구는 기독교 복음주의 찬송가 "주의 보혈 능력 있네There Is Power in the Blood"를 잘 아는 사람들의 이목을 끌기 위한 의도적 표현이었다.³⁰

특정 단어나 문구가 정말 개 호루라기 메시지로 쓰였는지 논쟁이 벌어지기도 한다. 미주리주 출신 공화당 의원 조시 홀리는 2019년 7월 워싱턴D.C.에서 열린 보수주의 모임 연설에서 "세계주의자 엘리트cosmopolitan elites"라는 표현을 반복적으로 사용했다. 그는 세계주의자 엘리트 계급이 국제 네트워크와 대기업에 대한 지배권을 통해 미국을 약화시키고 있다고 주장했다. 그러자 많은 평론가들은 홀리의 연설이 반유대주의 사상을 담고 있다고 비판했는데, '세계주의자'는 히틀러와 스탈린이 유대인을 비방하기 위해 즐겨 사용하던 문구였기 때문이다.[31] 몇몇 유대계 지도자들이 공개적으로 그를 비판하자 홀리는 트위터에 "자유주의 언어 경찰들이 완전히 이성을 잃었다"고 반응했다. 홀리를 옹호하는 다른 사람들 역시 '세계주의'는 말 그대로 세계의 시민을 뜻하는 일반적인 문구일 뿐 반유대주의적 언사가 아니라고 주장했다.[32]

철학자 이안 올라소프가 지적했듯 사람들에게 긍정적이거나 부정적인 감정을 일으키는 많은 표현이 암호화된 메시지로 쓰인다. 심지어 '여성과 아이들'처럼 겉으로는 중립적인 문구도 '무고한 비극적 희생양'이라는 이미지를 불러일으키기 위해 전략적으로 사용될 수 있다.[33]

얼마나 말해야 충분할까?

완벽함은 좋음의 적이다.

— 볼테르, 『철학사전』(1770년)

그만하면 됐지. 공무원도 저러는데.

— 20세기 미국 관용구

돌은 얼마나 작아야 자갈이라고 부를 수 있을까? 얼마나 커야 바위라고 할 수 있을까? 머리카락이 얼마나 없어야 대머리라고 부를 수 있을까? 이런 질문에는 객관적인 정답이 없으며 합리적인 사람들마저도 정확한 기준에 대한 의견은 다를 수 있다. 여기서 우리는 의사소통을 실패시키는 또 하나의 원인을 발견한다. 우리가 손쉽게 사용하는 단어들이 항상 정확하고 분명하고 경계가 뚜렷한 것은 아니라는 점이다.

이럴 때 사전에서 단어의 정확한 뜻을 찾으려고 하면 십중팔구 실망만 하게 된다. 예를 들어 사전에서 '자갈'을 찾으면 작은 돌이라고 정의되어 있을 것이다. 하지만 도대체 무엇보다 작다는 말인가? '작은'이라는 말 또한 절대적인 판단이 아니라 상대적인 표현이기 때문에 해결책이 못 된다. 대머리도 마찬가지다. 머리카락이 대부분 빠진 것을 대머리라고 정의한다면 '대부분'이 과연 어느 정도를 말하는지가 문제가 된다.

이론적으로는 현존하는 개념들 사이의 간극을 메워줄 수백, 수천 개의 새로운 단어를 만들어냄으로써 언어의 정확성 문제를 해결할 수 있다. 예컨대 야구공보다는 크고 농구공보다는 작은 돌을 가리키는 단어를 새로 만들거나, 머리카락이 말발굽 모양으로만 남아 있는 상태를 가리키는 새로운 단어를 만들어낼 수도 있을 것이다.

하지만 그런다고 언어의 정밀성 문제가 정말로 해결될까? 지금도 사전에는 있으나 마나 한 단어와 어구들이 차고 넘친다. 몰라서 못 쓸 수도 있고, 별로 유용하지 않아서 안 쓸 수도 있겠지만 어쨌든 있어도 쓰이지 않는 단어들이 있다(예를 들어 영어에는 말발굽 모양 대머리를 가리키는 '히포크라테스의 화관'이라는 표현이 이미 있지만 실제로 사용하는 사람은 거의 없다).

한편 우리가 사용하는 언어 자체의 정밀성 문제가 아니라 얼마나 많은 말을 사용해야 하는가의 문제도 생각해 볼 수 있다. 인지과학자 허버트 사이먼은 의사 결정과 관련해 '만족화 satisficing*'라는 유용한 개념을 고안해 냈다.[34] 사람들은 완벽한 선택이 아니라 당면한 목적을 달성하기에 그런대로 괜찮은 선택을 한다는 주장이다. 사이먼이 만족화 선택을 주장한 것은 의사 결정 영역에서였지만 이는 의사소통 영역에도 적용될 수 있다. 화자는 청자에게 완벽한 정보를 주기 위해 최대한 많은 말을 하는 것이 좋을까? 만족화 선택 이론에 따른다면 '그런대로 괜찮은' 정도의 말을 하는 것만으로 충분할 것이다. 철학자 폴 그라이스의 저작에서도 비슷한 개념이 발견된다.[35] 그가 대화의 기본 원칙으로 제시한 '양의 격률 maxim of quantity', 즉 꼭 필요한 만큼만 말하라는 원칙이다. 성공적인 의사소통을 위해 꼭 필요한 말은 생각보다 많지 않다는 것이다.

이 개념은 사회적 상호작용이 일어나는 다양한 상황에 적용

---

* 만족하다(satisfy)와 충분한(suffice)을 결합한 말.

된다. 만약 당신이 친구와의 약속에 늦어 이유를 설명해야 하는 상황이라면 오는 길에 잠깐 슈퍼마켓에 들렀는데 계산을 기다리는 줄이 너무 길었다고 말하는 걸로 충분하다. 물론 이론적으로는 줄에서 몇 분을 기다렸는지, 당신 앞에 서 있던 사람이 정확히 몇 명이었는지, 점원이 총 몇 가지 물품을 스캔해야 했는지까지 일일이 말할 수도 있다. 하지만 이건 당면한 목적, 즉 당신이 늦은 이유를 설명하려는 목적에 비추어볼 때 너무 과하다(핑계가 너무 자세하면 오히려 더 의심스럽다). 이렇듯 우리는 그럭저럭 만족스러운 선택을 하고, 삶도 그럭저럭 이어진다.

하지만 말의 양과 관련해 그라이스의 주장과는 대치되는 견해도 있다. 꼭 필요한 말만 하는 것이 더 효율적일 수는 있지만 사람들은 보통 장황하게 말하는 경향이 있다는 주장이다. 폴 잉글하트 연구팀은 일부 실험 참가자들로 하여금 다른 참가자에게 지시 사항을 전달하라고 요청했다. 그러자 많은 이들이 주어진 사물에 대해 필요 이상으로 자세히 묘사했다. 예를 들어 테이블에 사과가 하나밖에 없는데도 "수건 위에 놓인 사과를 상자에 넣으세요"라고 설명하는 식이었다.[36] 철학자 폴라 루비오-페르난데스의 연구 결과 역시 비슷하다. 뭔가를 설명할 때 필요 이상으로 많은 단어를 사용하는지의 여부는 정보의 적절성이나 예측 가능성 등 다양한 요소의 영향을 받는다고 한다.[37]

주어진 상황에서 얼마나 많이 말할 것인가도 하나의 담화 스타일로 볼 수 있으며, 여기에는 다양한 맥락과 사회적 요인, 개인적 요인이 영향을 미친다. 장-마르크 디왈레의 연구에 따르면 비교적 공식적인 상황(예컨대 면접시험을 보는 경우)에서 사람들은 평소(친구와 취미 생활에 대해 수다를 떨 때)보다 장황하게 말하는 경향이 있었다. 여성 참가자들은 일상적인 상황에서 더 분명하게 말했고, 외향적인 성격의 참가자들은 공적인 상황에서 더 장황하게 말했다.[38]

그런가 하면 얼마나 많은 정보를 전달할지 결정하는 것도 주제에 따라 달라질 수 있다. 워런 St. 존은 일찍이 2006년에 《뉴욕타임스》 기고문을 통해 젊은 세대의 소셜 미디어 사용을 통렬하게 비판한 바 있다. 사적인 영역과 관련된 '너무 많은 정보too much information, TMI'를 소셜 미디어에 노출한다는 것이다.[39] 하지만 TMI가 젊은 세대만의 문제는 아니다. 기후 변화와 같은 복잡한 주제를 대중에게 설명해야 하는 과학자들도 TMI 문제에서 자유롭지 못하다. 케빈 피너란이 지적했듯, 대중에게 모든 정보를 세세히 공개할 경우 정보의 과부하가 일어나기 쉬우므로 섬세한 균형 잡기가 필요하다.[40]

그라이스의 '양의 격률'에 따를지 말지에 영향을 미치는 상황적 요인은 다양할 것이다. 경우에 따라서는 자세한 설명이 절대적으로 요구된다. 당신이 임신한 아내를 병원에 데려다주기로 했는데 약속에 늦었다고 해보자. 왜 늦었는지에 대해 상당히 자세한 설명이 필요할 것이다. 예컨대 째깍거리는 시한폭탄을 해체해야 하는 상황에서 "파란 선을 자르라"는 명령을 받았는데 파란 선이 한두 개가 아니라면 얼마나 당황스럽겠는가? 그런 중대한 상황에서는 "시계 왼쪽에 붙은 초록색 선 바로 아래에 있는 연한 파란색 선을 자르라"와 같은 매우 구체적인 안내를 기대할 것이다. 한마디로, 어떤 상황에서는 과도한 것도 다른 상황에서는 부족할 수 있다.

지금까지 우리는 준거틀, 기대, 모호성이 어떻게 의사소통 실패로 이어질 수 있는가를 살펴보았다. 마지막으로 다양한 집단에 속한 사람들의 암묵적 가정이 전자기기를 통한 의사소통에 어떤 영향을 미치는지 알아보면서 의사소통 실패의 원인에 대한 우리의 첫 여정을 마무리하도록 하자.

인터넷 후의 세상

인터넷 초창기에 채팅을 하거나 이메일을 보내는 사람들 사이에 '네티켓'이라는 관례가 있었다. 당시 네티켓이 지배하던 온라인 세상은 오늘날 소셜 미디어 속 풍경에 비하면 상당히 고상하고 점잖았다. 그러나 인스턴트 메신저와 휴대전화 문자 메시지가 등장하면서 격식 있는 온라인상의 의사소통과 일상적인 메시지 전송 사이의 구분은 점차 모호해지기 시작했다.

한편 월드와이드웹이 인터넷 문화의 지형을 완전히 바꾸어버린 1990년대 중반을 기점으로 디지털 세계는 완전히 양분되었다. 당시에 이미 성인이었던 사람들과 1980년대 초반 이후에 태어난 사람들은 의사소통 규칙에 관한 생각이 완전히 달랐다. 80년대 초반 이후에 태어난 사람들, 소위 '디지털 원주민'에게는 인터넷이 언제나 삶의 일부였고 인터넷 세상은 친숙한 공간이었다. 그러다 보니 윗세대, 즉 '디지털 이민자'들과는 달리 인터넷 이전의 의사소통 관습에서 훨씬 자유로웠다. 디지털 원주민들은 디지털 이민자들의 기대에 어긋나기 일쑤였고, 윗세대들은 이해하기조차 힘든 새로운 관습을 만들어냈다.

물론 이건 지나친 일반론이다. '디지털 원주민'이라는 용어를 특정 시점, 그러니까 1980년 이후에 태어난 모든 사람에게 적용할 수는 없기 때문이다.[41] 80년대생이면 누구나 멀티태스킹에 능하고 기존과는 전혀 다른 방식으로 정보를 처리할 거라고 단정할 수는 없다.[42] 이 문제를 해결하기 위해 인터넷 언어학자 그레천 매컬러는 2017년에 수행한 온라인 설문조사를 통해 인터넷 이용자를 다섯 집단으로 분류하고 좀 더 세밀한 분석을 실시했다.[43]

우선 매컬러는 1960~80년대에 최초로 온라인 세상을 탐험한 개척자들을 '오래된 인터넷 민족Old Internet People'이라고 명명했다. 이들은 게시판 시스템Bulletin Board Systems, BBSes, 멀티유저 던전Multi-User Dungeons, 머드, MUDs, 유즈넷Usenet에서 서로 소통했다. 컴퓨서브CompuServe나 프로디지Prodigy 등이 공급하는 느린 다이얼업 모뎀 연결을 통해서였다. 이들은 컴퓨터 기술을 능숙하게 다루었으며(그럴 수밖에!) 직접 프로그램을 작성할 수 있는 사람도 많았다. 요즘으로 치자면 코딩을 활용한 애플리케이션 개발자 정도가 되겠다.

두 번째 집단인 '온전한 인터넷 민족Full Internet People'은 폭발적하기보다는 스마트폰을 통해 온라인 세상과 끊임없이 상호작용한다.

매컬러는 이들 집단을 구분하는 중요한 한 가지 기준이 일상적인 글쓰기 방식이라고 주장했다. 다시 말해 정식 교육을 통해 습득한 오프라인 규범에 따라 글을 쓰는 집단이 있는 반면, 소셜 미디어를 통해 습득한 온라인 규범에 따라 글을 쓰는 집단도 있다. 만약 의사소통이 특정 집단의 구성원들 사이에서 이루어진다면 공통의 의사소통 규범을 활용하면 된다. 문제는 서로 다른 집단 구성원이 상호작용할 때다. 두 집단 사이의 소통은 성공적인 의사소통을 가로막는 장애물이 늘 존재하는 '원 스트라이크' 상태와 같으므로 다른 장애물이 하나만 더해져도 의사소통은 불안정해지거나 실패할 가능성이 크다.

같은 맥락에서 대학생과 교수의 이메일 소통 방식을 분석하는 연구도 이루어지고 있다. 2009년에 발표된 한 보고서에 따르면 교수들은 학생들이 사용하는 '격식을 갖추지 않은' 언어에 거부감을 느낀다고 밝혔다. 이메일을 쓸 때 줄임말을 쓰거나(예를 들어 '선생님'을 '샘'으로 쓰는 것) 편지의 형식을 지키지 않는 경우를 특히 불쾌하게 여겼다.[44]

반면에 '인터넷 이후 민족'은 다른 집단 구성원들에게는 무척이나 낯선 의사소통 규범을 따른다. 한 가지 사례로 미국에서는 문자 메시지를 쓸 때 마침표를 찍으면 진실성이 떨어지는 것으로 인식된다는 연구 결과가 있었다.[45] '아마도'와 같은 짧고 모호한 답변일수록 마침표는 더욱 부정적으로 받아들여졌

다.⁴⁶

가장 흔히 쓰이는 '응'이라는 답변조차도 문자 메시지의 세계에서는 변화를 거듭했다. 이제 '응'은 너무 딱딱하다고 여겨져 대체 표현들이 더 자주 쓰인다. 그중 하나인 'ㅇㅋ'는 중립적인 표현으로 메시지를 잘 받았다는 단순한 의미로 받아들여진다.⁴⁷ 하지만 '응'이나 (특히) 'ㅇ'은 공격적이거나 냉담한 태도로 여겨지곤 한다. 어느 트위터 사용자는 이렇게 썼다. "부모님들은 문자에 '응'이라고만 답하는 게 별로라는 걸 잘 모르시잖아. 머리로는 이해하는데 막상 받으면 기분 안 좋더라."⁴⁸

'오래된 인터넷 민족'과 '반 인터넷 민족'에 속하는 많은 사람은 문자 메시지를 보낼 때도 공식적인 편지를 쓸 때처럼 단어 첫 글자를 대문자로 쓰거나 쉼표, 마침표 등을 찍는 데 여전히 심혈을 기울인다. 하지만 이렇게 쓰는 것이 메시지를 받는 일부 사람에게 어떤 인상을 주는지는 전혀 모를 것이다. 그러므로 이들에게 구두점은 자신의 귀에는 들리지 않지만 '온전한 인터넷 민족'이나 '인터넷 이후 민족'에게는 비난의 표현으로 분명히 인식되는 개 호루라기다.

2장

이 정도는 다들 아는 상식이잖아
심리적 요인

지금부터는 의사소통 실패를 초래하는 다양한 심리적 요인을 자세히 탐구할 것이다. 곧 살펴보겠지만 심리적 요인에서 완벽하게 자유로운 사람은 아무도 없다. 시인 알렉산더 포프는 "어설프게 아는 것은 위험하다"라고 말했지만 그 반대도 엄연한 진실이다. 상호작용 과정에 너무 많은 정보나 사전 지식을 끌고 오면 우리는 소위 '지식의 저주'에 빠지기 쉽다. 우리가 보통 가족이나 친한 친구들과 소통할 때 큰 문제를 겪지 않는 이유는 그들이 무엇을 알고 무엇을 모르는지 잘 알기 때문이다. 반면에 낯선 사람과 소통해야 한다면 상황은 어려워질 것이다. 하물며 이메일이나 소셜 미디어를 통해 소통한다면 이런 문제는 더 커질 수밖에 없다.

상대를 향한 자기중심적 믿음들

당신이 심리 실험에 참여했다고 상상해 보자. 연구자는 당신에게 〈애국가〉나 〈고요한 밤 거룩한 밤〉처럼 유명한 노래가 적힌 목록을 건네주고 그중 하나를 골라 박자에 맞춰 책상에 손가락을 두드려보게 한다. 당신의 손가락 연주를 들은 다른 실험 참가자가 노래 제목을 맞힐 가능성은 얼마나 될까?

스탠퍼드대 학생들에게 같은 질문을 던졌더니 평균적인 예상치는 51퍼센트였다. 절반 정도는 노래 제목을 맞히리라고 예상한 것이다. 하지만 실제로 다른 참가자들에게 박자 두드리는 모습만 보여주고 노래 제목을 맞히게 하자 결과는 그야말로 최악이었다. 120번의 손가락 연주 가운데 노래 제목을 맞힌 경우는 겨우 세 번으로, 성공률은 2.5퍼센트에 불과했다. 다시 말해 손가락 연주를 한 참가자들이 자신의 연주 실력을 20배나 높게 과대평가한 것이다.[1]

이 실험 결과는 인지 편향의 일종인 '지식의 저주' 현상을 극명하게 보여준다. 사람들은 대개 자신이 아는 정보가 상대방에게도 이미 있다고 가정해 버린다. 박자만으로 노래 제목을 맞춘다는 건 사실 굉장히 어려운 일임에도 불구하고, 〈고요한 밤 거룩한 밤〉 멜로디를 떠올리며 손가락 연주를 한 많은 참가자들은 듣는 사람이 이렇게나 친숙한 멜로디를 알아채지 못하리라고는 상상조차 하지 못했다. 그것이 바로 함정이다. 일단 알고 나면 그것을 알지 못하는 상태는 상상조차 하기 어려워진다. 윌리엄 화이트가 말했듯 "상호 이해를 막는 최대의 적은 이해했다는 착각이다."[2]

지식의 저주와 밀접하게 관련된 또 다른 인지적 왜곡은 자기중심적 편향이다. 자기 자신의 관점이나 견해에만 과도하게 의존하는 경향 때문에 생기는 왜곡을 뜻한다.[3] 이런 편향은 많은 경우 자신에게 유리할 수도 있지만 타인의 입장에서 세상을 바라볼 수 없게 만든다. 게다가 자기중심적 편향은 또 다른 여러 편향을 유발한다. 그중 하나가 자신의 의견과 가치관에 실제보다 더 많은 사람이 동의할 거라고 여기는 믿음, 즉 '허위 합의 효과false consensus effect'다.[4]

지식의 저주와 자기중심적 편향이 낳는 한 가지 결과는 과신이다. 스탠퍼드대 학생들의 박자 맞히기 실험에서 알 수 있듯, 우리는 내가 아는 지식을 타인도 알고 있을 가능성을 과대평가하는 경향이 있다. 내 머릿속에 〈고요한 밤 거룩한 밤〉이 생생하게 떠오르는 만큼, 다른 사람도 나의 손가락 연주를 잘 알아들을 거라고 확신하는 것이다. 하지만 앞서 살펴보았듯 현실은 전혀 그렇지 못하다.

인지 편향으로 인해 나타나는 또 다른 결과는 '투명성 착각 illusion of transparency'이다. 우리는 우리 내면의 상태가 실제보다 더 잘 드러난다고 착각한다. 배우가 자신의 긴장감을 관객들이 눈치챌까 봐 과도하게 걱정하는 이유도 이 때문이다. 그래서 투명성 착각을 '조명 효과spotlight effect'라고 부르기도 한다.[5] 우리는 우리의 생각과 감정이 밖으로 '새어 나와서' 타인들의 눈에 빤히 들여다보일 거라고 믿는 듯하다.[6]

많은 사람이 성인에 비해 어린이와 청소년이 인지 편향에 더 쉽게 빠진다고 생각할 것이다. 청소년은 사회생활 경험이 부족해 사람들의 생각이 얼마나 다양한지를 아직 잘 모르기 때문이다. 하지만 투명성 착각에 관한 어느 연구에서는 두 집단 모두 자신의 거짓말이 실제보다 더 쉽게 들킬 거라고 착각했다. 즉 청소년과 성인의 자기중심성은 비슷한 수준으로 나타났다.[7]

반대로 우리는 타인의 정신 상태와 감정 상태를 잘 알아챌 수 있다고 과신하는 경향도 있다. 이것을 '비대칭적 통찰의 착각illusion of asymmetric insight'이라고 한다. 이런 왜곡 때문에 우리는 친구나 룸메이트가 우리에 대해 아는 것보다 우리가 그들을 더 잘 안다고 생각한다. 이런 착각은 집단 수준에서도 일어난다. 자신이 속한 집단은 다른 집단을 잘 이해하는 반면 다른 집단은 우리를 제대로 이해하지 못한다고 생각한다.[8]

이런 여러 가지 인지 편향과 그로 인한 심리 효과들은 우리가 의사소통을 어떻게 하는지 그리고 왜 실패하는지에 대해 중요한 시사점을 던져준다. 누군가에게 말을 할 때 우리는 그들이 무엇을 알고 무엇은 모르는지 다양하게 가정할 수밖에 없다. 물론 그 가정은 틀리기가 쉽다. 만약 상대방과 공통으로 아는 것이 거의 없다고 가정하면 지나치게 상세한 설명으로 그를 당황스럽거나 귀찮게 만들 수 있다. 예를 들어 이미 잘 알고 있는 복잡한 업무 절차를 직장 동료가 하나하나 설명하려 든다면 지루함을 넘어 짜증이 날 것이다.

만약 반대로 가정한다면, 그러니까 상대방이 실제보다 더 많이 알 거라고 가정하고 필요한 설명을 생략해 버리면 어떨까? 당연히 의사소통의 실패 가능성은 더욱 커질 것이다. 게다가 사람들은 의사소통의 효율성을 너무 쉽게 과대평가한다.[9] 앞서 검토한 여러 인지 편향 현상으로 인해 우리 스스로를 과신하며 자주 잘못된 가정을 하기 때문이다.

타인과 공유한 지식의 양을 검토하는 것은 매우 중요하므로 다음 글에서 더 자세히 살펴볼 것이다. 그리고 자기중심적 편향에 대해서도 제10장에서 다시 검토하겠다. 이메일, 문자메시지, 소셜 미디어처럼 비언어적 단서가 부족하고 상대방의 피드백을 받기 힘든 매체를 사용하는 상황에서 여러 인지 편향까지 더해질 경우, 의사소통이 어떻게 '퍼펙트 스톰*' 속으로 빨려들어 가는지를 살펴보게 될 것이다.

---

*   perfect storm, 여러 악재가 한꺼번에 터지는 상황.

우리 모두 아는 공통 기반

앞으로 이 책 전반에 걸쳐 살펴보겠지만 의사소통 실패의 많은 경우가 공통 기반에 대한 잘못된 가정 때문에 일어난다. 인지과학자들에 따르면 공통 기반이란 두 사람이 공유하는 지식, 태도, 믿음을 의미한다. 이런 정보를 기반으로 우리는 서로에게 어떻게 말할 것인지를 결정한다.

구체적인 사례를 살펴보자. 오늘 당신 직장에 신입사원이 들어왔다고 상상해 보라. (논의의 편의를 위해 그녀를 '앨리스'라고 부르겠다.) 대화를 나누다 보면 당신은 앨리스에게 가족이나 사는 곳, 취미 생활을 언급해야 할지 모른다. 이럴 때 당신은 잘못된 가정으로 인해 앨리스가 혼란스러워지지 않도록 주의를 기울일 것이다. 앨리스가 모를 법한 내용은 미리 설명해 주고, 특히 중요한 정보는 반복해서 말할 수도 있다. 예를 들어 당신의 남편을 언급하면서 그의 이름이 '빌'이라는 사실을 말해주었다고 해보자. 대화 도중 빌을 한 번 더 언급하게 된다면 그가 당신의 남편이라는 사실을 다시 한번 확실히 말해줄 것이다.

하지만 바로 다음 날 다시 앨리스와 빌에 대한 이야기를 나눈다면 굳이 이 내용을 반복할 필요가 있을까? 아마 그렇지 않을 것이다. 빌이 당신 남편이라는 사실은 이미 앨리스와 당신 사이에 공통 기반이 되었기 때문이다. 전날 언급한 다른 중요한 정보들에 대해서도 마찬가지일 것이다. 하지만 당신이 남편 이름을 한 번 언급한 뒤로 앨리스와 몇 주 동안 대화할 기회가 없었다면 어떨까? 그때는 앨리스가 남편 이름을 기억하는지 확실치 않기 때문에 당연하게도 '내 남편 빌 말인데'라는 식으로 말해야 한다.

세월이 흘러 서로 친한 사이가 된다면 당신과 앨리스는 광범위한 지식과 경험을 공유할 것이다. 가족들의 이름은 물론이고 좋아하는 것과 싫어하는 것, 앞으로의 계획 등을 공유하거나 둘만 아는 농담이 생길지도 모른다. 꼭 친한 사이가 되지 않는다 해도 반복적인 상호작용이 이루어지면 앨리스와 당신이 대화하는 방식은 이전과는 근본적으로 달라질 것이다. 공통 기반을 많이 쌓은 사이에서는 많은 것이 생략된 간결한 대화를 하는 경향이 있다. 모르는 사람은 몰래 엿들어도 이해하기 어려운 수준의 배타적인 대화가 이루어지기도 한다.[10]

공통 기반의 개념을 더 정확히 이해하기 위해 '공유되었다'의 의미를 다시 생각해 보자. 이번에는, 앨리스와 처음 만났을 때 당신이 남편 이름을 한 번도 언급하지 않았다고 가정해 보자. 그런데 당신과 다시 한번 대화를 나누기 전에 앨리스는 다른 상사와 대화할 기회가 있었고, 그가 앨리스에게 당신 남편이 빌이라는 사실을 알려주었다. 이제 당신 남편이 빌이라는 사실은 앨리스도 알고 당신도 알고 있으므로 엄밀히 말해서 이 정보는 공유되었다.

하지만 앨리스가 안다는 사실을 당신이 알지 못하는 한 이것은 앨리스와 당신의 공통 기반이라고 볼 수 없다. 따라서 앨리스에게 빌의 이름을 언급할 때 당신은 기꺼이 '내 남편'이라는 말을 덧붙여 그가 누구인지를 알려주려고 할 것이다. 그 말을 들은 앨리스가 "네, 남편분이 빌 씨라고 들었어요"라고 대답하면 그제야 비로소 빌이 당신 남편이라는 사실은 공통 기반의 일부가 된다. 다시 말해 당신도 알고 앨리스도 알고 결정적으로 앨리스가 안다는 사실을 당신이 알아야 한다. 이처럼 공통 기반이 만들어지는 과정을 '기반 다지기grounding'라고 한다.[11]

대개 우리는 타인과 어떤 공통 기반이 있는지를 능숙하게 파악한다. 새로운 정보를 언급할 때는 '내 남편'과 같은 정보의 맥락을 제공해 주고, 이미 공유된 정보에 대해서는 반복해서 언급하지 않는다. 당신의 여동생이 남동생을 언급할 때마다 매번 '우리 남동생 존'이라고 말한다면 얼마나 거슬리겠는가? 존이라는 이름을 가진 동명이인이 사촌에 친구까지 세 명쯤 되지 않고서야 들을 때마다 엄청나게 짜증이 날 것이다.

심리학자 허버트 클라크는 이 주제에 대한 광범위한 연구를 통해 공통 기반의 여러 유형을 설명했다.[12] 예를 들어 누구나 자각할 수 있는 주변 환경도 자동적으로 공통 기반이 된다. 동시에 같은 것을 경험하고 있기 때문이다. 예를 들어 당신이 어느 무더운 여름날 지하철 승강장에서 낯선 사람과 함께 열차를 기다리고 있다고 해보자. 침묵이 어색했던 당신은 무더운 날씨에 대해 이렇게 말한다. "찜통이 따로 없네요." 옆 사람은 이 말이 무슨 뜻인지를 즉각 이해할 것이다(물론 이런 식의 대화를 좋아하는가는 완전히 다른 문제다).

특정 집단의 구성원이라는 사실을 서로 확인했을 때에도 추론을 통해 공통 기반이 만들어질 수 있다. 예컨대 처음 만난 두 사람이 모두 치과의사라는 사실을 알게 된다면 일반인에게는 잘 알려지지 않은 정보일지라도 치과의사에게 익숙한 기술 용어나 절차 등에 대해 자유롭게 말할 수 있다.

직업이 같은 경우뿐만 아니라 같은 집단이나 공동체에 속한 경우도 마찬가지다. 종교가 같거나 같은 학교를 졸업한 경우, 같은 지역에 거주하는 경우 등이 모두 여기에 해당한다. 심지어는 같은 경험을 했다는 것, 예컨대 비행기 추락 사고의 생존자로서, 마약 중독자로서, 엄마로서의 경험도 공통 기반을 만들어낼 수 있다. 서로 알아가는 단계에서 이루어지는 대화에는 공통 기반을 다지기 위한 공통점 찾기가 상당 부분 수반된다.

그런데 이 과정에서 균형을 맞추기가 쉽지 않다. 만약 실제로 공통 기반이 형성되지 않았는데도 형성되었다고 가정한다면 대화는 모호하고 혼란스러워질 것이다. 빌이라는 사람을 처음 언급하면서도 그 사람의 정체를 특정하기 위한 다른 정보를 주지 않는다면 대화는 제대로 이어지기 어렵다. 대화를 매번 이런 식으로 하는 사람은 타인을 배려하지 않는 자기중심적인 사람으로 여겨지게 마련이다.

반대로 친구가 자신의 삼촌은 비행기 조종사이며 이름이 존이라는 사실을 몇 번이나 반복해서 말한다면 어떨까? 당신은 마음에 상처를 입을지도 모른다. '비행기 조종사인 존 삼촌에 대해 어제도 말했고 지난주에도 몇 번이나 말해놓고 기억을 못 하네? 나에게 얼마나 관심이 없으면 그걸 잊어버리지?'

문제를 더욱 복잡하게 만드는 것은 세상이 끊임없이 변화한다는 사실이다. 결혼한 사람은 나중에 이혼할 수도 있다. 그러니 '빌'에게 누군가의 남편이라는 꼬리표가 붙었더라도 그게 영원히 진실이라는 법은 없다.[13] 게다가 대화를 나누는 두 사람이 빌이라는 이름을 가진 사람을 여럿 알고 있다면 그중 누구에 대해 말하는 건지를 항상 명확히 해야 한다.

두 사람 사이의 대화가 아니라 다른 형태의 의사소통을 하는 경우라면 문제는 몇 배나 더 심각해진다. 예를 들어 작가는 책을 쓸 때 독자가 무엇을 알고 무엇을 모르는지를 끊임없이 추측해야 한다. 교사도 학생들과의 공통 기반 쌓기라는 어려운 작업을 계속 해야 한다. 한마디로, 최선의 상황에서조차도 공통 기반을 쌓는 과정은 쉽지 않다. 공통 기반 다지기의 문제는 앞으로 다룰 많은 사례에서도 꾸준히 언급될 것이다.

비꼬기의 틈

> 고객 : 정말 대.단.하시네요! #추수감사절 과 #새해전야제 사이에 교통체증이 심할 거라고 누가 상상이나 했겠어요. 12월인데 날씨가 이렇게 추울지 누가 알았겠어요! 미쳤다, 정말!
> 항공사 : 친절한 말씀에 #감동 했어요! 정말 감사합니다.
> 고객 : 우와, 진짜 놀랍다. #비꼬기 라고 달았어야 하나?
>
> - 항공사 고객 상담사와 고객의 트위터 대화[14]

오해를 일으키고 의사소통을 실패시키는 데 비꼬는 말보다 더 효과적인 것이 또 있을까?[15] 화자가 자신의 의도와 정반대 되는 말을 하면 청자는 딜레마에 빠진다. 들리는 말을 액면 그대로 받아들여야 하는가, 아니면 이면에 숨은 다른 의미를 찾아야 하는가?

제5장에서 더 자세히 살펴보겠지만, 이중 의미 표현 및 완곡어법에서도 비슷한 문제가 나타난다. 이런 표현들이 특히 오해에 취약한 이유는 무엇일까? 실제로 뜻하는 바가 문자 그대로의 의미와는 전혀 다르기 때문이다. 게다가 앞서 살펴보았듯 사람들은 자기중심적 편향 때문에 자신이 실제보다 의사소통을 더 잘한다고 믿는다. 심리학자 진 폭스 트리 연구팀의 비꼬기 관련 논문을 살펴보면 비꼬는 말이 듣는 사람에게 전혀 비꼬기로 받아들여지지 않는 경우는 상당히 많았다. 연구자들은 이처럼 화자의 비꼬려는 의도와 청자의 잘못된 해석 사이에 생기는 간극을 '비꼬기의 틈'*이라고 명명했다.[16]

자기중심성의 또 다른 측면은, 타인도 자신과 비슷한 방식으로 의사소통할 거라고 가정하는 것이다. 폭스 트리 연구팀 실험 참가자들도 대화 상대가 자신과 비슷한 빈도로 비꼬는 말을 쓸 거라고 예상했다. 그러나 실제로는 비꼬는 말을 자주 쓰는 사람이 있는가 하면 훨씬 덜 쓰는 사람도 있다.[17] 그러므로 비꼬는 말을 사용하는 빈도가 서로 불일치할 경우 의사소통 문제

---

*   sarchasm. 비꼬기(sarcasm)와 깊은 틈(chasm)의 합성어.

가 나타날 가능성은 매우 높아진다.

돌려 말하기를 싫어하는 고지식한 사람은 살면서 듣게 되는 비꼬는 말을 상당 부분 알아차리지 못할 것이다. 반대로, 표면적 의미와 반대되는 말을 즐겨 쓰는 사람은 비꼬려는 의도가 전혀 없는 말조차도 비꼬는 것으로 잘못 받아들일 수 있다. 만약 이 두 사람이 대화를 나눈다면? 아마 대화가 산으로 갈 것이다.

그나마 얼굴을 마주 보고 나누는 대화라면 표정이나 말투를 통해 뜻하는 바를 표현할 수 있다. 예를 들어 일부러 강하게 천천히 말하기나 눈알 굴리기는 비꼬려는 의도를 보여주는 하나의 신호다.[18] 게다가 대면 상호작용은 잠깐이라도 함께 시간을 보낸 사람들 사이에 이루어질 가능성이 크기 때문에 상대방과 쌓은 공통 기반의 도움을 받아 비꼬는 말인지를 판단할 수도 있다.

반면에 소셜 미디어와 같은 온라인 상호작용에서는 의사소통의 맥락이 대단히 빈약하다. 공통 기반이 턱없이 부족하거나 아예 없을 수도 있고, 심지어 행동으로 알 수 있는 단서도 얻을 수 없다. 결국 온라인상에서는 이미 '원 스트라이크'를 당한 상태로 대화를 시작하는 셈이다. 다만 표정이나 말투 등의 행동 신호 대신 문자 환경에 적합한 다양한 대체 표현을 동원할 수는 있다.

앞서 첫머리에 제시한 트위터 대화에도 이런 대체 표현의 사례가 여럿 등장한다. 글자마다 구두점을 찍는 것은 큰 소리로 강조해서 말하는 것과 비슷한 효과를 낸다. 느낌표는 무겁게 강조해서 말하기를 대신한다. 대면 대화에서도 비꼬는 뜻으로 자주 쓰이는 수사 의문문("누가 알았겠어요")은 온라인에서도 비슷하게 쓰일 수 있으며,[19] 과장법과 극단적인 표현("미쳤다")도 오프라인에서와 비슷한 쓰임을 갖는다.[20]

하지만 위의 항공사 고객 상담사는 이 모든 단서에도 불구하고 고객의 의도를 제대로 인지하지 못했다. 아마도 사람이 직접 쓴 답변이 아니라 챗봇이 생성한 답변일 것이다. 챗봇이란 많은 대기업에서 온라인 고객 상담을 할 때 사용하는 자동 인공지능 프로그램을 말하는데, 말의 미묘한 뉘앙스를 잡아내기까지는 아직 갈 길이 멀다.[21]

챗봇은 언어의 정서를 평가하고 적절히 반응하기 위해 알고리즘을 활용한다. 사실 "정말 대단하시네요!"는 충분히 진심으로 쓰일 수도 있는 말이다. 하지만 사람이라면 고객의 트위터 메시지 전체를 읽고 그것을 칭찬으로 해석할 가능성이 낮다. 우리는 누구나 연말이면 교통 정체가 심하다는 것을 알고, 12월이 매우 춥다는 사실도 알기 때문이다. 물론 챗봇도 이런 것들을 '알' 수는 있다. 하지만 그러기 위해서는 온갖 상식을 프로그램에 수동으로 입력해야 하며, 거기에는 엄청난 시간과 노력이 든다.[22]

1982년에 온라인에서의 의사소통 실패를 최소화하기 위해 전혀 새로운 형태의 표현이 만들어졌다. 바로 카네기멜론 대학교 교수 스콧 팔만이 개발한 '미소 표시'다. 미소 짓는 얼굴이 옆으로 누워 있는 모습을 문장부호의 조합으로 :-)와 같이 표

현했는데, 해당 문장이 무거운 의도로 쓰이지 않았음을 보여준
다.[23] 미소 표시와 비슷하게 문장부호를 활용해 만든 표정들을
통틀어 '이모티콘'이라고 부르며, 요즘에는 이모티콘의 후손
격인 그림 형태의 문자 '이모지'도 많이 쓴다.

이메일이나 문자 메시지에서 비언어적 의미를 전달하기 위
해 이모지를 사용하듯 소셜 미디어에서는 해시태그가 이런 기
능을 수행한다. 해시태그를 쓰면 인물, 사건을 비롯하여 거의 모
든 대상을 언급할 수 있고, 표면적인 뜻과는 다른 의도로 쓰인
말에 '#비꼬기, #아이러니, #농담' 과 같은 꼬리표를 붙일 수도
있다. 이에 더하여 마크업 언어*를 모방한 표현도 사용되는데 레
딧**에서 흔히 '비꼬기'를 '/s'로 표현하는 것이 대표적이다.[24]

이모티콘과 이모지, 해시태그의 발달은 온라인 의사소통 고
유의 문제를 해결하기 위한 자연스러운 반응이다. 이는 언어가
의사소통 실패와 오해를 최소화하는 방향으로 진화할 수 있다
는 희망적인 신호라고 볼 수 있지만 우리는 아직 약속된 땅에
도착하지 못했다. 여기에 대해서는 제6장에서 더 자세히 논의
하겠다.

---

*   markup language. 문서의 구조를 명기하는 언어.
**   Reddit. 미국의 최대의 토론 커뮤니티 사이트.

상식이 가져오는 오류

2011년 밸런타인데이, 텔레비전 퀴즈쇼 〈제퍼디!〉의 팬들은 게임쇼 역사상 전례를 찾아보기 힘든 엄청난 대결을 앞두고 있었다. 제퍼디가 낳은 최고의 우승자 브래드 러터와 켄 제닝스 그리고 인공지능 컴퓨터의 삼자대결이 펼쳐질 예정이었다. 무대 한가운데에 얼굴 대신 비디오 스크린이 설치된 거대한 상자가 놓여 있었다. IBM사의 엔지니어들이 창조한 제3의 경쟁자 '왓슨Watson'이었다. 이후에 알려진 바로는 그 거대한 상자는 그저 대체물에 불과했고, 수많은 서버를 모아놓은 방 하나 크기의 컴퓨터가 다른 곳에서 왓슨을 조종했다고 한다.[25]

과연 왓슨 설계자들은 인간 경쟁자들을 이길 인공지능 프로그램을 개발했을 것인가! 이번 대결은 모든 관련자에게 일생일대의 기회나 다름없었다. 뼈와 살로 이루어진 인간 참가자들에게 '제퍼디! 우승'이란 평생 만나는 모든 사람에게 우쭐거릴 수 있는 권리와 함께 100만 달러의 거금을 거머쥘 흔치 않은 기회였다. 왓슨이 우승한다면 IBM사 또한 전혀 새로운 수준의 인공지능 컴퓨터를 만들어냈다는 역사를 쓰게 될 것이었다. IBM사는 1997년에 체스 프로그램을 개발해 당대 최고의 체스 선수 가리 카스파로프를 이긴 바 있었는데, 〈제퍼디!〉에서 우승한다는 것은 그때의 상징적인 성과를 뛰어넘고도 남을 만한 업적이었다.

인간 경쟁자들과 달리 왓슨에게는 몇 가지 중요한 장점이 있었다. 우선 왓슨은 모든 정답을 이미 '알고' 있었다. 위키피디아에 수록된 모든 정보와 《뉴욕타임스》 기사 전체를 포함해 인터넷에서 내려받은 2억 쪽 분량의 정보에 접근할 수 있었기 때문이다. 게다가 이 거대한 지식의 보고를 초당 도서 100만 권 분량을 훑는 엄청난 속도로 검색할 수 있었다. 하지만 왓슨에게는 게임에서 제공되는 단서를 진정으로 이해할 능력이 없었으므로 가끔 터무니없는 실수를 저지르기도 했다.

특히 왓슨은 〈제퍼디!〉의 작가들이 자주 활용하는 언어유희나 중의적 의미가 있는 말, 기타 미묘한 말장난을 알아차리지 못하는 경우가 많았다. 예를 들어 연습 게임에서 왓슨은 "이 믿음직스러운 벗은 최초의 식물성 분말 크림입니다"라는 힌트에 "우유"라고 답했다(정답은 커피메이트였다*)[26]. 또 다른 문제에서는 몇 세기인지를 정확히 언급하지 않고 "40년대 미술가"라고만 힌트를 주었더니 정답인 '잭슨 폴록' 대신 "렘브란트"라는 답을 내놓았다. 렘브란트는 1940년대가 아니라 1640년대에 활동한 화가다.[27]

두 번의 대결에서 왓슨의 완벽한 얼굴에는 계속해서 균열이 생겼다. 첫 문제의 힌트는 다음과 같았다. "이것은 1904년 올림픽 평행봉에서 금메달을 획득한 미국 체조선수 조지 아이저의 신체적 특이점이다." 켄 제닝스가 가장 먼저 버저를 누르고 "팔 하나가 없다"라고 답했지만 오답이었다. 두 번째로 버저를 누

---

* Coffee-mate, 직역하면 '커피의 친구'로 커피에 타 먹는 가루 제품.

른 왓슨은 "다리"라고 답했다. 하지만 진행자 알렉스 트레벡은 이 역시 오답이라고 판정했다. 왓슨이 다리 하나가 '없다'는 사실을 말하지 않았기 때문이다. 왓슨은 '신체적 특이점'이라는 개념을 이해하지 못했고, 대화를 인식할 능력이 없으니 제닝스의 오답에서 힌트를 얻을 수도 없었다. 왓슨 프로젝트의 연구팀장 데이비드 페루치도 인정했듯 "왓슨은 올림픽 출전 선수에게 다리 하나가 없다는 사실이 특이하다는 것을 전혀 이해하지 못한" 것이다.[28] 이런 실수들에도 불구하고 결국 왓슨은 우승했고 왓슨 제작자들은 우승 상금을 기부했다.

왓슨의 실수에서 우리는 오해가 일어나는 또 하나의 이유를 유추해 볼 수 있다. 바로 상식의 유무다. 인간은 컴퓨터만큼 풍부한 지식을 갖고 있지는 못하지만 수많은 상식으로 이를 만회할 수 있다. 올림픽 선수에게 다리 하나가 없는 것이 일반적이지 않다는 것은 하나의 상식이며, '믿음직스러운 벗'이 '동료', '친구'와 비슷한 개념이라는 사실 또한 상식이다. 컴퓨터는 이런 상식을 사람만큼 이해하지 못한다.

인간에게는 타인과의 상호작용을 통해, 또는 세상을 살아가면서 자연스럽게 얻은 온갖 묵시적 지식이 있다. 예를 들어 카페는 보통 기분 좋은 장소로 여겨지지만 치과는 그렇지 않다는 사실을 우리는 누구나 안다.[29] 이런 정보는 누가 명시적으로 가르쳐주지 않아도 경험에서 얻는다.

컴퓨터 역시 이런 정보를 사용할 수는 있다. 하지만 그러기 위해서는 먼저 묵시적 지식을 명시적 지식으로 바꾼 뒤 코드화하여 컴퓨터의 명령어 집합에 입력하는 지루한 작업을 거쳐야 한다. 실제로 더그 르낫이라는 인공지능학자가 이런 식으로 Cyc라는 컴퓨터 프로그램을 만들었다. 현재 Cyc는 수백만 가지의 규칙들로 이루어져 있다. 하지만 이 작업은 이미 수십 년이나 걸렸으며 여전히 끝이 보이지 않는다.[30] 이번에는 인간 팀의 승리!

그러나 언어 이해를 연구하는 심리학자들에 따르면 상식이 오히려 의사소통 문제를 일으키기도 한다. 우리가 가진 상식 때문에 읽고 듣는 과정에서 오류를 감지하지 못할 수 있다는 것이다. 상식은 인지적 착각만큼이나 강력한 의미상의 착각을 일으킨다.

가장 잘 알려진 사례로 모세의 착각이 있다. 사람들에게 "모세는 방주에 동물을 종류별로 몇 마리씩 태웠을까?"라는 질문을 던지면 대부분은 자신 있게 "두 마리"라고 답한다. 하지만 〈창세기〉에서 방주를 만들어 홍수를 피한 건 모세가 아닌 노아다.[31] 이렇듯 장기 기억 속에 잠자고 있던 특정한 이야기가 일단 활성화되고 나면 우리는 등장인물의 이름이 틀렸다는 식의 뻔한 오류도 알아차리지 못한다.

그렇다면 전문가들은 어떨까? 전문 지식이 없는 일반인과는 달리 최소한 전문 분야에서만큼은 모세의 착각을 피할 수 있지 않을까? 비전문가에 비해 해당 분야의 지식을 더 빠르고 쉽게 처리하므로[32] 오류나 모순을 발견하는 데 필요한 여분의 정신 자원이 남아 있지 않겠는가. 하지만 이 가설을 검증하기 위한 한 실험에 따르면 사람들은 전문 지식을 가진 분야에서조차도 종종 의미상의 착각을 일으켰다. 즉 모세의 착각 효과가 어느 정도 줄어들었지만 완전히 사라지지는 않았다.[33] 결국 어설프게 아는 것도 위험하지만 많이 아는 것 역시 위험하긴 마찬가지다.

잘못 추론하고 무의식중에 떠올리다

2019년 12월, 필리핀 마닐라를 중심으로 활동하는 보이밴드 SB19는 필리핀 내 10개 도시를 순회하는 투어 공연을 시작했다. 바로 전달에 필리핀 가수 최초로 빌보드 차트에 진입하는 쾌거를 거둔 후여서 밴드 멤버인 조시, 세준, 스텔, 켄은 공연을 앞두고 매우 들떠 있었다. 첫 번째 공연지는 집약적 사탕수수 재배지가 많아 '필리핀의 설탕 그릇'이라 불리는 서부 비사야 지방의 네그로스 옥시당탈이었다.

12월 21일 SB19은 트위터에 "반가워요, 네그로스!* 저희가 드디어 이곳에 왔어요!"라는 글을 올린다. 팬들은 환호했다. 하지만 이후 SB19의 메시지는 수천 번 리트윗되면서 전 세계로 퍼져나갔고 그들은 오해와 조롱, 인종차별주의자라는 비난을 마주해야 했다.[34] 네그로스는 필리핀 제도에서 네 번째로 큰 섬으로 주민이 440만 명에 이르지만 동남아시아에 거주하지 않

---

*   Negros, 흑인을 낮춰 부르는 말과 같다.

는 사람들 대부분은 이 섬에 대해 들어본 적도 없을 것이다. 네그로스는 1565년 스페인의 식민지 개척자들이 피부색이 어두운 원주민들을 보고 붙인 이름이었다.

SB19이 단지 지명을 언급했을 뿐이며 시대착오적이고 모욕적인 인종차별 용어를 사용하지 않았다는 사실은 명백했다. 그럼에도 불구하고 온라인 커뮤니티에서 활동하는 많은 이들이 이런 사실을 완전히 무시해 버리고 그저 분노를 쏟아내기 바빴다.

그로부터 몇 주 후 SB19이 논란의 중심에서 벗어나 한숨 돌리고 있을 즈음, 이번에는 주류 제조사인 컨스텔레이션 브랜즈에게 아연실색할 일이 벌어진다. 자사 최고의 효자 상품인 라거 맥주 코로나 엑스트라가 중국 우한에서 유행하기 시작한 치명적인 바이러스와 같은 명칭으로 불리고 있었던 것이다. 코로나 엑스트라는 1920년대부터 멕시코에서 양조하고 생산해 온 맥주이며 코로나는 라틴어로 왕관을 뜻한다. 그래서 코로나 맥주에는 왕관 모양의 로고가 새겨져 있다. 한편 코로나 바이러스는 1960년대에 발견된 바이러스로 사스SARS와 메르스MERS 등 다양한 병원체가 여기에 포함된다. 이 바이러스도 가장자리가 뾰족뾰족해서 얼핏 왕관과 비슷한 모양을 하고 있기 때문에 '왕관'이라는 뜻의 이름을 갖게 되었다.

물론 코로나 맥주와 코로나 바이러스는 이름이 같을 뿐 서로 아무런 관계가 없다. 그럼에도 사람들은 둘 사이에 혹시라도 어떤 관련성이 있진 않을까 의문을 품기 시작했다. 이 낯설고 치명적인 바이러스를 대중이 인식하기 시작한 2020년 1월 중순부터 구글에서는 "맥주 코로나바이러스"나 "코로나 맥주 바이러스"를 검색한 횟수가 수천 퍼센트 치솟았다.[35] 같은 해 2월 말에 실시한 설문조사에서도 평소 맥주를 즐겨 마시는 미국인 중 38퍼센트가 어떤 경우라도 코로나 맥주를 구매하지 않겠다고 답했고, 16퍼센트는 코로나 맥주와 코로나 바이러스 사이에 어떤 관련이 있는지를 확실히 모르겠다고 답했다.[36] 결국 이런 의도치 않은 연상 작용을 막기 위해 이 바이러스는 COVID-19이라는 새로운 이름을 얻게 되었다(그러자 바로 다음 달부터 코로나 맥주 판매량은 다시 치솟기 시작했다. 전염병 창궐로 집에 갇혀 있는 시간이 길어지면서 맥주 소비량이 늘어났기 때문이다).

당연하게도 가수나 맥주 판매자들에게 대중이 이끌어낸 잘못된 추론의 책임을 떠넘겨서는 안 된다. 온라인 세상에서 너무도 쉽게 벌어지는 근거 없는 속단이 어떻게 그들의 잘못이겠는가. 하지만 부적절한 추론의 사례 중에는 책임 소재를 가리기가 조금 더 복잡한 경우도 있다.

그 예시로 '갑옷에 생긴 균열chink in one's armor'이라는 표현을 들 수 있다. 영어권 국가들에서는 15세기부터 약점이나 취약성을 뜻하는 말로 이 표현을 썼다. 틈이나 균열을 뜻하는 단어 '칭크chink' 자체도 이미 1398년부터 쓰이던 단어였으며, 셰익스피어는 『한여름밤의 꿈』에서 두 연인이 헤어진 상황을 "벽에 생긴 균열chink in the wall"이라는 구절로 표현하기도 했다.[37] 그런데 19세기 말에 이르러 '칭크'는 특정 민족을 비하하는 말로 쓰이기 시작했다.* 이 단어가 얼마나 무례한지는 이미 널리 알려져 있고 그 의미가 너무나 혐오스럽기 때문에 사람들은 어떤 상황에서도 이 단어를 사용하지 않으려 한다.

그런데 2012년 2월 스포츠 방송사 ESPN의 한 직원이 "갑옷에 생긴 균열"이라는 문구를 사용했다는 이유로 해고당하는 일이 벌어졌다. 편집자 앤서니 페데리코가 농구선수 제러미 린 Jeremy Lin에 관한 기사 헤드라인에 위의 문구를 사용한 것이다. 제러미 린은 프로농구팀 뉴욕 닉스의 포인트가드로 그해 뉴욕 닉스가 NBA 결승에 진출하는 데 일등공신이었다. 당시 팬들이 그에게 '광기의 린'이라는 별명을 붙여줄 정도로 그의 활약은 대단했다.

린은 1988년에 캘리포니아에서 태어났지만 그의 부모는 1970년 중반에 미국으로 건너온 대만계 이민자였다. 그러므로 페데리코가 이 문구를 사용한 행위는 충분히 인종차별적 도발로 해석될 수 있었다. 하지만 자신이 무슨 짓을 저질렀는지 깨닫자마자 페데리코 또한 큰 충격에 빠졌고, 해당 헤드라인은 ESPN 모바일 웹사이트에 게시된 지 30분 만에 삭제되었다. 사실 페데리코는 린과 닉스 모두의 팬이었다. 그런데 이번 경기에서는 린이 결정적인 상황에서 반칙을 아홉 번이나 했고, 그것이 계기가 되어 닉스는 뉴올리언스 호니츠에게 패하고 말았다. 페데리코는 이런 내용의 기사를 쓰면서 린이 이번 경기의

---

* 보통 중국인 또는 동북아시아인을 비하하는 표현으로 쓰인다.

약점이었다는 의미로 "갑옷에 생긴 균열"이란 문구를 사용한 것이다. 그는 《데일리 뉴스》와의 인터뷰에서도 "의도치 않은 실수"였다고 해명하며 깊이 사과했다. 린 역시도 페데리코의 사과를 기꺼이 받아들였다.[38]

하지만 이 이야기는 이걸로 끝나지 않았다. 바로 전날 저녁 ESPN 아나운서 맥스 브레토스가 닉스 측 애널리스트 월트 프레이저와 생방송 인터뷰를 진행하던 도중 같은 표현을 이미 사용했다는 사실이 밝혀졌기 때문이다. 브레토스는 트위터에 사과글을 올리며 자신의 아내도 아시아인이며, "아내가 속한 공동체를 모욕하는 말을 결코 의도적으로 하지 않았다"라고 주장했다. 브레토스는 페데리코와 달리 운 좋게도 해고를 면하고 30일간의 방송 정지 처분만을 받았다.[39] 그로부터 6년 후인 2018년에도 비슷한 일이 벌어졌다. TBS 방송인 론 달링은 뉴욕 양키스 투수 마사히로 다나카가 경기 중 실책을 거듭하자 일본인인 다나카를 "갑옷에 생긴 균열"이라고 표현했다. 얼마 후 달링은 진심을 담은 사과문을 올렸다.

이런 일이 왜 거듭해서 벌어지는 걸까? 무의식적으로 일어나는 점화 현상을 통해 설명할 수 있다. 점화란 예컨대 대만이나 일본 혈통을 가진 어떤 인물을 떠올렸을 때 장기 기억 속에서 그 혈통과 관련된 수많은 개념과 스키마가 활성화되는 현상이다. 여기에는 '중국인', '아시아인', '동양' 등은 물론이고 '칭크'를 비롯한 인종차별적 단어도 포함될 수 있다. 일단 그렇게 활성화된 단어는 언어의 생성을 주관하는 두뇌 메커니즘에 도달하기

가 쉬워지기 때문에 말이나 글에서 무심코 튀어나올 수 있다.⁴⁰

한때는 그런 실수를 '프로이트의 말실수'라고 불렀다. 오스트리아 빈 출신 정신분석가 프로이트가 무의식적 사고와 욕망이 그런 말실수로 발현된다고 보았기 때문이다.⁴¹ 하지만 오늘날 통용되는 무의식적 점화 기제는 그런 말실수가 억압된 욕망에 기인했다고 보지 않고, 단순히 특정한 말에 대한 접근성이 일시적으로 커졌을 뿐이라고 여긴다. 이런 관점에서 본다면 페데리코의 헤드라인 또한 린의 혈통이나 브레토스의 말실수 때문에 무의식적으로 점화되었을 가능성이 있다.

비슷한 사건이 1995년 1월에도 있었다. 텍사스주 공화당 의원으로 당시 하원 다수당 원내대표였던 딕 아미가 매사추세츠주 민주당 의원 바니 프랭크를 바니 패그*라고 칭한 것이다.⁴² 정확한 이유를 알 수는 없지만, 프랭크가 공개적으로 동성애자임을 선언한 바 있으므로 그 사실을 알고 있던 아미가 자기도 모르게 이런 모욕적인 말을 사용했을 가능성도 있다.

물론 위 내용 중 어떤 것도 결코 이런 언사에 대한 옹호로 해석되어서는 안 된다. 영어를 쓰는 사람이라면 거의 누구나 이런 차별적 표현을 알고 있지만 대부분의 사람은 절대 사용하지 않는다. 하지만 무의식적 점화 효과는 본래 편견을 드러내지 않던 사람들이 왜 갑자기 그런 표현을 내뱉는지 이해하는 데 어느 정도는 도움이 된다.

---

* Fag. 남성 동성애자를 낮춰 부르는 말.

누가 정정할 것인가?

대화 중 의사소통 실패가 일어났다면 그 책임은 화자와 청자 중 누구에게 있을까? 그리고 의사소통 실패를 어떻게 바로잡을 수 있을까? 이 두 가지 질문에 대한 답은 다양한 언어적, 인지적, 사회적 요인에 따라 달라질 것이다.[43]

많은 경우 의사소통 실패는 말하는 사람 때문에 발생한다. 예컨대 언급하고자 하는 대상과 맞지 않는 단어를 사용할 수도 있고, 듣는 사람이 모르는 내용을 안다고 오해하고 설명을 충분히 하지 않을 수도 있다. 아니면 지나치게 애매모호한 표현을 사용할 수도 있다. 반대로 청자에게 과실이 있는 경우도 많다. 대화에 충분히 주의를 기울이지 않았을 수 있고, 화자의 말을 잘못 듣거나 잘못 이해하거나 잘못 해석할 수도 있다.

잘못이 화자에게 있는 경우라면 오해의 소지를 없애기 위해 화자 스스로 말을 정정하는 사치를 누릴 수 있다. 어쨌거나 발언권을 쥐고 있는 것은 화자 본인이므로 문제가 되는 말을 즉시 수정할 수 있다. 잘못 발음한 단어는 다시 한번 발음하면 되고, 청자의 얼굴에서 혼란스러운 표정이 보이면 더 상세히 설명하면 된다. 이와 같은 일련의 수정 과정을 언어학자들은 '수정 시퀀스'라고 명명했다. 많은 사회언어학자, 민족학자, 인지과학자들은 실험실 안팎에서 이에 관한 광범위한 연구를 수행한 바 있으며, 그 결과 화자의 수정 시퀀스가 어떻게 작동하는가에 대해서는 많은 것이 알려져 있다.

그런데 수정 시퀀스는 청자에 의해 촉발되기도 한다. 그리고 수정 과정의 완결 또한 화자와 청자 모두에 의해 이루어질 수 있다.[44] 그러므로 의사소통 문제를 바로잡는 과정은 누가 시작하고 누가 완결하느냐에 따라 모두 네 가지 영역으로 나누어 생각해 볼 수 있다. 이제 각각의 경우에 대해 차례로 살펴보자.

첫 번째로 '본인-시작, 본인-완결 수정 시퀀스'는 화자 스스로가 잘못된 말을 했음을 감지하고 청자의 지적이 없어도 말을 정정하는 경우다. 혹자는 이 수정 시퀀스를 가장 이상적인 대화의 표본으로 보기도 한다. 청자가 어떤 지점에서 혼란스러울 수 있는지를 화자가 주의 깊고 세심하게 관찰하고 있음을 시사하기 때문이다. 이에 대해 분석한 한 연구에 따르면 자발적인 정정은 전형적으로 '어'나 '음'과 같은 감탄사로 시작하며, 화자가 자신의 실수를 만회할 최선의 방법을 찾는 과정에서 잠깐의 정적이 뒤따르기도 한다.[45]

둘째, '본인-시작, 타인-완결 수정 시퀀스'는 화자가 처음 문제를 감지하지만 실제 정정은 청자가 하는 경우다. 예를 들어 화자가 누군가의 이름을 기억하지 못해 고심하고 있을 때 청자가 끼어들어 이름을 말해준다면 대화가 원만히 흘러갈 것이다.

본인이 수정 시퀀스를 시작하는 위의 두 유형과 달리 타인이 수정 시퀀스를 시작한다는 것은, 청자가 화자의 발화에 끼어들어 혼란스럽다거나 동의하지 않는다거나 이해되지 않는다는 신호를 보내는 경우를 말한다. 이런 상황은 놀라울 정도로 자주 벌어진다. 다양한 언어로 진행된 어느 대규모 연구에서는

대화가 이루어지는 동안 타인이 시작한 수정 시퀀스가 평균 84초마다 나타났다고 한다.[46]

셋째로 '타인-시작, 본인-완결 수정 시퀀스'에서는 먼저 청자가 문제를 제기하면 화자가 수정한다. 문제 제기는 묵시적 또는 명시적으로 이루어진다. 얼굴을 마주하고 대화할 때는 청자가 잘 이해하고 있는지 보여주는 징후들을 화자가 직접 관찰할 수 있다. 하지만 그런 신호는 여러 의미로 해석될 수 있으므로 주의가 필요하다. 예를 들어 얼굴을 찌푸리는 것은 공감의 표현일 수도 있지만 이해가 안 된다는 뜻일 수도 있다. 눈썹을 치켜 올리는 것은 믿기지 않는다거나 놀랍다는 뜻일 수도 있지만 혼란스럽다는 의미일 수도 있다. 화자가 이미 말을 끝냈는데 청자가 대답하지 않고 뜸을 들인다면 아직 심사숙고하는 중일 수도 있고, 놀라서 잠시 멈추었을 수도 있으며, 방금 들은 내용에 동의하지 않는다는 의미일 수도 있다.

청자가 질문을 던지면 더 확실한 문제 제기가 이루어진다. 보통은 가볍게 "네?" 또는 "뭐라고요?"라고 묻는 것만으로도 화자는 십중팔구 하던 말을 멈출 것이다. 물론 이런 경우에는 청자가 어떤 지점에서 혼란스러운지 정확히 파악하기 위해 몇 번의 대화가 더 오가야 한다. 아니면 청자가 "오른쪽 말씀하시는 것 맞죠?"와 같은 명시적인 질문을 던질 수도 있다.[47] 화자에게 정정해 달라고 표현할 때 청자는 보통 '잠깐이라도 눈에 띄게 움직임을 멈춘다'.[48] 이런 정지 상태에서는 보통 눈썹, 머리, 상체를 움직이지 않고 상대방을 물끄러미 바라보게 된다.

하지만 청자가 혼란스럽다는 신호를 노골적으로 보내도 화자가 문제를 제대로 감지하고 수정하리라는 보장은 없다. 텔레비전 시트콤 〈사인필드〉의 한 장면을 살펴보자. 주인공 일레인(줄리아 루이스 드레이퍼스 분)은 지하철을 타고 가다가 옆에 선 낯선 여성과 대화를 시작한다.

> 여자: 나는 40대부터 이 열차를 타고 다녔어요!
> 일레인: 그러셨군요!
> 여자: (일레인에게, 하지만 큰 소리로) 요즘 남자들은 여자에게 자리를 양보하지 않아요. (일레인에게, 조용한 목소리로) 여성 해방은 됐는데 우리는 서 있어야 하네요.
> 일레인: 흠, 그거 정말 아이러니네요.
> 여자: 아이러니라고요?
> 일레인: 이 상황 말이에요! 우리는 이렇게 진보했지만… 소소한 것들을 잃었잖아요. 작은 친절 같은 것들 말이에요.
> 여자: 아니, 그게 아니라 '아이러니'가 무슨 말이냐고요.
> 일레인: (당황한 듯) 아…[49]

일레인은 상대방이 모른다는 분명한 신호를 보냈음에도 아이러니라는 개념을 설명하는 대신 자신의 의견을 부연 설명했다, 상황적 아이러니라는 개념을 누구나 알고 있다고 섣불리 가정했기 때문이다. 결국 여자와 일레인의 대화는 길을 잃고 말았다. 이 장의 앞부분에서 설명했듯 상대방과 이미 공통 기반을 공유했다고 함부로 가정하면 의사소통은 쉽게 어긋나고 만다.

마지막으로 '타인-시작, 타인-완결 수정 시퀀스'에 대해 생각해 보자. 이런 경우에는 의사소통 상의 문제점을 진단하고 수정하려는 시도에 이르기까지 모든 힘든 과정을 청자가 떠맡게 된다. 하지만 청자가 화자의 말을 마음대로 수정하려 할 때는 여러 문제가 생길 수 있다. 우선 이런 행동은 본질적으로 화자의 말을 방해하는 것이기 때문에 발언권을 빼앗긴 화자는 썩 기분이 좋지 않을 것이다. 심지어 청자가 화자의 입장이나 의견을 반박하기까지 한다면 대화는 말다툼으로 번질 수도 있다.

문화에 따라 차이가 있겠지만 청자는 화자의 오류를 정정하는 것이 예의범절에 어긋날까 봐 고민할 수도 있다. 예를 들어 상대방이 뭔가 잘못 말했다는 것을 깨달아도 그 오류가 너무 사소하거나, 화자의 의도가 뻔히 보이는 경우에는 섣불리 오류를 정정하기가 어렵다. 이런 상황에서 굳이 화자의 말을 정정하는 것이 무례한 행동으로 보일 수 있기 때문이다.

그리고 대화 참여자 사이에 지위의 차이가 있는 경우라면 지위가 낮은 사람이 높은 사람의 말을 수정하기가 어려울 수 있다. 예를 들어 아무리 중대한 문제라고 해도 갓 입사한 신입사원이 사장님의 말을 수정하기란 쉽지 않을 것이다. 결국 이런 이유 때문에 상대적으로 선호되는 것은 '자기-시작 수정 시퀀스'이며 '타인-시작, 타인-완결 수정 시퀀스'는 가장 드물게 나타난다.[50]

3장

방금 누가 내 이름 부르지 않았어?
지각의 문제

우리가 보고 들은 것을 두뇌가 어떻게 이해하는가에 대해서는 이미 많은 사실이 밝혀졌다. 하지만 감각 정보를 해석하는 다양한 방식이 오해와 착각으로 이어질 수 있다는 사실은 비교적 생소하다. 예컨대 우리는 소리를 언어로 인식하는 데 너무 익숙한 나머지 언어가 아닌 소리도 언어로 착각하곤 한다. 눈으로 글을 읽을 때도 비슷한 문제가 나타난다. 게다가 내가 쓴 글을 직접 교정하기란 대체 왜 그리 어려운 것일까? 지금부터 두뇌의 지각 과정에서 의사소통 실패가 빚어지는 다양한 원인에 대해 자세히 살펴보자.

어른들은 듣지 못하는 소리

2018년 늦봄, 평소 같았으면 아무도 신경 쓰지 않았을 오디오 클립 하나가 인터넷 세상을 뒤흔들었다. 케이티 헤첼이라는 미국 대학생이 처음으로 인스타그램에 올렸고, 누군가 레딧과 트위터로 퍼 나르면서 순식간에 퍼져나간 그것은 단 1초짜리 음성 파일이었다. 해당 파일을 들은 사람들을 대상으로 온라인 설문조사를 실시한 결과, 절반 정도는 녹음 파일 속 나직한 남성의 말이 '로럴'로 들린다고 응답했으나 놀랍게도 나머지 절반은 '예니'로 들린다고 대답했다.[1]

이 논란을 접한 많은 이들은 3년 전의 비슷한 논란을 떠올렸다. 그때 문제가 되었던 것은 스코틀랜드 가수 케이틀린 맥닐의 텀블러 계정에 올라온 한 장의 드레스 사진이었다. 사진 속 드레스는 실제로 파란 바탕에 검정 줄무늬였는데 상당수의 사람은 이 드레스를 흰 바탕에 금빛 줄무늬로 인식했다. 이처럼 극명한 인식의 차이가 생기는 이유에 대해서는 아직도 완전한 과학적 합의가 이루어지지 못했다. 다만 빛에 대한 묵시적 가정이나 색채 순응 등을 원인으로 추측할 뿐이다.[2]

'예니인가 로럴인가'의 문제 역시 비슷한 원인에서 비롯된 것일까? 음성 파일에 담긴 단 하나의 실체적 진실은 과연 무엇일까? 이 파일은 십여 년 전에 제이 오브리 존스라는 오페라 가수가 웹사이트 'vocabulary.com'에 올리기 위해 녹음한 것으로, 실제로 그가 말한 단어는 '로럴'이었다. 그렇다면 왜 많은 사람의 귀에 '예니'라는 소리로 들렸을까?

문제를 해결할 중요한 단서는 듣는 사람의 나이에 있었다. 나이 든 사람은 주로 이 소리를 '로럴'로 인식하는 반면 젊은 사람들은 '예니'라고 들을 가능성이 높았다. 드레스 색깔이 보는 사람의 나이에 별다른 영향을 받지 않은 것과는 대조적이었다. 조사 결과 녹음 파일에는 실제로 두 가지 해석을 모두 가능케 하는 소리가 담겨 있었다. 학생들이 인터넷에 올린 것은 존스의 원본을 컴퓨터 스피커로 재생한 뒤 다시 녹음한 것으로, 원본에 주변 '소음'이 더해진 복합적인 소리였다. 이 소리를 조작해 저주파음을 강조하자 '로럴'이 들렸고, 고주파음을 강조하면 '예니'라는 소리를 들을 수 있었다.[3]

나이가 들수록 청력이 떨어지는 현상, 즉 노인성 난청은 노화에 따른 자연스러운 결과다. 이런 소리 지각 능력의 감퇴는 모든 주파수에서 나타나지만 특히 고주파음에서의 청력 감퇴가 더욱 심각하다. 평균적으로 만 20세 미만 사람들은 최고 19

킬로헤르츠(kHz, 초당 1만 9,000개의 사이클)까지 들을 수 있는 반면에 만 30세가 되면 16킬로헤르츠 이상은 듣기가 어려워진다. 만 40세 무렵이 되면 이 수치는 15킬로헤르츠까지 떨어지고 50세부터는 12킬로헤르츠까지밖에 지각하지 못한다.

이런 현상을 이용해 교사는 들을 수 없고 친구들만 들을 수 있는 '초음파' 신호기를 만들어낸 학생들도 있었다.[4] 반대로 상점 주인들은 주파수가 높은 소리(17.4킬로헤르츠 정도)가 나는 소위 '벌레 퇴치기'를 가게 앞에 설치해 가게 앞을 기웃거리고 기물을 파손하는 젊은이들을 내쫓기도 했다. 물론 이 장치의 효과에 대해서는 논란의 여지가 많다.[5]

젊음을 잃어버린 사람에게 그나마 다행스러운 소식은 말소리의 주파수 범위가 보통 125헤르츠에서 5킬로헤르츠 사이로 상당히 좁다는 사실이다. 자음과 모음 소리의 평균적 분포를 오디오그램*에 표시하면 양 끝이 올라간 곡선 모양으로 나타나는데, 마치 옆으로 누운 바나나처럼 보여서 이런 어음 분포도를 '스피치 바나나speech banana'라고 부른다.[6] ㅅ, ㅆ 등의 자음은 스피치 바나나의 오른쪽 끝부분, 즉 고주파 영역에 위치한다. 문제는 하모닉스, 즉 말소리의 배음**은 스피치 바나나를 벗어나는 더 높은 위치까지도 퍼진다는 점이다.

이 때문에 나이가 들면 'ㅅ'과 'ㅆ'의 소리를 구별하는 데 어려

---

*　audiogram. 데시벨(dB)×주파수(Hz)의 2차원 도식.
**　말소리는 복합음으로서 진동수가 최소인 바탕음과 나머지 배음으로 이루어진다. 배음은 바탕음에 대해 진동수가 정수배 관계이며 배음에 따라 음색이 결정된다.

움을 겪을 수 있다. 보통은 문맥에 따라 후보 단어들 중 적절한 것을 고르면 되겠지만 주변이 너무 시끄러워서 앞뒤 문맥마저 놓치게 되면 의사소통 실패와 오해의 가능성은 급격히 높아진다.

여기서 청력 감퇴는 양방향으로 영향을 미친다는 점을 염두에 두어야 한다. 청력 감퇴가 좌절감과 사회적 고립, 심지어 인지 기능 저하를 일으켜 당사자에게 악영향을 미칠 수 있다는 점은 쉽게 예상되지만,[7] 대화의 상대방 역시 부정적인 영향을 받는다는 사실은 간과되곤 한다. 자기도 모르게 목소리를 높이게 되고(심지어 별로 도움도 안 되지만) 아기에게 말하듯이 단순한 말만 하게 되기 때문이다. 이런 배려를 정작 노인들은 기분 나쁘게 받아들이기도 한다.[8]

비슷하지만 전혀 다른 소리들

1969년 11월 14일, 아폴로 12호는 절체절명의 위기를 맞았다. 케네디 우주센터에서 하늘로 솟아오른 지 단 37초 만의 일이었다. 세 우주비행사의 눈앞에서 제어판의 수많은 경고등이 마치 크리스마스트리처럼 반짝거리더니 지상 비행관제소와 우주선 원격자료수신장비의 연결이 갑자기 끊어지고 말았다. 발사까지만 해도 완벽했던, 인간의 달을 향한 두 번째 비행은 이제 임무 중단이라는 최악의 사태를 눈앞에 마주한 듯했다. 게다가 비행 중단은 최선의 상황을 가정한다 해도 그 자체로 대단히 위험한 일이었다(실제 오작동 원인은 우주선이 상승 과정에서 번개를 두 번이나 맞으며 발생한 전력 과부하였다. 물론 당시에는 원인을 알지 못했다).

한시가 급한 상황에서 휴스턴 비행관제소 과학자들은 우주선에 대체 무슨 일이 벌어지고 있는지를 알아내려고 안간힘을 썼다. 그중에는 26세의 오클라호마 출신 관제사 존 에런도 있었다. 그는 전기환경감시electrical and environmental monitoring, EECOM의 일환으로 우주선 조종실 압력을 추적 관찰하는 임무를 맡고 있었다. 우주선에 문제가 생기면서 갑자기 그의 모니터 또한 무의미한 수치들로 가득해지기 시작했다. 정말 위험한 신호였다. 그런데 여기서 에런은 시뮬레이션에서 발생했던 비슷한 상황을 떠올린다.

관제 국장 게리 그리핀은 마음속으로 미션 중단까지도 각오하면서 에런에게 어떤 조치가 필요한지를 물었다. 다행히 에런은 우주선의 전기 시스템을 복구할 방법을 알고 있었다. 신호조정장비signal conditioning equipment, SCE의 전원을 보조전원으로 돌리는 것이었다.

첫 번째 낙뢰를 맞고 단 14초 만에 에런은 이렇게 말했다. "국장님, EECOM입니다. SCE를 옥스aux, 보조전원로!"

낯선 명령어를 들은 그리핀이 당황해서 물었다. "다시 말해봐. SCE를 오프off, 차단로?"

에런: '옥스'로요.
그리핀: SCE를 '옥스'로?

에런: 네, 보조전원 말입니다.

그리핀: 통신 담당. SCE를 옥스로.

통신 담당으로서 우주선과 직접 소통하는 사람은 제리 카였다. 그는 그리핀이 말한 스위치가 뭔지 몰라 당황했지만 어쨌든 명령을 그대로 전달했다.

카: 아폴로 12호, 여기는 휴스턴. SCE를 보조전원으로.

이번에는 아폴로 12호의 사령관 피트 콘래드가 당황할 차례였다.

콘래드: NCE를 보조전원으로? NCE가 대체 뭔데?(카의 말을 잘못 들은 것)

에런(급박하게 카에게): SCE. SCE를 보조전원으로.

카(콘래드에게 알파벳 하나하나를 또렷하게 발음하면서): S. C. E.

콘래드(다른 조종사들에게): SCE를 옥스로.

운 좋게도 달 착륙선 조종사 앨런 빈은 제어판의 수많은 버튼 가운데 SCE의 위치를 알고 있었다. 그가 스위치를 보조전원으로 전환하자 그 즉시 원격자료수신장비의 데이터가 다시 관제소로 들어오기 시작했다. 마침내 아폴로 12호가 위기에서 벗어나는 순간이었다.[9]

아폴로 우주선과 지상 관제소의 소통은 여러 측면에서 전화기 게임의 현실 버전이나 다름없었다. 비행 관제 담당자가 관제 국장에게 지시 사항을 전달하자, 국장은 그것을 통신 담당자에게 전달해야 했고, 통신 담당자는 다시 우주선 사령관에게, 우주선 사령관은 다른 조종사들에게 전달해야 했다. 이처럼 길게 이어진 의사소통의 사슬에서는 연결고리가 하나라도 끊어지면 결국 소통 자체가 실패하게 된다. 따라서 연결고리가 많으면 많을수록 상황은 어려워진다. 게다가 의사소통의 효율성을 극대화하기 위해 비행 관제사와 관제 국장은 다양한 두문자어頭文字語와 축약어를 사용해야 했고, 심지어 이 모든 대화가 잡음 섞인 저음질의 불안정한 통신을 통해 이루어졌다.

실제로도 지상 관제소와 우주선 사이의 대화에서는 의사소통 실패와 오해가 여러 차례 확인된다. 우주선의 전기 문제를 해결하기 위한 에런의 지시가 일반적인 것이 아니었고 사용되는 언어 자체도 방해 요소로 작용했기 때문이다. 관제사들이 사용하는 중요한 단어나 축약어들 중에는 비슷한 용어가 너무도 많았다.

에런의 말을 들은 관제 국장 그리핀의 첫 반응에서부터 이런 문제가 확인되었다. "다시 말해봐. SCE를 '오프'로?" 스위치를 오프 상태로 바꾸는 건 실제로 취할 수 있는 조치지만 적절하지는 않았다. 에런은 그리핀의 말을 수정하기 위해 '옥스'라고 반복해서 알려주었고, 그리핀도 자신이 제대로 이해했는지 확인하려고 같은 말을 한 번 더 반복했다. 그리고 에런은 혼란을 최대한 없애기 위해 축약어 대신 '보조전원'이라는 완전한 용어까지 한 번 더 언급했다.

통신 담당자가 지시 사항을 우주선 사령관에게 전달할 때도 비슷한 일이 벌어졌다. 카는 혼동을 줄이기 위해 축약어 '옥스' 대신 완전한 용어를 사용하여 "SCE를 보조전원으로."라고 말했다. 하지만 콘래드는 'SCE'를 'NCE'라고 잘못 들었고, 제대로 이해하기 어렵다고 불평했다. 이에 카가 SCE를 한 글자씩 또렷하게 반복해서 말하자 콘래드는 그제야 지시 사항을 정확히 이해할 수 있었다.

지각 단계에서 이런 식의 의사소통 실패가 나타나는 이유는 모음에 비해 자음의 음향 에너지가 대부분 고주파 대역에 위치하기 때문이다. 그래서 저질 스피커를 통해 듣거나 주변이 시끄러운 상황에서는 자음을 구분하기가 더 힘들어진다.[10] 국장이 '옥스'와 '오프'의 뒷부분을 구분하기 어려워했던 이유도 그 때문이었다(연결 상태가 좋지 않은 전화기에 대고 이름을 말해본 사람이라면 이해할 것이다. "성이 아니라 정이에요. '정리'할 때 정!). 한마디로 땅 위에서든 하늘에서든 음질이 좋지 않은 통신 기구를 사용하는 것은 성공적인 의사소통을 시작부터 어렵게 만드는 '원 스트라이크'라고 볼 수 있다.

이렇게 아폴로 12호의 관제사, 관제 국장, 우주비행사들은 예상치 못했던 심각한 문제를 성공적으로 진단하고 해결할 수 있었다. 그로부터 5일 후 피트 콘래드와 앨런 빈은 달 서부의 '폭풍의 대양'에 발을 내딛고 거의 여덟 시간 가까이 달 표면을 탐사했다. 시작하자마자 거의 끝날 뻔했던 임무가 성공으로 이어진 것은 존 에런을 비롯한 관제소 직원들의 빠른 판단 덕분이었다. 이후에도 비행관제소와 아폴로 12호 조종사들은 비행 내내 상대방이 잘못 듣고, 잘못 해석하고, 잘못 이해할 수 있는 난해한 용어와 명령어 사용을 피할 수 없었다. 하지만 이로 인한 의사소통 문제의 발생 가능성을 충분히 인지하고 있었기에 소통 실패를 최소화하기 위한 프로토콜을 충실히 따랐다. 지시 사항을 지겨울 정도로 반복하는 행위가 일견 불필요해 보일 수도 있지만, 아폴로 12호의 사례에서 알 수 있듯 임무의 성공은 바고 그 행위 덕분에 가능했다.

존재하지 않는 목소리가 들려

오늘날 음모론자들이 둥지를 튼 곳은 바로 소셜 미디어다. 큐어넌*, 버서**, 트루서*** 등 종류도 다양하다. 하지만 수십 년 전만 해도 음모론자들이 가장 좋아한 먹잇감은 바로 비틀스에 대한 기괴한 판타지였다. 그중에서도 유명한 것은 폴 매카트니가 1966년에 오토바이 사고로 사망했으며 똑같이 생긴 사람을 찾아 폴의 자리를 대신하게 했다는 음모론이었다. 이들은 비틀스 앨범의 커버나 가사에서 '폴이 사망했다'는 사실을 증명하

---

* QAnon. 트럼프 전 대통령을 지지하는 극우 음모론.
** birther. 오바마 전 대통령은 미국 출생이 아니므로 합법적 대통령이 아니라는 음모론.
*** truther. 9.11테러는 사실 미국 정부가 꾸민 일이라는 음모론.

는 미묘한 단서들을 찾아내기도 했다.

가장 많이 언급된 사례는 비틀스의 1968년 앨범 〈더 비틀스〉의 수록곡 〈레볼루션 9〉이었다. 노래 가사 중 '넘버 나인'이라는 구절을 거꾸로 재생하면 '죽은 자여, 날 흥분시켜 줘turn me on, dead man'와 비슷한 소리가 들린다는 것이다.[11] 물론 여기서 죽은 자는 폴을 의미했다.

이처럼 어떤 메시지를 의도적으로 거꾸로 녹음하는 기법을 백마스킹backmasking이라고 한다. 실제로 비틀스는 1965년 '러버 소울' 앨범 수록곡 〈레인〉의 마지막 페이드아웃 부분에서 백마스킹 기법을 사용한 적이 있다.[12] 음모론자들은 이것을 근거로 삼아, 비틀스가 백마스킹 기법을 활용해 팬들에게 매카트니 사망에 대한 숨은 메시지를 보냈다는 황당한 주장을 했다(논란이 되는 부분과 거꾸로 재생한 소리를 직접 들어보고 싶다면 위키피디아에서 'Paul is Dead'를 검색해 보라).

그러나 이 주장에는 몇 가지 문제점이 있다. 무엇보다 80세인 매카트니가 지금도 무척 정정하며 최근 전미 투어 공연까지 마쳤다는 점이다. 그는 사망설이 돌던 50여 년 전부터 지금까지 솔로 가수로는 물론이고 그룹 윙스를 결성해서도 수십 개의 앨범을 발표했다. 또 다른 문제는 우리의 기대가 소리 인식에 영향을 미친다는 점이다. 즉 '넘버 나인'을 거꾸로 재생한 소리가 '죽은 자여, 날 흥분시켜 줘'로 들린 것은 우리가 그것을 이미 기대하고 있었기 때문이다.

진화를 통해 인간의 정신은 소음과 신호를 구분하고, 소리에서 패턴을 찾아내는 정교한 능력을 발달시켰다. 하지만 때때로 이런 능력이 지나치게 발휘되면 있지도 않은 곳에서 의미 있는 패턴을 찾아내기도 한다. 이런 현상을 변상증pareidolia이라고 한다.[13] 구름에서 동물 모양을 발견하거나 자동차 앞머리가 사람 얼굴처럼 보이는 것, 달 표면에서 인간의 형상을 찾거나 화성에서 운하를 발견하는 것(이 사례에 대해서는 제9장에서 다시 살펴보겠다) 등이 모두 변상증의 사례다. 이런 변상증은 애매모호한 소리, 예컨대 거꾸로 재생된 노래 가사에서도 똑같이 발현될 수 있다.

하지만 외부 신호가 전혀 없는 경우라면 어떨까? 실제로 아무도 없는 곳에서 누군가의 목소리가 들린다고 주장하는 사람들이 있다. 이런 현상은 보통 조현병 등 정신 질환 때문으로 여겨지며, 환청을 듣는 것은 조현병의 특징적인 증상이기도 하다. 하지만 조현병의 유병률은 대략 1~2퍼센트로 매우 낮은 편인 데 비해,[14] (연구자에 따라 수치가 다양하게 나타나긴 하지만) 존재하지 않는 목소리를 들었다고 주장하는 사람은 인구의 약 10퍼센트에 달한다. 게다가 이 비율은 성인에 비해 아동과 청소년에게서 다소 높게 나타난다.[15] 이런 결과는 정신적으로 건강한 사람도 '언어성 환청'을 경험한다는 점을 시사한다.

물론 언어성 환청을 드물게 경험하는 사람과 자주 경험하는 사람은 구분되어야 한다. 단순히 아무도 없는 곳에서 가끔 누군가 부르는 소리를 듣는 경우는, 주기적으로 환청을 들으며 주인 없는 목소리와 대화하거나 논쟁하는 경우와는 원인이 전혀 다르다.

인간은 애매모호한 소리를 들으면 말소리로 해석하는 경향이 있다. 언어성 환청을 듣는 사람들이 물소리처럼 비언어적인 소리가 아니라 주로 사람의 말소리를 듣는 이유도 그 때문일 것이다. 학자들의 연구 결과에 따르면 언어성 환청을 듣는 사람은 잘 들리지 않는 대화나 애매모호한 말소리를 감별하는 능력이 대조군에 비해 뛰어났다.[16] 결국 언어성 환청을 경험하는 사람의 두뇌는 어떤 것이든 지각되면 거기에 모종의 질서를 부여하려는 경향이 강하다는 사실을 알 수 있다. 이때 자극은 외부에서 올 수도 있지만 두뇌의 좌측 측두엽에서 자연스럽게 일어나는 무작위적 신경 활동에서 비롯될 수도 있다.[17]

다른 중립적 자극에 비해 자신의 이름을 지각하는 역치가 낮다는 사실은 심리학에서 거의 상식이다.[18] 어딘가에서 애매모호한 소리가 들릴 때 우리가 그것을 아주 친숙한 단어로 듣는 경향이 있다는 것도 같은 맥락일 것이다. 예를 들어 애매한 소리를 들으면 우리 뇌는 그것을 '아스파라거스'나 '칼리오페'처럼 생소한 단어로 인식하기보다는 자신의 이름처럼 아주 익숙한 말로 이해한다. 그런가 하면 환청을 듣는 이유를 다른 곳에서 찾고자 한 학자도 있었다. 신경학자 올리버 색스는 저서 『환각Hallucinations』에서, 두뇌가 자기 안에서 만들어낸 말(혼잣말할 때처럼)과 외부에서 만들어진 말을 구분하지 못할 때 환각을 듣게 된다고 주장했다.[19]

존재하지 않는 목소리를 평생 동안 적어도 한 번 이상 들었다고 주장한 유명인은 많고도 다양하다. 음악가로는 그룹 비치 보이스의 브라이언 윌슨과 레이디 가가가 있고, 배우로는 앤서니 홉킨스가 대표적이다. 작가 필립 K. 딕과 찰스 디킨스, 철학자 스웨덴보리와 소크라테스도 환청을 들었다고 한다. 자신의 내면 상태를 누구보다도 잘 이해하는 심리학자들 중에도 지그문트 프로이트, 칼 융 등이 언어성 환청을 경험했다고 말한 바 있다. 모세나 잔 다르크 같은 종교적 인물은 형체 없는 목소리를 신의 계시라고 해석했다.

언어성 환청의 원인은 유전부터 환경적 요인까지 다양하며, 후자에는 불안이나 과거의 트라우마가 포함된다. 어느 심리 실험에서는 참가자에게 스트레스와 카페인 과복용을 동시에 경험하게 한 뒤에 의미 없는 소음을 들려주었더니 일부가 캐럴 〈화이트 크리스마스〉가 들린다고 보고했다. 반면에 스트레스가 적은 환경에서 커피를 덜 마신 참가자들은 이런 환청을 경험할 가능성이 훨씬 적었다.[20] 어쩌면 1960년대에 폴 매카트니 유령 가수설을 믿은 사람들 또한 스트레스에 시달리며 커피를 과다복용하던 대학생들이 아니었을까.

레이디 몬더그린과 잔디밭

노래 가사를 한동안 잘못 알고 있다가 나중에야 알게 되는 경험은 누구에게나 있을 것이다. 미국 시트콤 〈킹 오브 퀸즈〉에서도 이런 장면이 있었다. 어느 날 남자주인공 더그(케빈 제임스 분)가 닐 다이아몬드의 노래 〈레버런드 블루진스〉(블루진스 목사님)를 감미롭게 부르고 있었다. 이 노래를 들은 아내 캐리(레아 레미니 분)의 표정은 황당하다는 듯 일그러졌다. 사실 더그가 부르던 노래는 '레버런드 블루진스'가 아니라 〈포레버 인 블루진스〉(블루진스는 영원히)였다. 캐리의 말을 들은 더그는 한동안 당황스러움을 감추지 못했다.

TV 속 인물들만 이런 실수를 하는 건 아니다. 심지어 이런 현상을 가리키는 용어도 따로 있다. 바로 '몬더그린MONDEGREEN'이다. 이 특이한 용어는 미국 작가 실비아 라이트가 1954년에 쓴 에세이에서 처음 사용했다. 라이트의 어머니는 어린 시절 잠자리에서 시를 읽어주곤 했는데, 어린 라이트가 가장 좋아한 시는 스코틀랜드 민요 〈머리 백작The Earl of Moray〉이었다. 시는 이렇게 시작한다. "그들은 머리 백작을 칼로 베고/ 잔디밭에 눕혔다네laid him on the green." 그런데 라이트는 두 번째 구절의 "레이드 힘 온 더 그린"을 "레이디 몬더그린"으로 잘못 들었고, 머리 백작과 몬더그린 부인이 함께 죽임을 당하는 장면을 상상했다고 한다. 이런 현상을 설명할 적절한 표현을 찾지 못한 라이트는 '몬더그린'을 사용하기로 했고 그 후로 정착되었다.[21]

몬더그린 사례는 정말 많다. 동요 〈퐁당퐁당〉의 "건너편에 앉아서 나물을 씻는"을 "건너편에 앉아서 나무를 심는"으로 듣거나, 아이유의 〈좋은 날〉에서 "오늘 했던 모든 말"을 "억울했던 모든 말"로, 러블리즈의 〈데스티니〉에서 "너는 내 데스티니"를 "노는 게 대수니"로 듣는 것 등을 들 수 있다. 필자도 토토라는 가수가 부른 〈아프리카〉의 가사가 "I guess it rains down in Africa.(아프리카에 비가 올 것 같아.)"인 줄 알았는데 알고 보니 "I bless the rains in Africa(아프리카에 내리는 비를 축복해)"였다. 이 곡이 발표된 1982년부터 대학 시절 내내 이 노래를 얼마나 많이 들었던가! 그런데도 실제 가사를 알게 된 건 무려 40년이 흐른 뒤였다. 몬더그린 현상을 모아놓은 웹사이트가 생겨난 것도 어찌 보면 당연한 일이다. 영어의 몬더그린 현상이 궁금한 독자가 있다면 kissthisguy.com을 방문해 보기 바란다.

이런 사례는 재밌기도 하지만, 사람들이 말을 어떻게 (잘못) 지각하는가에 대해 많은 것을 알려준다. 사실 인간의 귀를 통해 들어오는 음향 신호는 본질적으로 모호하며, 같은 소리라도 사람에 따라 다르게 해석될 수 있다. 노래의 언어 신호는 특히 시끄럽기 때문에 이런 현상이 더 두드러진다. 배경음악 때문에 가사가 잘 들리지 않는 데다 그냥 말하는 것이 아니라 멜로디와 리듬에 맞춰 부르기 때문에 단어의 운율 또한 미묘하게 달라질 수 있다. 게다가 콘서트에 직접 가거나 영상을 시청하는 경우가 아니면 가수의 입 모양을 보고 유추할 수도 없다.[22]

몬더그린과 비슷하지만 원인이 다른 말실수로 말라프로피즘malapropisms도 있다. 소리가 비슷하지만 뜻이 다른 단어를 잘못 사용하는 말실수로, 아일랜드 극작가 리처드 셰리든의 희곡 『연적The Rivals』(1775)에 등장하는 말라프로프 부인의 이름을 딴 현상이다. 여주인공 리디아 랭귀시의 후견인인 말라프로프 부인은 극중에서 말실수를 여러 번 한다. 리디아가 어떤 구혼자를 "(오매불망이 아니라) 오매불만 그리워한다"고 하거나 리디아가 "나일강의 (악어가 아니라) 아기"처럼 고집이 세다고 불평하는 식이다. (셰익스피어도 희곡 『헛소동』의 등장인물 도그베리의 입을 빌려 비슷한 말장난을 했으며, 촌철살인의 언변으로 유명한 야구선수 요기 베라는 "텍사스는 (선거인단이 아니라) 선거군단 규모가 크지요"라고 말하는 등 말라프로피즘을 자주 구사했다.)

연구자들은 말라프로피즘의 근본적인 문제가 어휘 인출 과정에서 일어난다고 본다. 발음은 비슷하지만 전혀 다른 단어와 관련된 두뇌 영역이 실수로 활성화될 때 이런 일이 벌어진다는 것이다. 익숙하지 않은 단어나 구절을 잘못 듣거나 틀리게 기억한다는 점에서 몬더그린과 말라프로피즘의 근본 원인은 비슷하다고 볼 수도 있다.

그런가 하면 방언이나 말투 때문에 말을 잘못 알아듣는 경우도 있다. 미국 언어학자 메건 섬녀는 롱아일랜드의 어느 식당에서 칠면조 샌드위치를 주문하려다가 적잖이 당황했다. 종업원이 흰 살코기와 개고기 중에서 어떤 것을 드시겠냐고 물었기 때문이다.[23] 점원의 사투리 때문에 '다크 미트 dark meat, 어두운 살'를 '도그 미트 dog meat, 개고기'로 잘못 들어서 벌어진 일이었다.

흥미롭게도 몬더그린과 말라프로피즘은 모두 잘못 듣거나 잘못 말한 문구가 원래의 문구보다 더 친숙한 표현인 경우가 많다. '만화경 같은 눈'이나 '라즈베리색 베레모'는 그다지 흔히 쓰이는 표현은 아니며 '오매불망'(말라프로프 부인)이나 '선거인단'(요기 베라)도 아주 쉬운 말은 아니다. 아마도 어린 실비아

라이트는 마을의 대소사가 일어나는 중앙의 풀밭the green에 대해 들어본 적이 없었을 것이다. 우리가 외국어 노래 가사 속에서 모국어처럼 들리는 말을 쉽게 찾아내곤 하는 것도 같은 맥락으로 이해할 수 있다.²⁴ 결국 인간의 정신은 일상적이고 습관적인 말을 더 선호하며, 그 결과 모호하고 낯선 말은 잘못 해석하기가 쉽다.

이처럼 어려운 단어를 익숙한 것으로 대체하는 일은 사회 차원에서도 일어나는 듯하다. 흔히 쓰이지 않는 생소한 단어가 시간이 지나 소리가 비슷한 다른 단어로 대체되는 경우를 종종 볼 수 있기 때문이다. 1530년경부터 '씹다'라는 뜻으로 쓰이던 '챔프champ'가 이제는 '참프chomp'에 밀려 잘 쓰이지 않게 되었다. 셰익스피어가 『베니스의 상인』에서 쓴 격언 "반짝이는 것이 모두 금은 아니다"에는 원래 '반짝이다'라는 의미의 '글리스터glister'가 사용되었지만 이제는 같은 뜻을 가진 '글리터스glitters'를 훨씬 많이 쓴다.*

신경학자이자 작가인 올리버 색스는 사망하기 1년 전 《뉴욕타임스》에 자신의 청각 오류에 관한 글을 썼다. 내용은 이렇다. 어느 날 '콰이어 프랙티스choir practice, 합창단 연습'에 간다는 비서의 말을 듣고 색스는 내심 깜짝 놀랐다고 한다. 오랜 세월 함께 일하면서도 노래에 취미가 있다는 말은 전혀 들은 적이 없었기

---

* 조세희의 소설 『난장이가 쏘아올린 작은 공』은 '난쟁이가 쏘아올린 작은 공'으로 잘못 언급되는 경우가 많다.

때문이다. 나중에 알고 보니 비서는 '카이로 프랙터chiropractor, 척추 지압사'를 만나러 간 것이었다. 얼마 후 다시 척추 지압사를 만나러 가는 길에 보좌인이 농담으로 합창단 연습에 다녀온다고 말했다. 그러자 색스는 이렇게 물었다. "파이어 크랙커스 firecrackers, 폭죽놀이를 간다고요?" 이렇게 노인성 난청 때문에 말을 잘못 듣는 일이 많아지자 색스는 잘못 들은 말의 목록을 만들기까지 했다. 비록 실수이긴 하지만 색스는 이것을 언어적 창의성의 산물로 보았고, 인간의 정신이 이토록 창의적인 대안과 해석을 내놓을 수 있다는 사실에 매료되었던 것 같다.[25]

색스의 사례를 통해 우리는 난청을 비롯한 지각 능력의 결함이 어떻게 의사소통을 방해하는 '원 스트라이크'가 되는지 다시금 확인할 수 있다. 이런 장애가 '척추 지압사'처럼 생소한 단어를 만나자 시스템이 고장나 버렸고, 그는 불완전하게 들리는 소리에 대해 창의적이지만 완전히 틀린 해석을 내놓을 수밖에 없었다.

익숙한 단어는 보지 못한다

심리학자 돈 리드는 참가자들에게 문장을 제시하고 그 안에서 f를 찾아내는 실험을 진행했다. 그런데 재미있게도, 85~90퍼센트의 사람들이 f를 세 개만 찾아냈다.[26] 실제로는 여섯 개였는데도 불구하고 말이다.

리드는 그 이유를 두뇌가 글을 받아들이는 방식에서 찾았다.

글을 읽는 동안 우리 뇌에서는 단어가 일련의 소리로 바뀌는 과정, 즉 음운 재부호화phonological recoding가 일어난다.[27] 단어를 소리로 바꿔 인지하는 과정에서 본래의 f 발음대로 나는 단어에서는 f를 f로 인지했지만, of의 경우 발음이 바뀌어 v에 가까운 소리가 나기에 f를 f로 인지하지 못할 가능성이 커진다는 것이다.

또 다른 이유도 있다. 우리는 읽기라는 행위가 마치 잔디 깎기처럼 이루어진다고 느낀다. 마당을 좌우로 가로지르며 꼼꼼하게 잔디를 깎듯 우리 눈도 한 줄의 글을 처음부터 끝까지 부드럽게 따라가며 읽고, 다 읽으면 다시 다음 줄로 내려가서 같은 과정을 되풀이한다고 생각한다. 하지만 우리 눈은 이런 직관대로 움직이지 않는다. 우리 눈은 한 줄의 글 위를 깡충깡충 뛰어다니기 때문에 모든 단어를 직접적으로 응시하지 않는다. 전문 용어로 단속斷俗성 운동이라고 불리는 눈의 이런 움직임 때문에 문맥으로부터 충분히 유추할 수 있는 짧고 일상적인 단어는 응시하지 않고 건너뛰게 된다.[28] 실험 참가자들이 'of'처럼 자주 쓰는 단어의 f는 찾아내지 못하고, 비교적 길고 가끔씩만 쓰이는 'scientific'의 f는 잘 찾아낸 것도 바로 이 때문이다.

게다가 읽는 행위는 끊임없는 예측의 과정이기도 하다. 눈이 글을 따라 깡충깡충 뛰어가는 동안 우리의 정신은 다음에 어떤 말이 나올 것인지에 대한 추론과 가정을 하느라 바쁘다.[29] 그러나 이런 과정은 우리의 예측이 보기 좋게 빗나가기 전까지는 거의 눈에 띄지 않는다.

예를 들어 우리는 "두 개그맨이 바$_{bar}$를 향해 걸어갔다"라는 문장을 읽으면 웃긴 이야기가 시작되리라고 기대한다. '이제 바텐더에게 말을 걸겠지?'라며 앞으로 무슨 일이 벌어질지 추론을 시작할 수도 있다. 하지만 다음 문장이 "그는 몸을 수그렸다"라면 우리는 순간 당황할 것이다. 우리가 예상한 웃긴 이야기가 아니기 때문이다. 이제는 '바'를 술을 파는 가게가 아니라 '긴 막대기'라고 다시 개념화해야 한다.[30] 이렇듯 예측하기를 좋아하는 성향 때문에 우리의 의사소통은 때때로 길을 잃기도 한다. 여기에 관해서는 제7장에서 자세히 살펴볼 것이다.

띄엄띄엄 읽는 눈에 함부로 예측하기를 좋아하는 성미까지 더해졌다고 생각하면 사람들이 문서 교정을 그렇게 어려워하는 것도 이해가 된다. 특히 자신이 쓴 글을 직접 교정해 보면 몇 번이고 반복해서 훑어보아도 놓치는 것이 많다. 틀린 철자는 물론이고 아예 단어를 빼먹거나 중복해서 쓴 곳을 그냥 넘어가곤 한다.

과학 기술이 이런 문제를 이미 해결해 주지 않았느냐고? 물론 마이크로소프트워드 같은 소프트웨어 프로그램에는 철자나 문법 오류를 교정해 주는 기능이 있어서, 인간이 보지 못하는 많은 실수를 바로잡아 준다. 예를 들어 "여자는 다이빙대를를 박차고 물로 뛰어들었다"와 같은 문장에서 사람들은 '를'과 같은 조사가 반복되었다는 사실을 절반 정도밖에 찾아내지 못한다.[31] 반면에 단순한 알고리즘만으로도 컴퓨터는 이런 오류를 하나도 빠짐없이 찾아낼 수 있다.

하지만 좀 더 복잡한 오류를 소프트웨어에 의존해 찾아내려고 한다면 문제는 악화될 수 있다. 예를 들어 "노아는 거대한 방주를를 만들었다"라는 문장을 쓰면 마이크로소프트 워드는 오류를 감지하고 친절하게도 구불구불한 빨간 줄을 그어준다. 하지만 "노아는 거대한 주방을 만들었다"라거나 "모세는 거대한 방주를 만들었다"라는 문장을 쓴다면 워드는 눈 하나 깜짝하지 않을 것이다. 철자와 문법 검토 프로그램은 '아직' 충분히 정교하지 못하기 때문에 이처럼 코드화하기 어려운 추론이나 상식을 요하는 오류는 감지해 내지 못한다.

정말로 읽기가 예측의 과정이라면 자신이 쓴 글을 스스로 교정하기는 당연히 더 어려울 것이다. 본인이 직접 쓴 내용은 이미 너무나 익숙하므로 다음에 어떤 내용이 올지 예측하는 과정이 일사천리로 진행되기 때문이다. 실험 결과도 이런 가정과 다르지 않았다. 실험 참가자들은 자신의 글에서 오류를 찾아내기보다 타인의 글에서 오류를 찾아내는 작업을 더 쉽게 해냈다. 하지만 글을 쓴 뒤 2주 정도의 간격을 두고 같은 실험을 진행했더니 이 차이는 거의 사라졌다.[32]

그러므로 자신의 글에서 오류를 찾아내고자 한다면 작성을 마친 뒤 얼마간 글을 치워놓았다가 나중에 다시 살펴보는 편이 좋다. 시간이 지나면 자신이 쓴 글에 대한 익숙함이 경감될 테고, 따라서 오류를 찾아 교정하기도 쉬워질 것이다.

문서를 교정하는 한 가지 좋은 방법은 컴퓨터 프로그램을 활용해 당신의 글을 소리 내 읽게 하는 것이다. 자기 입으로 직접 읽는 것은 그다지 효과적이지 않다. 스스로 읽으면 우리 눈은 여전히 오류를 찾아내지 못할 것이고, 설사 빼먹은 단어가 있더라도 마치 그 단어가 실제로 쓰여 있는 듯 우리의 뇌가 빈칸을 알아서 채워 넣어 자연스럽게 입으로 내뱉게 될 것이다. 반면에 마이크로소프트 워드 같은 프로그램은 당신이 실제로 쓴 것을 (오류까지도 포함해) 있는 그대로 읽어줄 것이므로 그 소리를 듣고 교정하기는 비교적 쉽다.

자유분방한 손글씨의 저주

앞서 살펴보았듯 의사소통 오류의 원인과 결과는 다양하다. 그런데 그중에서도 특히 심각한 결과를 낳는 경우들이 있다. 예를 들어 의료 분야에서는 의사소통 오류가 치명적인 결과로 이어질 수 있다.

2006년 7월 미국국립과학원 산하 의료연구소의 추정치에 따르면 충분히 막을 수 있는 실수로 인해 의료사고를 당하는 미국인이 매년 150만 명을 넘는다. 대표적인 원인으로는 투여 용량 착오, 어려운 약어의 사용 그리고 악필이 있다. 의료연구소는 의사의 악필 때문에 사망하는 사람이 매년 7,000명을 넘는다고 추정했다.[33]

텍사스에 사는 42세 환자의 사례를 살펴보자. 이 환자는 협심증 때문에 '아이소르딜Isordil'이라는 약을 6시간마다 20밀리그램씩 복용하라는 처방을 받았다. 하지만 의사가 휘갈겨 쓴

처방전을 본 약사는 약품 이름을 '플렌딜Plendil'이라고 오해하고 말았다. 플렌딜의 하루 최대 복용량은 10밀리그램이다. 결국 약물 과용은 치명적인 심장마비로 이어졌다. 배심원은 약을 처방한 의사와 제조한 약사 모두에게 이 끔찍한 실수의 책임이 있다고 판결했다.[34]

만약 수천 가지 선발 의약품 및 복제 의약품의 이름 하나하나가 전혀 달랐다면 처방전을 대충 흘려 쓰더라도 어느 정도는 약품 이름을 추측할 수 있을 것이다. 하지만 '-딜'로 끝나는 위의 두 약품처럼 의약품 중 상당수는 이름이 비슷하다. 이처럼 약품 이름이 비슷해서 생기는 착오가 전체 실수의 최대 4분의 1가량을 차지한다.[35]

다행스럽게도 이 문제는 기술이 발전함으로써 개선되고 있다. 이제 미국 대부분의 병원에는 의사용 전자처방 시스템 Computerized Physician Order Entry, CPOE 같은 전자 시스템이 도입되었다. 키보드로 입력된 전자 처방전이 약국으로 직접 전송되므로 투약 오류가 상당 부분 감소했다.[36]

식별하기 어려울 정도로 흘려 쓴 글씨 때문에 오랫동안 골머리를 앓아온 또 다른 집단은 바로 우체국이었다. 한때 미국 우체국 서비스는 휘갈겨 써서 도무지 알아볼 수 없는 도시 이름, 거리 이름, 숫자 등을 해독하기 위해 수천 명의 인력을 고용했다. 다행히 오늘날에는 광학식 스캐너의 정확도가 향상되면서 이 문제가 대체로 해결되었다. 과거 주소 해독 업무를 위해 운영되던 센터는 미국 전역 55개소에 달했으나 2013년 무렵에는

단 한 곳만 남았다.[37]

그런데 이런 엉성한 글씨체가 단순히 악필이라는 사실 외에 또 다른 무언가를 시사할까? 다시 말해 글씨체에서 그 사람의 성격적 특징을 알 수 있을까? 실제로 이런 믿음에 근거해 글씨체로부터 성격을 추론하는 필적학이라는 학문이 존재하며, 일부 기업에서는 인재를 채용할 때 필적 분석가를 고용하기도 한다.[38] 필적학자에게 악필은 예술가적 특성의 발현이다. "내면의 자아가 너무 확고해서 주변 세상에 무관심한 자유로운 영혼의 소유자"들에게 악필이 흔히 나타난다는 것이다.[39] 일각에서는 이런 필적학을 옹호하기도 하지만 필체와 성격, 직업적 태도 사이에 존재하는 연관성은 그 어떤 실험 연구에서도 입증되지 못했다.[40]

다만 필체의 예언적 가치가 인정받는 단 하나의 분야가 존재한다. 바로 의료 분야다. 필체를 특정 질병의 전조 증상으로 보는 것이다. 필체의 변화와 질병 간의 상관관계는 중추신경계의 퇴행성 질환인 파킨슨병에서 특히 뚜렷하게 나타난다. 병이 진행되면서 우울증과 치매가 나타나고 동시에 환자의 운동 조절 능력에도 심각한 변화가 일어난다. 파킨슨병 초기에 흔히 나타나는 증상이 바로 소서증으로, 환자의 글씨가 알아보기 힘들 정도로 점점 작아지는 증상이다.[41]

4장

삼연패한 당신의 권투를 빕니다
헷갈리는 단어

?...?...?...?...?...?...?...?...?...?...?
!?...!?...!?...!?...!?...!?...!?...!?...!?
!...!...!...!...!...!...!...!...!...!...!
?!...?!...?!...?!...?!...?!...?!...?!...?!

의사소통 실패와 관련해 앞서 살펴본 심리적 요인과 지각의 문제도 중요하지만, 우리의 머릿속 문제 때문이 아닌 경우도 있다. 이 장에서는 언어의 소리 구조 때문에 단어의 지시 사항을 서로 다르게 이해함으로써 나타나는 문제를 살펴보겠다.

발음이 어려워서 그만

> 그러자 그들이 이르기를 쉽볼렛Shibboleth을 말해보라 하였다. 그는 제대로 발음하지 못하고 십볼렛Sibboleth이라고 하였다. 그러자 그들은 그를 데려가 요단강 나루턱에서 죽였다. 그때 죽은 에브라임인이 4만 2,000명이었다.*
>
> – 『구약성서』 「사사기」 12장 6절

2020년 8월 4일, 당시 미국 대통령이던 도널드 트럼프는 야외활동법안 서명을 기념하는 연설을 하고 있었다. "우리는 모든 미국 어린이가 깨끗한 야외 공간에서 놀 수 있기를 희망합니다." 그는 손에 쥔 연설문을 주의 깊게 읽어 내려갔다. "미국

---

* 길르앗이 에브라임을 무찌른 후 도망치는 에브라임 사람을 가려내기 위해 '쉽볼렛'을 발음하게 한 이야기로, 에브라임 사람들은 '쉬' 발음을 잘 하지 못했다.

의 청소년들이 그랜드캐니언의 숨 막히는 아름다움을 경험할 때, 하늘을 향해 내뿜는 올드페이스풀*의 물줄기를 보며 경이로움으로 눈빛이 반짝일 때." 이제 그는 경이로운 자연에 대한 마지막 몇 마디만을 남겨두고 있었다.

하지만 그는 다음 문구에서 잠시 버벅거렸다. "그들이 요세마이트의… 요세마이트의 우뚝 솟은 세쿼이아 나무를 올려다 볼 때." 캘리포니아 국립공원 '요세미티'를 '요세마이트'라고 잘못 발음한 것이다. 사람들은 트위터로 영상을 공유하며 트럼프가 실은 유대인 친구를 부른 거라고 조롱했다.**

트럼프 전 대통령은 정말 이 단어를 한 번도 들어보지 못했을까? 아마 그렇지는 않을 것이다. 적어도 자신과 비슷한 다혈질의 만화 캐릭터 총잡이 '요세미티 샘'에 대해서는 몰랐을 리가 없다. 그의 실수를 접하고 TV 시트콤 〈못 말리는 번디 가족〉에 나오는 멍청한 십대 소녀 켈리 번디가 떠올랐다. 켈리는 요세미티를 '요제마이트'라고 발음했다.

트럼프가 발음 문제로 씨름한 건 이번만이 아니다. 그는 '틈'이라는 뜻의 'chasm'을 '케즘'이 아니라 '체즘'으로 잘못 발음한 적도 있고 '나치Nazis'를 '나지'라고 발음했으며 동아프리카 국가 탄자니아의 강세를 'tan'이 아닌 'za'에 두어 '탄자이니아'라고 발음하기도 했다.

---

*   Old Faithful, 옐로스톤 국립공원의 간헐천.
**   유대인을 영어로 '세마이트(semite)'라고 한다. 그러므로 'Yo-Semite'는 '이봐, 유대인 친구'처럼 들린다.

이런 문제는 책을 잘 읽지 않는 사람들에게 흔히 나타난다. 트럼프 자신도 도무지 책 읽을 틈이 나지 않는다며 여러 번 인정한 사실이다.[1] 요세미티의 경우 그는 이미 알고 있는 단어의 발음을 연설문에 쓰인 글자와 연결하지 못했다. 그래서 임기응변으로 일반적인 영어 단어 발음 규칙에 따라 마지막의 e는 묵음으로, i는 '아이'로 발음한 것이다. 마치 '다이너마이트dynamite'나 '사이트site'처럼 말이다. 하지만 요세미티라는 이름은 애초에 영어 단어가 아니라 한때 요세미티 계곡에 살던 아메리카 원주민 미워크 부족의 언어에서 유래한 단어였다.

트럼프 전 대통령 말고도 발음하기 어려운 단어와 씨름한 미국 대통령은 또 있었다. 1963년 6월 26일 존 F. 케네디 대통령은 냉전의 긴장감이 최고조에 이르던 시기에 서베를린을 방문해, 지은 지 채 2년도 안 된 베를린 장벽 앞에서 연설을 했다. 그는 독일 청중들과의 연대감을 강조하기 위해 연설의 마지막 부분에 독일어 문장을 가미했다. "2,000년 전에 가장 자랑스러운 말은 'Civis Romanus sum(라틴어: 나는 로마 시민입니다)'이었습니다. 오늘날 이 자유 세계에서 가장 자랑스러운 말은 'Ich bin ein Berliner(독일어: 나는 베를린 시민입니다)'입니다."

"외국어만 하면 입이 얼어붙는 것으로 유명했던"[2] 케네디는 이 부분을 망치지 않으려고 심혈을 기울인 것으로 보인다. 그가 발음 나는 대로 적어둔 메모가 지금까지 남아 있다(몇 년 뒤 케네디의 문장이 독일어로 "나는 젤리 도넛입니다"와 같다는 주장이 퍼졌지만 도시 괴담에 불과하다)[3]. 트럼프가 케네디처럼 충분한 주의를 기울였더라면 그런 어처구니없는 실수는 피할 수 있었을 것이다.

틀린 발음이 오히려 널리 통용되는 사례도 있다. 많은 정치인과 뉴스 진행자들은 미국의 네바다Nevada주 발음을 제대로 하지 못하고 '너바다'라고 발음한다. 하지만 그 지역 사람들은 보통 '너배다'라고 발음한다. 그런데도 트럼프는 2016년 대통령 후보 시절 네바다주 리노시에서 선거운동을 할 때 지역 주민들에게 당신들 발음이 틀렸다고 지적하기까지 했다.[4]

플로리다주, 미주리주를 비롯한 일부 지역에서도 지역 주민들이 선호하는 발음은 외지인의 발음과는 사뭇 다르다. 이렇게 지역명을 잘못 발음했다가는 믿음이 가지 않는 이방인이라는 꼬리표가 붙을 수도 있으니 조심해야 한다.

미국인들을 오랫동안 괴롭힌 또 다른 지역명은 영국 중서부의 우스터셔Worcestershire다.* 그 지역 사람들은 우스터셔를 '우스-터-셔'와 같이 세 음절로 발음한다. 물론 평범한 지역명이라면 그 지역을 여행하는 사람들 말고는 굳이 발음을 알 필요도 없을 것이다. 하지만 우스터셔는 많은 사람들이 좋아하는 소스 이름이기도 하다. 그러니 '블러디 메리' 칵테일이나 계란 요리 '데빌드 에그'에 우스터셔 소스로 감칠맛을 더하고 싶다면 철자와 발음 사이의 크나큰 간극을 잘 해결해야 할 것이다.

익숙지 않은 단어를 긴장된 상태에서 발음해야 할 때도 흔히

---

* 미국식 철자법에 따라 읽으면 '워세스터샤이어'와 같은 발음이 된다.

실수가 나온다. 2013년 미국의 인기 퀴즈쇼 〈운명의 수레바퀴〉
에서도 이런 일이 벌어졌다. 오레곤주에서 온 소방관 참가자
폴 앳킨슨은 당연하게도 초긴장 상태였다. 다행히 상금 100만
달러를 향해 첫발을 내디딘 그에게 비교적 쉬운 문제가 주어
졌다. "코너 큐리오 캐○넷Corner curio ca_inet"를 채워서 읽으면 되
는 문제였다. 하지만 안타깝게도 그는 '코너 큐리오 캐비닛'**
을 '코너 컬 캐비닛'이라고 잘못 발음하고 말았다. 게임 진행자
팻 사젝은 발음이 틀렸다는 이유로 오답을 선언했고 그는 겨우
2,000달러만을 손에 쥐고 발길을 돌려야 했다.5

　이후 인터뷰에서 그는 '큐리오'라는 단어를 한 번도 들어본
적이 없는데다 극도로 긴장을 해서 발음 실수를 한 것 같다고
털어놓았다. 하지만 결말이 그리 나빴던 것은 아니다. 그의 발
음이 전국적으로 놀림감이 되면서 그 유명한 〈지미 팰런쇼〉에
까지 출연했으니 말이다. 물론 그는 아름다운 큐리오 캐비닛을
끌고 무대에 등장해야 했다.

　때로는 언어 자체가 발음 실수의 원인이 된다. 영어에는
'desks책상들', 'mists안개'처럼 자음 여러 개가 연달아 이어져서
발음하기 어려운 단어들이 많다. 그런가 하면 외국어 명칭은
모국어에서는 쓰지 않는 발음을 사용하기 때문에 더 어렵다.
두 번의 세계대전 동안 프랑스에 배치된 많은 미군 병사는 생
소한 도시 이름 때문에 어려움을 겪었다. 그래서 베지에Béziers는

**　　벽 모서리에 두는 유리 장식장.

'브레지어스'로, 생트메르에글리제Sainte-Mère-Église는 '세인트 메어 이글스'로 바꿔 부르는 등 미국식 발음이 만들어지기도 했다. 같은 맥락에서 제2차 세계대전 당시 종군기자로 활동했던 앤디 루니는 1945년 독일 항복 장소를 랭스Reims로 결정한 건 잘못된 선택이었다는 의견을 피력하기도 했다. 프랑스인 말고는 그 지역 이름을 제대로 발음하는 사람이 거의 없었기 때문이다.[6]

금강산과 금광산

> 대통령 선거의 반대말은? 대통령 앉은 거.
>
> — 어린이를 위한 난센스 퀴즈

> 금광산 관광 재개
>
> — 2013년 SBS 뉴스 헤드라인

1989년 천안문 사태 직후 중국 공안은 체제 전복 활동, 특히 공산당에 대한 모든 비판적 행위를 색출하느라 혈안이 되어 있었다. 그 와중에 한 남성이 바닥에 병을 던졌다는 이유로 여러 명의 공안에게 끔찍한 폭행을 당하는 사건이 벌어졌다. 바닥에 병을 던진 행위를 공산당 지도자 덩샤오핑에 대한 비판 행위로 해석한 것이다.[7] 병을 깨는 것과 정치적 행위 사이에 과연 어떤 연관성이 있을까? 그 연결고리를 찾기 위해 먼저 단어의 소리와 의미에 대해 살펴보도록 하자.

아주 이상적인 언어라면 모든 단어의 철자와 소리가 단 하나의 지시 대상만을 가리켜야 할 것이다. 하지만 그런 언어는 추측건대 세상 어디에도 없을 것이고, 대부분의 언어에서 '어휘의 중의성lexical ambiguity'이 발견된다. 어휘의 중의성은 두 단어의 철자, 발음, 의미가 같은지 다른지에 따라 다양한 유형으로 분류된다.

먼저 소리의 차이를 생각해 보자. 동철이의어Homograph는 철자는 같지만 발음과 의미가 다른 말을 가리킨다. 동철이의어 사례로는 '잠자리'를 들 수 있다. 곤충[잠자리]과 잠을 자는 곳[잠짜리]의 두 가지 의미를 지닌다.* 한편 강세나 성조에 따라 의미가 달라지는 경우도 있다. 경상도 방언에서 e와 2는 둘 다 '이'라도 다른 강세로 발음된다.

다만 한 단어가 두 가지로 다르게 발음되면서도 의미는 여전히 같은 경우도 있다. 대표적인 사례가 지역별 방언이다. 예를 들어 미국인과 캐나다인은 'about'을 서로 다르게 발음하지만** 의미는 '대략적인'으로 같다.

동음동철어Homonym는 철자와 발음이 같지만 의미가 다른 단어를 말한다. 동음동철어의 사례로 '질병'과 '목이 좁은 그릇'을 뜻하는 '병'이 있다. 사전편찬학자들의 중요한 임무 중 하나가

---

* 영어의 경우 모음의 길이에 따라 의미가 달라지기도 하지만, 한국어에서는 국립국어원 기준에 따르면 장단음만 다른 경우 발음이 같다고 본다.
** 캐나다에서는 about을 aboot에 가깝게 발음한다.

이런 단어들의 다양한 의미를 잘 구분하는 것이다. 옥스퍼드 영어 사전에 따르면 'set'의 뜻은 100가지에 달한다.(명사 47가지, 동사 44가지, 형용사 7가지)

마지막으로 동음이의어homophone는 발음은 같지만 철자와 의미는 다른 단어로, '오른'과 '옳은', '낫다'와 '낳다'가 여기에 해당된다. 동음이의어는 언어유희나 이 장의 맨 앞에 제시된 것과 같은 어린이 난센스 퀴즈에서 자주 쓰인다.

심지어는 두 단어의 발음이 동일한데 의미는 정반대인 경우도 있다. 영어의 'raise 레이즈, 세우다'와 'raze 레이즈, 무너뜨리다'가 그렇다. 문맥에 따라서는 이런 단어 때문에 의미 파악이 어려워지기도 한다. 예컨대 누군가 낡은 건물을 바라보며 위의 단어를 말한다면 듣는 사람은 건물을 다시 세운다는 것인지 무너뜨린다는 것인지 파악하기 힘들 수 있다. 이런 경우 사용 빈도 측면을 고려해 후보를 좁혀볼 수 있다. 현대 영어에서 'raze'는 거의 쓰이지 않는 반면 'raise'는 흔히 쓰이기 때문이다. 하지만 두 단어가 모두 자주 쓰이는 경우라면 이 방법은 어려울 것이다.

언어의 동음성은 다양한 언어에서 나타난다. 중국어 방언 중 북경 지방에서 사용되는 만다린어에서도 동음성이 중요한 의미를 갖는다. 만다린어의 단어는 대부분 하나 내지 두 개의 음절로 이루어져 있으며 네 가지 성조에 따라 의미가 달라진다.

만다린어에는 다양한 동음이의어가 존재한다. 예컨대 별과 고릴라를 가리키는 단어는 발음과 성조가 모두 같지만 사용되는 한자는 전혀 다르다. 또한 '사자獅', '십十', '역사史', '~이다是'처럼 발음은 'shi'로 같지만 쓰이는 성조에 따라 의미가 달라지는 단어도 있다.

이제 병을 던지는 행위가 당시 중국 지도자였던 덩샤오핑 비난과 어떤 관련이 있는지 다시 생각해 볼 때가 되었다. '덩샤오핑'은 '작은 병'과 동음이의어였다. 그래서 덩샤오핑을 비난하는 표현으로 수천 명의 반체제 운동가들이 공공장소에서 유리병을 던지며 중국 정부와 덩샤오핑을 간접적으로 비판했던 것이다.

모국어의 경우 글말이 아니라 입말에 먼저 노출되기 때문에 동음이의어와 헷갈려 잘못 알고 있는 단어가 많다.[8] 이런 단어들은 글로 써봐야만 비로소 그 창의적인 얼굴을 드러낸다. 사례로는 '앞면이 없는 사이'라든가 '모기버섯', '백년회로', '장례희망', '권투를 빌다' 등이 있다. 2003년 언어학자 제프리 풀럼은 이런 실수에 '에그콘 eggcorn'('어콘 acorn, 도토리'을 잘못 들은 말이다.)이라는 재미난 이름을 붙여주었다.

언어학자 마크 리버맨은 에그콘을 말라프로피즘과 분명히 구분해야 한다고 주장한다. 에그콘은 소리가 거의 똑같은 표현이나 동음이의어 때문에 일어나는 실수로, 말라프로프 부인이 '악어'를 '아기'라고 잘못 말한 것과는 종류가 다르기 때문이다.

또한 에그콘은 노래 가사나 시구가 아니라는 점에서 몬더그린과도 다르며, 민간 어원으로 생겨난 단어*처럼 많은 사람이

---

* 햄버거는 독일 지명 함부르크에서 유래한 것인데 햄+버거로 잘못 인식되어 치즈버거, 새우버거 등의 표현이 나왔다.

공유하는 것도 아니다.⁹

에그콘은 2015년 메리엄-웹스터 사전에도 신조어로 등재되었다.¹⁰ 그런데 책이나 기사에서는 왜 에그콘을 잘 찾아볼 수 없을까? 아마 편집자들의 빈틈없는 노력 덕분일 것이다. 하지만 앞서 '금강산'을 '금광산'으로 잘못 표기한 뉴스 헤드라인처럼 편집자의 촘촘한 감시망을 뚫고 전면에 등장하는 에그콘도 가끔 존재한다. 위의 헤드라인을 보면 금광이 있는 산으로 여행을 떠나는 모습이 떠오르겠지만 아마도 기자의 의도는 아니었을 것이다.¹¹ 사실 에그콘은 수백 년 동안, 아니 어쩌면 수천 년 동안 존재했을지도 모른다. 문맹률이 낮아지면서 이제야 수면 위로 드러났을 뿐.

같은 말, 반대의 뜻

앞서 우리는 다양한 동음동철어, 즉 두 가지 이상의 의미를 지니는 단어에 대해 살펴보았다. 대부분 이런 단어들 때문에 혼란이 생길 가능성은 크지 않다. 예를 들어 '배'에는 '탈 것'이라는 뜻과 '과일', '신체 부위'라는 의미가 있지만 세 의미가 명확히 다르기 때문에 맥락만으로도 그 의미를 파악할 수 있다.

하지만 하나의 단어에 완전히 반대되는 의미가 동시에 존재하면 헷갈릴 수 있다. 예를 들어 '연패'라는 단어를 살펴보자. '연패連霸'에는 '계속해서 이기다'라는 의미가 있으므로 '국가 대표팀의 올림픽 3연패'처럼 쓸 수 있다. 그러나 '연패連敗'에는 '연달아 지다'라는 의미도 있어서 위 문장이 완전히 반대의 의미로도 읽힐 수 있다. 국가 대표팀은 이길 수도, 질 수도 있기 때문에 이 표현만으로는 정확한 의미를 알기 어려울 수 있다. 결국 이런 단어는 또 다른 유형의 모호함과 혼란을 일으킨다.

그렇다면 한 단어가 완전히 반대되는 의미를 동시에 갖는 경우가 흔할까? 생각보다 흔해서 문제가 된다.[12] 1962년에 잭 헤링은 이런 영어 단어를 동음반의어Contronym라고 명명했고,[13] 두 얼굴을 가진 로마의 신 야누스의 이름을 따 '야누스 단어'라고 부르거나 '자체 대립어auto-antonyms'라고 칭하기도 한다.

동음반의어 사례로는 '불을 끔'과 '불에 태움'의 의미가 있는 '소화', '행사할 수 있는 권리'와 '권리를 잃음'의 뜻을 가진 '실권', '눈을 만들다'와 '눈을 치우다'의 의미를 지닌 '제설' 등이 있다. 'raise세우다'와 'raze무너뜨리다'처럼 철자는 다르지만 소리가 같은 동음이의어도 동음반의어와 같은 결과를 낳을 수 있다. 이런 단어들은 시간이 흐르면 마치 다윈의 생존 투쟁처럼 둘 중 하나가 완전히 퇴출될지도 모른다.

그런가 하면 외국어를 배울 때는 의미가 반대인 두 단어의 발음이 비슷하기만 해도 큰 어려움을 겪을 수 있다. 예를 들어 시트콤 〈30록〉의 리즈 레몬(티나 페이 분)이 헷갈려 하던 독일어의 '사다'와 '팔다'는 각각 'kaufen'와 'verkaufen'으로 매우 비슷하다.

마지막으로 우리를 가장 혼란스럽게 만들 표현이 있다. 짝을 이루는 두 단어가 마치 반대 의미를 가진 것처럼 보이는데 실제로는 그렇지 않은 단어들이다. 영어 단어 중 가장 악명 높은 'flammable 플래머블, 불에 잘 타는'과 'inflammable 인플래머블, 불에 잘 타는'이라는 단어를 살펴보자.14 영어에서는 'in-'이라는 접두사가 붙으면 '아니다'라는 의미가 더해진다. 따라서 '불에 잘 타는'이라는 의미의 'flammable'에 'in'이 덧붙은 'inflammable'은 '불에 잘 타지 않는'이라고 해석하는 것이 합리적으로 느껴진다.

하지만 사실 이 단어는 '불태우다'라는 뜻을 지닌 라틴어 'inflammare 인플라마레'에서 유래했으며 17세기 초부터 이미 '불이 붙을 수 있다'는 뜻으로 사용되었다. 반대로 'flammable'이 쓰였다는 최초의 기록은 그로부터 두 세기 이상이 지난 후인 1813년이며, 1920년대 이전에는 거의 사용되지 않았다. 그런데 1970년대에 이르자 'flammable'의 사용 빈도가 'inflammable'을 앞지르기 시작한다. 그사이에 어떤 일이 있었던 걸까?

시간이 흐르면서 사람들은 'inflammable' 때문에 생기는 혼란이 대단히 위험하다는 사실을 깨닫게 되었다. 화재 안전 용어에 대한 여러 연구에서는 많은 사람들이 'inflammable'을 '타지 않는'이라는 뜻으로 오해하고 있음이 반복적으로 드러났고, 이는 충분히 비극적 결과로 이어질 수 있었다.15 결국 1920년대 전미화재보호협회가 'inflammable'을 대체할 단어로 'flammable'로 추천하기 시작했으며 보험업계도 이 움직임에 동참했다.16

그리고 20세기 중반 무렵 이 주제는 세간의 이목을 끌었다.

예를 들어 1947년 《뉴욕타임스》에는 "inflmmable을 불연성으로 오해해 가연성 액체가 담긴 캔, 병을 부주의하게 다루는 주부들이 많다"는 사설이 실렸다.[17] 그렇게 'inflammable'을 축출하려는 다양한 노력의 결실로 20세기 말이 되자 이 단어는 역사의 저편으로 물러나게 되었다. 일부 언어 순수주의자들은 여전히 반대하지만 'flammable'의 승리는 공공의 안전이 언어 변화의 동력이 되기도 한다는 사실을 방증한다.

표현 이상의 의미를 숨기다

의사소통 실패를 유발하는 또 다른 원인은 단어의 의미 자체에 있다. 많은 단어가, 아니 어쩌면 대부분의 단어가 명확한 지시 대상을 갖기 때문에 이런 주장이 다소 이상하게 느껴질 수도 있겠다. 예를 들어 '책상', '의자'와 같은 단어는 의미가 분명하고 고정되어 있기 때문에 어떤 오해도 초래할 것 같지 않다. 하지만 의미의 모호성 때문에 논쟁을 일으키거나 부정적 반응, 의사소통 실패를 유발하는 단어들은 분명 존재한다. 이런 단어의 사용은 효과적인 의사소통에 타격을 주는 '원 스트라이크'가 된다.

단어의 의미에 대해 생각할 때는 명시적 의미와 함축적 의미를 구분하는 것이 좋다. 먼저 명시적 의미란 사전에 게재된 의미, 다시 말해 널리 받아들여진 관습적 의미를 말한다. 명시적 의미도 변할 수는 있지만 보통은 속도가 아주 느리며, 특정 시점에 단어의 지시 대상에 대해 언어 공동체 내의 광범위한 합의가 존재한다. 반면에 함축적 의미란 어떤 용어에서 연상되는 부수적 의미를 말한다. 개인적, 문화적 요소들이 복잡하게 얽히고설킨 지극히 주관적인 그물망에 연결되어 있으므로 화자에 따라 의미가 달라질 수 있다.[18]

경우에 따라 단어는 어떤 참고 서적에서도 찾을 수 없는 함축적 의미를 지니기도 하고, 사전에서는 힌트만 간신히 얻을 수 있는 생소한 용례로 쓰이기도 한다. 예를 들어 '영면에 들다'나 '까마귀 밥이 되다' 둘 다 죽음을 의미하는 완곡한 표현이지만 장례식장에서 슬퍼하는 유가족에게 쓸 수 있는 공손한 어구는 첫 번째 표현뿐이다. 장례식이라는 맥락에서 첫 번째 표현은 예의 바르고 적절하다고 여겨지는 반면에 두 번째 표현은 무례하고 불경스러운 것으로 인식된다. 사전 편찬자들은 이런 함축적 의미를 알려주기 위해 문제가 될 만한 표현 옆에 '일상어', '구어체'와 같은 용법 표시를 달아놓기도 한다. 하지만 모든 상황에 맞는 완벽한 경계를 설정해 놓기란 불가능하다.

어떤 표현들은 함축적 의미가 유난히 빠르게 변한다. 영어의 '사회적 정의의 사도 social justice warrior'는 본래 정치적으로 진보적 견해를 표하는 사람이라는, 아주 단순한 명시적 의미를 지니고 있었다. 2000년대 초반까지는 그 함축적 의미 또한 중립적이거나 긍정적이었다. 하지만 2010년대 중반부터 이 문구는 이념적인 격론에 휩싸이면서 비하의 표현으로 쓰이게 되었고, 2015년에 옥스퍼드 영어사전에 등재될 때 "구어체, 경멸적"이

라는 표시가 달렸다.[19]

단어나 문구에서 본래의 명시적 의미와 대치되는 새로운 의미가 싹트기도 한다. 영어의 '카우보이cowboy'와 '미키마우스 Mickey Mouse'의 사례를 살펴보자. 본래는 두 단어 모두가 각각 '소 떼를 모는 사람'과 '월트디즈니사의 마스코트'라는 명확하고 고정된 의미를 갖고 있었다. 함축적 의미 역시 대부분의 사람에게 긍정적이었다. 전자는 미국의 황량한 서부 지역에 대한 낭만적인 상상을 불러일으켰고, 후자는 어린이들의 사랑을 한 몸에 받는 만화 캐릭터였으니 말이다.

하지만 오늘날 두 단어는 기존의 명시적, 함축적 의미와는 전혀 다른 부가적 의미를 갖게 되었다. '카우보이'는 이제 너무 자신만만하거나 무모한 사람, 자신이 원하는 것을 갖기 위해 무력을 쓰겠다고 위협하는 사람에게 붙는 꼬리표가 되었다. 미국 대통령 시어도어 루스벨트, 로널드 레이건, 조지 워커 부시 등은 '카우보이' 외교정책을 썼다는 비판을 받은 바 있다.

마찬가지로 '미키마우스'는 아마추어 같거나 비효율적인 것(미키마우스 변론), 너무 쉬운 것(미키마우스 시험), 쓸모없는 것(미키마우스 졸업장)을 의미하는 형용사로 쓰이게 되었으며, 이 새로운 의미들은 이제 사전에까지 등재되었다. 결국 하나의 용어가 긍정적인 의미와 부정적인 의미를 동시에 갖게 된 셈이어서 "그 사람 완전히 카우보이야"와 같은 모호한 발언은 오해를 일으킬 수 있다.

더 복잡한 경우도 있다. 명시적 의미는 분명하지만 그 단어가 특정한 사례에 적용될 수 있는지에 대한 논란이 존재하는 상황이다. 좋은 사례가 바로 '제노사이드genocide', 즉 집단학살이라는 용어다. 단어 자체에는 '특정 집단에 속한 다수의 사람을 의도적이고 체계적으로 살해하는 행위'라는, 이론의 여지가 없는 구체적인 의미가 있는 것으로 보인다. 나치 독일이 유럽의 유대인들을 상대로 벌인 홀로코스트가 전형적인 제노사이드에 해당한다.

그런데 제1차 세계대전 당시 오스만 제국이 150만 명의 아르메니아인을 죽인 행위는 과연 제노사이드에 해당할까? 한 세기 이상이 지났지만 튀르키예 정부는 지금도 이 행위를 제노사이드로 인정하지 않는 반면, 여타 24개국 이상은 공식적으로 제노사이드라고 규정했다. 마찬가지로 미얀마 정부가 행한 로힝야 '소탕 작전' 역시도 일부 UN 기구들에 의해 제노사이드로 규정되었다.[20] 게다가 대학살, 인종 청소 등 관련 용어를 제노사이드와 어떻게 구분할 것인가의 문제도 아직까지 답을 찾지 못했다.

과거의 대량 학살, 특히 식민 지배자들의 아메리카 원주민 학살을 어떻게 규정할 것인가에 대한 논쟁 또한 오랜 세월 계속되고 있다. 21세기 초반 캐나다 진실화해위원회는 캐나다 정부가 원주민들을 상대로 펼친 강제 동화 정책이 문화적 제노사이드에 해당한다고 결론지었다. 중국 정부가 이슬람 위구르 자치구에 개설한 '재교육 수용소' 등 다양한 형태의 박해에 이 용어를 적용할 것인지에 대해서도 비슷한 논란이 이어지고 있

다.[21]

마지막으로, 일부 용어는 명시적 의미가 비교적 중립적임에도 불구하고 함축적 의미는 대단히 부정적이다. '유흥', '엿', '병풍' 등은 부정적 의미가 너무 커져서 이제는 본래의 악의 없는 뜻을 능가해 버렸다.

앞의 여러 사례에서 알 수 있듯 화자가 의도한 함축적 의미와 청자가 받아들이는 함축적 의미가 항상 정확히 일치하리라고 가정할 수는 없다. 게다가 원어민에게는 너무 당연한 것들도 비원어민에게는 생소할 수 있어서, 가족을 잃은 사람에게 '요단강을 건너다'나 '물고기 밥이 되다'와 같은 말을 사용했다가는 낭패를 볼 수 있다.

모두가 다르게 받아들여서

앞에서 살펴본 것처럼 단어의 함축적 의미는 강력하다. 얼마나 강력한가 하면 단어 하나에 함축된 부정적 의미 때문에 미 대선에 도전했던 한 유력 후보의 경력이 끝장난 일도 있었다.

공화당 의원이었던 조지 롬니는 화려한 이력과 막강한 정치력을 보유한 정치인이었다. 아메리칸 모터스사의 회장 임기를 성공적으로 마친 그는 미시간주 주지사로 당선되었고 이후 두 번이나 재선되었다. 1966년 주지사 선거에서는 득표율이 무려 60퍼센트에 달할 정도였다. 1967년 중반 공화당 대선 후보 경선 여론조사에서 전국적으로 25퍼센트의 지지율을 얻기도 했는데, 이는 지난 대선에서 공화당 후보였고 당시 부통령이던 리처드 닉슨에 이어 2위에 해당하는 수치였다.

1968년 미 대선의 최대 쟁점은 베트남전 참전 여부였다. 베트남에서의 군사적 긴장이 고조되면서 미국은 두 입장으로 완전히 분열되었다. 롬니는 초기부터 미국의 개입을 지지했으며 1965년에는 남베트남에서 한 달간 머무르기도 했다. 하지만 1967년 8월 전국적으로 방영되는 텔레비전 인터뷰에서 그는 갑자기 전쟁 반대를 선언하면서, 자신이 남베트남에 머무르는 동안 미 군부와 정부 관료들에 의해 "세뇌되었다brainwashed"고 주장했다.[22]

그런데 이 단어는 한국전쟁 당시 연합군 전쟁 포로들이 감내해야 했던 중공군의 끔찍한 강압 행위를 떠오르게 했다. 당시의 집요한 세뇌 공작으로 일부 포로는 변절하여 중공군에게 협력하기도 했다. 그러므로 이 단어는 너무 극단적이고 논란의 여지가 많았으며, 입장 변화를 표명하는 데 사용하기에는 특히나 부적절했다.

롬니의 발언을 들은 양당의 반대자들은 일거에 그를 공격하기 시작했다. 그리고 11월이 되자 여론조사에서 롬니의 지지율은 14퍼센트까지 떨어졌으며 하락세는 계속 이어졌다. 그럼에도 꿋꿋이 선거운동을 이어 나가던 그는 결국 불가피한 현실을 인정하고 2월 말 후보직을 사퇴했다. 바로 다음 달에 닉슨은 뉴햄프셔 예비선거에서 결정적인 승리를 거두고 공화당 대선 후보로 지명되었으며, 결국 대통령에 당선되었다.

그런가 하면 단어가 가진 경멸적인 의미가 시간이 흐르며 사라지는 경우도 있다. 영어의 '너드nerd'나 '긱geek' 같은 단어가 대표적인 사례다. 본래 두 단어는 사회적 능력이 떨어지는 특이한 사람들을 폄하하는 표현으로 쓰였다. 하지만 빌 게이츠, 마크 저커버그, 일론 머스크 등이 테크놀로지 분야에서 영향력 있는 경영자로 우뚝 서면서 이 단어들 역시 기분 좋은 표현으로 받아들여지게 되었다.

또 다른 사례로 '퀴어queer'를 들 수 있다. 일찍이 1890년대부터 동성애자를 가리키는 경멸적 용어로 쓰이던 이 단어는 최근 들어 LGBTQ+* 공동체에 의해 긍정적인 기술어로 바뀌었다.²³ 하지만 여전히 이성애자가 이 단어를 사용하는 것은 문제가 될 수 있다. 과연 이 단어를 긍정적 의미로 썼는지 부정적으로 썼는지 모호하기 때문이다. 게다가 이성애자가 긍정적 의미로 이 단어를 언급했다 해도 그것은 일종의 '문화적 전유'**로 여겨질 수 있다. 흑인을 가리키는 경멸적 표현 '니그로negro'도 비슷하다. 이제 이 단어는 미국 흑인들에 의해 긍정적 의미를 부여받았지만 백인이 이 단어를 사용하는 것은 여전히 부적절하다고 여겨진다.

미국인들은 캐나다인, 특히 프랑스계 캐나다인을 경멸적으로 지칭하는 말로 '캐넉Canuck'이라는 단어를 오랫동안 사용해

---

* 레즈비언, 게이, 바이섹슈얼, 트랜스젠더, 퀴어를 포함한 다양한 성소수자를 가리킨다.
** 한 문화 집단이 다른 집단의 문화를 무단으로 사용하는 것을 말한다.

왔다. 반대로, 영어를 모국어로 쓰는 캐나다인들은 같은 단어를 단지 사실적인 표현으로 쓰거나 심지어는 애정 어린 표현으로 사용한다. 1945년에 창단된 마이너리그 밴쿠버 하키팀은 이 단어를 팀명으로 사용했고 1970년 프로페셔널팀이 창단될 때에도 같은 이름을 유지했다. 이렇듯 캐나다인들이 이 단어를 분명 긍정적으로 받아들이고 있음에도 많은 미국인은 이 단어를 껄끄러워한다. 단어의 부정적 함의가 마치 악취처럼 많은 사람의 마음속에 남아 있기 때문이다.

언어적 전유를 통해 단어의 경멸적 의미가 점차 사라지는 현상은 과거에도 있었다. 예를 들어 영국 내전 당시에 쓰이던 '캐벌리에Cavalier*'라는 단어는 의회파가 찰스 1세의 지지자들을 경멸적으로 칭하던 이름이었다. 하지만 세월이 흐르면서 왕당파 스스로가 자신들을 '캐벌리에'라고 부르면서 부정적 의미는 점차 퇴색되었다.

그로부터 백 년 이상이 지난 후, 영국인들은 미국 식민주의자들을 '양키Yankee'라는 비우호적 표현으로 지칭하고 있었다. 확실하진 않지만 영국인들이 신세계에 정착한 네덜란드인들을 낮잡아 부르던 이름 '얀케Janke'에서 유래한 것으로 추정된다.[24] 영국인들은 네덜란드 출신 식민지 주민을 세련되지 못한 하층민이라는 이미지로 정형화하기 위해 이 단어를 썼다.[25] 그리고 그로부터 한 세기 후인 남북전쟁 때는 남부 연맹이 북부

---

* 프랑스어로 '말(馬)'을 뜻한다. 왕당파 대부분이 말을 타고 싸웠기 때문에 붙은 이름이다.

연방을 칭하는 경멸적 용어로 '양키'를 사용하기도 했다.

미국 남부 지역에서는 북부 주민을 부정적으로 칭할 때 여전히 '양키'라는 말을 쓴다. 하지만 이제 이 단어는 '양키의 독창성'이라는 문구처럼 긍정적인 의미로도 쓰인다. 뉴욕 양키스의 팬들도 당연히 이 단어를 부정적으로 인식하지 않는다.

마지막으로 지시적 의미마저도 애매한 단어들이 있다. 대표적인 사례가 영어의 '바이먼슬리bimonthly'로, 그 의미가 '두 달에 한 번'도 되고 '한 달에 두 번'도 된다. 『뉴욕타임스 영어 용법 매뉴얼』을 비롯해 영어 용법을 다룬 몇몇 서적에서는 이 단어가 '두 달에 한 번'을 뜻하며, '한 달에 두 번'을 뜻하는 말은 '세미먼슬리semimonthly'라고 주장한다.[26]

하지만 기꺼이 백기를 흔들며 투항하는 언어학자들도 많다. 문제의 소지가 너무 큰 단어는 애초에 사용하지 말아야 한다고 인정해 버리는 것이다. 예를 들어 브라이언 가너는 "명확성 측면에서 가능하면 접두어 '바이bi-' 사용은 피하는 것이 좋다"고 썼다.[27] 메리엄-웹스터 사전 편찬자들은 웹사이트에 "이 단어의 모호함은 거의 한 세기 반 동안 존재해 왔으므로 우리가 임의로 없앨 수 없다"는 문구를 게재한 바 있다.[28]

명시적 의미가 모순적인 단어, 그리고 함축적 의미가 시간이 흐르며 변해 버린 모호한 단어의 경우, 사용자들이 쓰기를 꺼려하는 경향이 나타날 수 있다. 브라이언 가너는 저서 『현대 미국 영어』를 통해 이런 단어에 '패배어skunked term'라는 이름을 붙여주었다.[29] 패배어의 사례로 가너가 언급하는 단어는 주로 시간이 흐르며 의미가 지나치게 넓어진 decimate완파하다, fulsome과도한, hopefully바라건대 등이 있다. 이 단어들은 과거에는 좀 더 구체적인 의미를 지녔으나 이제는 구체성이 사라져버렸다.

예를 들어 'decimate'는 본래 '열 명 중 한 명을 죽이다'라는 의미였다. 그러나 이제는 '적군을 완파하다, 대량 학살하다'라는 좀 더 넓은 의미로 쓰인다. 가너는 어떤 단어가 이런 변화를 겪을 경우 모든 사람을 만족시키는 결론은 얻기 힘들다고 말한다. 언어에 대해 완고한 사람은 새로운 용법에 반대하겠지만, 진보적인 사람은 오히려 전통적 의미만 고수하는 태도를 시류에 뒤떨어진 것으로 보기 때문이다.

단어의 함축적 의미 변화를 사람에 따라 전혀 다르게 받아들일 수 있다는 가너의 주장은 위에서 언급한 경멸적 표현들에도 적용될 수 있다. 예를 들어 미국인들은 몬트리올 출신 친구에 대해 말할 때 '캐넉'이라는 단어를 의도적으로 피할 것이고, 성소수자 축제에 대한 기사를 쓸 때 이성애자인 기자는 '퀴어'라는 단어를 쓰지 않으려 주의를 기울일 것이다. 이렇듯 단어의 함축적 의미는 강력하고도 미묘하며, 의사소통 실패와 오해가 뿌리내릴 수 있는 비옥한 토양이 된다.

그녀가 대체 누군데?

한 남자가 강둑에서 강 반대편에 있는 남자에게 소리친다.
"저기요, 강 반대편으로 가려면 어디로 가야 하죠?"

그러자 남자는 이렇게 대답한다.

"벌써 반대편에 계시잖아요."

— 2017년 레딧, '아재 개그'

식당이나 다른 공공장소에서 옆 테이블의 대화를 엿들어본 사람이라면 들으면서도 무슨 말인지 이해되지 않아 궁금했던 적이 있을 것이다. 예를 들어 식당에서 어떤 여성이 일행에게 이런 질문을 던졌다고 해보자. "우리 지난번에 여기 왔을 때랑 비교하면 어때?"

침입자인 당신은 질문의 주제가 무엇인지를 알아낼 재간이 없다. 음식에 대해 묻는 걸까? 식당 서비스? 아니면 자신들의 대화에 대해? 게다가 '지난번'이란 언제를 말하는 걸까? 지난주? 지난달? 10년 전? 더 나아가 '우리'는 누구를 지칭할까? 물론 질문을 던지는 여성 본인과 그 일행을 의미할 가능성이 높지만 따지고 보면 가능성은 무궁무진하다. 그들이 지난번에 이 식당에 방문했을 때 우연히도 모나코 왕실 가족을 전부 만나 함께 식사했는지 누가 알겠는가?

하다못해 '여기'라는 단어도 문제가 된다. 당연히 그 식당을 의미할 수도 있지만 그 동네나 도시를 가리킬 수도 있고 심지어는 그 나라를 가리킬 수도 있다. 그러나 일행이 이전 일을 기억한다면(애초에 기억한다고 가정했기 때문에 화자는 이런 질문을 던졌을 것이다) 질문을 던지면서 그런 자세한 내용을 하나하나 언급할 이유가 없다. 이것이 바로 제2장에서 논했던 공통 기반이 부리는 마법인 셈이다. 다시 말해 공통 기반이 있으면 굳이 말하지 않아도 지시 대상을 특정할 수 있다.

대부분의 경우에는 단어나 어구의 지시 대상이 모호하지 않다. '태양'은 하늘에 떠 있는 저 밝은 동그라미를 가리키며 '나의 개'는 지금 발밑에서 잠든 충성스러운 존재를 의미한다. 반면에 식당의 사례처럼 화자에 따라서, 대화가 이루어지는 때와 장소에 따라서 특정 단어의 지시 대상이 완전히 달라지는 경우가 존재한다.

'나'라는 단어가 좋은 사례다. 이 단어는 지금 말하고 있는 당사자를 지칭하는데 누가 말을 하느냐에 따라 지시 대상이 당연히 달라진다. 마찬가지로 '지금'은 말을 하는 매 순간을 가리키며, '여기'와 '저기'라는 공간 개념 역시 절대적인 것과는 거리가 멀다. 로마의 정치가 율리우스 카이사르가 말하는 '어제', '오늘'(물론 로마어로 말했겠지만 어쨌든!)과 당신이 말하는 '어제', '오늘'은 약간의 차이가 있다.

이처럼 영어를 비롯한 대부분의 언어에는 사람, 장소, 시간을 가리키는 다양한 지시적(deictic, '보여주다'는 의미의 그리스어에서 유래) 표현이 존재한다. 그런데 지시적 용어는 절대적으로 정의될 수 없으므로 애매모호하고 혼란스러울 수 있다. 앞의 '아재 개그'처럼 말이다.

또 다른 경우로, 가능한 지시 대상이 하나 이상인 단어들이 있다. 아래를 살펴보자.

그는 술집 테이블에 놓인 맥주 한 병을 꿀꺽꿀꺽 들이켰다. (그것은) 따뜻했다.(It was warm.) *

여기서 대명사 '그것'이 무엇을 가리키는지는 명백하지 않을 수도 있다. 물론 대부분은 맥주라고 생각할 것이다. 맥주가 첫 문장의 목적어였기 때문이다. 하지만 잠깐만 다시 생각해 봐도 '그것'이 칭할 수 있는 다른 후보들을 떠올릴 수 있다. 먼저 상식적인 추론을 통해 찾을 수 있는 후보로 '날씨'가 있다. 앞 문장에서 언급된 적은 없지만 사람들은 주로 더울 때 맥주를 마시기 때문이다. 심지어 '그것'은 '술집'을 의미할 수도 있다. 술집은 앞 문장에서 명백히 언급되기까지 했다. 하지만 이런 해석이 어색하게 느껴지는 건 우리가 뜬금없이 주변 온도를 언급하는 일은 거의 없기 때문이다. 이처럼 우리는 상식을 활용해 어색한 해석을 걸러낼 수 있다.

이렇게 반복을 피하기 위해 이전에 나온 표현을 대신하는 단어를 언어학자들은 대용어(anaphora, '다시 부르다'를 뜻하는 그리스어에서 유래)라고 부른다. 그런데 "그것은 따뜻했다"의 사례에서 알 수 있듯 대용어의 정확한 지시 대상을 알아내는 일이 아주 간단하지만은 않다. 애매모호한 단어들을 지시 대상과 연결하는 과정, 즉 대용어 해석은 언어학자와 컴퓨터과학의 주요 관심 분야이기도 하다.[30] [31]

---

* 우리말에서는 보통 대명사 주어가 생략된다.

그런데 인간의 언어를 제대로 이해하는 프로그램을 개발하려면 어떻게 해야 할까? 우리에게는 너무나 쉽고 당연하게 느껴지는 추론 과정을 컴퓨터가 모방할 수 있어야 한다. 하지만 컴퓨터 프로그램에 사람들이 나누는 전형적인 대화나 기타 세상에 대한 상식을 전부 입력하기는 어렵기 때문에 이는 상당히 까다로운 작업이다.

모호한 대용어는 유머 소재로도 자주 쓰인다. 다음은 제2차 세계대전 당시 영국 상공에 뿌려진 공습 경고 전단의 내용이다.

**근처에 소이탄이 떨어질 때에는 머리를 조심하세요!
(그것을) 양동이에 넣고 모래로 덮어야 합니다!**[32]

또 한번 상식의 힘을 빌려 우리는 '그것'이 머리가 아니라 폭탄이라는 사실을 알 수 있다. 몸의 일부를 양동이에 넣는 사람은 거의 없기 때문이다. 우리 머릿속에서는 그런 추론이 자동적으로 이루어지는데, '그것'이 머리인 경우를 상정했을 때 그려지는 이미지 때문에 웃음이 터진다. 그러나 소이탄이나 인체에 대한 지식이 없는 컴퓨터 프로그램이라면 지시 대상을 찾는 데 어려움을 겪을 수도 있다.

마지막으로 더욱 문제가 될 수 있는 경우를 살펴보자.

**메리는 제인을 보았다. 그녀는 길을 따라 걷고 있었다.
Mary saw Jane while she was walking down the street.**

이 문장에서 '그녀'는 메리나 제인 둘 중 한 명을 가리킬 것이다. 하지만 메리가 먼저 언급되었으므로 뒤이어 나오는 대용어도 메리를 의미한다고 볼 수 있다.[33] 또한 영어에서 대용어는 문장의 목적어(제인)보다는 주어(메리)를 칭하는 것이 일반적이기도 하다.

하지만 영어가 모국어가 아닌 사람들에게는 이런 문장이 충분히 혼란스러울 수 있다. 예컨대 프랑스어에서는 보통 대용어의 지시 대상을 문장의 목적어로 해석하기 때문이다.[34] 이처럼 누가 누구에게 무엇을 하고 있는가를 알아내는 것처럼 대화의 가장 기본이 되는 요소에서조차도 의사소통 실패가 일어날 수 있다.

골치 아픈 전문 용어

전문 용어 사용은 불가피한 경우가 많다. 전문화된 용어를 사용해야 하는 직업군이 존재하기 때문이다. 집단 내에 공유되는 전문 용어는 종사자들을 통합하는 효과가 있지만 비전문가에게는 혼란을 일으킬 수 있다.

의료계 내부에서도 전문 용어를 둘러싼 논란은 현재진행형이다. 과연 환자들에게 의사의 기록지를 볼 권한을 주어야 할까? 찬성 측과 반대 측 의견 모두 일리가 있다. 그런데 무엇보다도 우려의 대상이 되는 주제는 환자가 의료진의 전문 용어나 약어를 이해할 수 있어야 하는가의 문제다.

흔히 쓰이는 의학 용어 중에 'SOB'가 있다. 호흡곤란short of breath을 뜻하는 약어지만 미국인 중에는 "환자분 SOB입니다"라는 말을 듣고 불쾌하게 받아들이는 사람이 분명히 있을 것이다.* 마찬가지로 'NERD'는 '재발성 질병의 증거 없음no evidence of recurrent disease'을 의미하지만 환자가 사회성 없는 사람인 '너드'를 의미한다고 오해하기 딱 좋은 단어다.[35]

법조계는 모호한 문구와 이해하기 힘든 용어들로 악명이 높다. 부분적으로는 생소한 외국어에 책임이 있다. 미국 법률 용어에는 거의 천 년 전 노르만의 영국 지배에서 기원한 앵글로-노르만어나 라틴어에서 유래한 말이 많다.** 그러나 외국어가 아니더라도 배심원과 법조인들은 '유인적 위험물', '독수의 과실 이론', '절대적 기피권'과 같은 어려운 개념과 씨름해야 한다.

미국 군대 역시도 축약어를 광범위하게 사용하는 것으로 유명하다. 그중 일부는 군대를 벗어나 일반적으로 사용되기도 한다. 19세기 말부터 쓰인 AWOLabsent without leave, 무단이탈이나 제2차 세계대전부터 사용된 SNAFUsituation normal: all fucked up, 엉망진창인 상황가 좋은 사례다. 그밖에도 다채로운 전문 용어가 사용되는데, 의미를 추론할 수 있는 용어(골통 그릇brain bucket, 헬멧, 가슴팍 사탕chest candy, 훈장과 메달 고기 마차meat wagon, 앰뷸런스)가 있는가 하면, 추측하기 어려운 표현(방귀와 다트farts and darts***, 반지 두드리는 사람

---

* SOB는 개자식이라는 뜻의 비속어 'Son of a Bitch'의 약어로 쓰이기도 한다.
** 한국 법률 용어에는 일본의 영향을 받은 표현이 많다.
*** 미 공군 모자에 달린 번개와 구름 장식을 뜻한다.

ring knocker****, 꼬리 면도한 노새shavetail*****)도 있다.

'와인 테이스팅' 같은 특정 활동을 광적으로 좋아하는 사람들도 일반인은 거의 이해하기 힘든 자기들만의 어휘를 다양하게 발달시켰다. "바디감은 중간 정도이고 피니시가 좋은 무겁고 스모키한 와인"과 같은 표현은 입맛을 길들이는 데 많은 시간과 에너지를 투자한 사람들만이 제대로 이해할 수 있다.

스키와 스노보드를 타는 사람들도 눈의 단단한 정도를 설명하기 위한 다양한 용어(파우더, 크러드, 크러스트)를 사용하며, 서퍼들은 파도를 설명하는 다채로운 용어를 쓴다. 가문이나 단체의 문장을 디자인할 때도 특수한 전문 용어가 많이 쓰인다. 심지어는 모형 기차를 수집하는 사람들도 자신들만의 은어를 사용한다. 다시 말해 사실상 모든 직업과 취미를 높은 수준으로 향유하려면 내공을 갖춘 사람만 이해할 수 있는 특수 용어들을 섭렵해야 한다.

전문 용어 사용은 의사소통 실패 및 오해와 관련해 몇 가지 흥미로운 문제를 제기한다. 전문가들이 비전문가를 대상으로 특수한 용어를 사용하더라도 보통은 특별한 의도 없이 쓰는 경우가 많다. 그런 개념과 용어가 너무 당연한 나머지 비전문가와 의사소통하고 있다는 사실 자체를 완전히 잊어버리고 공통 기반을 제대로 점검하지 못하는 것이다. 하지만 의도적으로 전

**** 사관학교 출신 군인을 의미한다.
***** 신임 육군 소위를 뜻한다.

문 용어를 사용하는 경우도 있다. 예컨대 누군가 정말 그 직업군에 속한 사람인지, 또는 특정 분야에 대한 지식이 있는지 여부를 확인하기 위한 수단으로 이용할 수 있다.

법률 분야의 전문 용어가 위험하다는 지적은 주기적으로 제기되었다. 1977년 《뉴욕타임스》는 법률 용어가 너무 어려워 큰 문제가 되고 있다고 개탄하면서 일부 변호사나 판사들조차 서로의 말을 제대로 이해하는지 의문이라고 우려했다. 미국 대법원 의견을 대부분의 판사와 변호사들이 "너무 길고 너무 어렵다"라고 평가한 여론조사 결과도 인용되었다.[36] 1984년 법대 교수 로버트 벤슨은 "이제 게임은 끝났다"라며 어려운 법률 용어 사용을 멈추라고 요구하기도 했다.[37] 마틴 슈워츠 또한 2017년 기고문에서 사회적 우려에도 불구하고 부동산 계약서 등 법률 문서에 전문 용어가 무분별하게 사용되고 있다고 탄식했다.[38]

하지만 여전히 법률 용어를 옹호하는 사람들이 존재한다. 슈워츠가 기고문을 쓴 해에 마이클 스티븐슨은 소위 '쉬운 말 사용 운동'에 반대하면서 법률 용어를 통째로 폐기하는 것은 "법률 언어의 병폐를 해결할 만병통치약이 아니"라고 썼다.[39] 계약서 등 법률 문서는 가능한 모든 상황을 언급해야 하는데, 단순한 언어로는 결코 원하는 수준의 정확성을 표현할 수 없다는 주장이었다. 이런 관점에서 본다면 구체적인 법률 용어는 오해를 막기 위해 필수적이다.[40]

의료계도 전문 용어에 대한 비슷한 우려로 오랫동안 고통받았다. 2011년에 실시한 설문조사에 따르면 '고식적 치료palliative'라는 용어를 제대로 이해하는 의사는 전체의 8퍼센트에 불과했으며, '종양'처럼 훨씬 흔한 개념마저도 어려워하는 사람이 많았다.⁴¹ 모든 의사가 난해한 의료 용어를 섭렵하지는 못했다는 우려가 끊이지 않는 이유다.

2006년 일반의가 주 독자층인 영국의 한 잡지에 따르면, 일반의 중 상당수가 흔히 쓰이는 안과 전문 용어를 제대로 알지 못했다. 예를 들어 '후부유리체 박리'를 뜻하는 약어 PVDposterior vitreous detachment를 정확히 알고 있는 일반의는 전체의 6분의 1에 불과했고, 대부분은 말초혈관질환이라는 잘못된 답을 말했다. 안과에서 흔히 쓰이는 약어 12개를 잘못 알거나 제대로 설명하지 못한 일반의는 전체의 3분의 2에 달했다.⁴²

그렇다고 전문 용어를 억지로 없애버릴 수는 없다. 사람들이 온갖 어려운 용어를 자발적으로 습득하리라고 기대하기도 힘들다. 지난 400년 동안 영어 사전이 널리 통용되었음에도 전문 용어가 끼치는 해악은 조금도 줄어들지 않았으니 말이다. 여러 직업의 전문성이 점차 강화되는 추세로 보아 이런 문제는 오히려 더 심각해질 것으로 보인다. 결국 전문 용어는 앞으로도 살아남아 비전문가들을 끊임없이 괴롭힐 것이다.

5장

오늘 빳빳한 거 한번 써볼래?
표현의 문제

?...?...?...?...?...?...?...?...?...?...?
!?..!?..!?..!?..!?..!?..!?..!?..!?..!?
!..!..!..!..!..!..!..!..!..!..!..!..!..!..!..!
?!..?!..?!..?!..?!..?!..?!..?!..?!

앞 장에 이어 이번 장에서도 문제가 되는 다양한 표현들에 대해 알아보고자 한다. 의사소통 실패는 완곡어법, 관용구, 비유적 표현을 사용할 때 일어나기 쉽다. 예를 들어 비유법은 비슷한 것들을 견주어보기에 유용하지만 결코 정확한 일대일 대응은 될 수 없기 때문에 문제가 된다. 대화에서 자주 쓰이는 풍자와 이중 의미 표현도 지시 대상이 간접적이거나 너무 미묘해 이해하기 어려운 경우가 많다. 때로는 단어의 의미나 사회적 인식이 너무 빨리 변하면서, 또는 언어 체계에 새로운 단어가 갑자기 편입되면서 혼란이 가중되기도 한다. 이제 구체적인 사례들을 살펴보자.

나쁜 내용을 좋게 말하는 게 가능해?

2014년 11월 3일 오후, 아이오와주 상원의원 척 그래슬리의 트위터에 다음과 같은 글이 올라왔다.

> 윈저 하이츠에 있는 데어리퀸*은 그짓을 하기에 딱 좋은 장소다.

수많은 인터넷 현자들은 이 알쏭달쏭한 선언을 두고 며칠 동안 법석을 떨었다. 며칠 만에 이 게시물은 2,700번 이상 리트윗되었으며 3,200번 이상의 '좋아요'를 받았다.[1]

그래슬리는 정말로 아이오와주 한복판에 있는 건물이 성적 행위나 불법 행위를 하기에 최적의 장소라고 생각했던 걸까?

---

*   미국의 아이스크림 체인점.

그 가게에서는 정말로 소프트아이스크림 이외에 다른 쾌락을 제공하는 것일까?

'그짓'이 성적 행위를 가리킬 수 있는 표현이라는 점은 분명하다. 하지만 그래슬리의 글을 제대로 이해하려면 그가 당시 81세 아이오와주 상원의원이었다는 사실을 기억해야 한다. 물론 자녀를 다섯이나 둔 그래슬리가 '그짓'의 숨은 의미를 몰랐을 리는 없다. 하지만 그의 트위터를 팔로우하는 사람들에게 익히 알려진 것처럼 그는 소셜 미디어에 다양한 글을 열정적으로, 매우 자주 올렸다. 고속도로를 달리다 사슴을 친 것처럼 흔치 않은 사건은 물론이고 나무 덤불을 태운 사소한 일까지도 트위터로 공유했는데,[2] 철자법도 무시하고 마음 내키는 대로 쓰는 경우가 많았다.

실제로 어느 기자가 그래슬리에게 이 글의 의도를 묻자 그는 이렇게 대답했다. "저는 원저 하이츠 데어리퀸 매장의 아이스크림이 정말 맛있다고 알려주고 싶었을 뿐입니다. 아이스크림 가게에서 하는 짓이 뭐긴 뭐겠어요, 아이스크림을 먹는 짓이지." 그가 당시에 먹은 아이스크림은 바닐라와 초콜릿 맛이었다고 한다.[3]

완곡어법(Euphemisms, 그리스어로 '공손하게 말하다')이란 성관계처럼 금기시되는 주제나 죽음처럼 어두운 주제를 직접 언급하지 않기 위해 사용하는 부드러운 표현을 말한다. 그래슬리의 트위터 메시지 때문에 벌어진 재미있는 소동에서 우리는 완곡어법의 실제 사용과 관련한 중요한 함의를 찾아볼 수 있다.

의료계에서는 완곡어법 사용이 특히 중요한 주제다. 의사들은 환자에게 사망으로 이어질 수 있는 심각한 질병에 대해 말해줄 때 완곡어법을 자주 사용하기 때문이다.

예를 들어 영국에서는 '심부전증'을 대체하는 완곡한 표현에 관해 의사들을 대상으로 설문조사를 했다. 가장 자주 사용한 표현은 "심장이 강하게 뛰지 못해서 폐에 물이 찼습니다"와 "심장이 조금 약합니다"였다.

연구자들에 따르면 이런 상황에서 의사들은 이러지도 저러지도 못하는 딜레마에 빠지곤 한다. 보통은 환자가 너무 놀라지 않도록 완곡한 표현을 폭넓게 사용하지만, 이런 완곡어법 때문에 환자가 자신의 상태를 과소평가하여 의사의 지시를 잘 따르지 않을 가능성도 높기 때문이다.[4] 심지어 '떠나가셨습니다'처럼 죽음 자체에 대한 완곡한 표현조차도 혼동을 유발할 수 있다.[5]

이런 완곡어법은 표현마다 적절성이나 민감성이 다를 수 있다는 점도 중요하다. 예를 들어 망자가 '편히 잠드셨다'든가 '더 좋은 곳에 가셨다'고 말하는 것은 장례식장에서 슬픔에 빠진 유족을 위로하기에 적절한 우회적 표현이다. 하지만 죽음을 의미하는 영어 관용구 '물고기와 함께 잠들다'나 '흙에서 낮잠을 자다'라는 표현은 이런 상황에서 적절치 못하다. 영어가 모국어가 아닌 사람이 죽음을 직접적으로 언급하지 않으려다가 실수로 이런 표현을 쓰는 일은 충분히 일어날 수 있다.

죽음을 언급하지 않으려 완곡어법에 의존하는 곳은 병원이나 장례식장뿐만이 아니다. 군대 역시도 작전 중 사망자 규모를 축소하기 위해 우회적인 표현을 폭넓게 사용한다. 퇴역한 미 공군 중령 윌리엄 어스토어가 주장했듯, 정치인과 군 지도자들은 '부수적 피해'(민간인 사망자), '강도 높은 조사'(고문), '특별 송환'(납치) 등 대중의 입맛에 맞는 용어를 만들어낸다.⁶ 그밖에 '우호적 발포'(friendly fire, 뭔가 기분 좋은 말처럼 들리지만 실은 아군에 의한 오폭을 의미한다), '국방부'(이름과 달리 방어가 아니라 공격 행위를 서슴지 않는 곳이다), '동적 전쟁'(무기를 써서 사람을 죽이거나 불구로 만드는 물리적 폭력의 고상한 표현이다) 등도 비슷한 사례다.

사실 이런 말장난은 전혀 새로울 것이 없다. 역사적으로도 이처럼 완곡한 단어나 문구는 자주 사용되었다. 좋은 사례로 일본이 제2차 세계대전 동안 내세웠던 '대동아공영권'이라는 구호가 있다. 당시 제국주의 일본은 서구 열강들의 지배를 받던 동남아시아 지역을 해방시켜 준다는 뜻으로 이 구호를 사용했다. 하지만 일제가 '해방된' 땅의 수백만 국민들에게 가져다준 것은 번영이 아니라 경제적 수탈과 강제 징용으로 인한 말로 다할 수 없는 고통이었다.⁷

마지막으로 그야말로 비효율적인 완곡어법도 존재한다. 모턴 겐스바허 연구팀은 신체적, 정신적 장애를 가진 사람을 지칭할 때 쓰는 '특별한 요구special needs'라는 표현에 대해 조사했다. 그런데 완곡어법의 목적이 기존 용어를 더 부드럽고 친절한 말로 대체하는 것이라면 '특별한 요구'는 그 목적에 전혀 부합하지 못하는 것으로 보인다. 실제 장애인들을 대상으로 조사한 결과 단순히 '장애'가 있다고 말하거나 시각장애, 다운증후군 등 장애의 명칭을 직접 언급했을 때보다 '특별한 요구를 가졌다'는 표현을 더 부정적으로 인식했기 때문이다.[8]

이렇듯 긍정적인 언어 아래 어떤 민감한 주제를 숨기겠다는 가상한 목표는 너무도 쉽게 갈 길을 잃고 의사소통 실패로 이어질 수 있다. 그것이 질병이든 죽음이든 아니면 아이스크림이든 말이다.

말 뒤에 숨긴 암시

> 여자는 바텐더에게 걸어가더니 더블 앙탕드르*를 주문한다. 그는 여자가 원하는 대로 해준다.
>
> — 출처 미상

이중 의미 표현은 언어유희, 풍자 등의 말장난과 밀접한 관련이 있지만 이성에게 추파를 던지거나 은밀한 힌트를 주는 등 다양한 목적으로 사용된다는 점에서 조금 다르다. 때로는 모욕을 주거나 위협하는 뜻으로 쓰이기도 한다.

예를 들어 '절정', '삽입', '물건' 등은 그 자체로 완벽하게 순결한 단어지만 부수적으로 성적인 의미가 더해진 대표적인 이중

---

* double entendre. 칵테일 이름이자 성적 의도를 나타내는 이중 의미 표현.

의미 표현이다. 하지만 성적인 것과는 무관한 이중 의미 표현도 많다. 영화 〈양들의 침묵〉에서 한니발 렉터는 클라리스 스털링에게 전화를 걸어 이렇게 말한다. "더 대화를 나누고 싶지만… 오랜 친구를 저녁 식사에 초대했거든." 본래 '식사 초대'란 누군가와 '함께' 식사를 한다는 의미다. 하지만 렉터는 식인 연쇄살인범이므로 그의 말은 머잖아 또 한 번의 끔찍한 요리를 하겠다는 말로 들리기도 한다.

셰익스피어, 호메로스, 초서 등 많은 저자와 극작가들이 이중 의미 표현을 비밀스럽게 사용했다고 알려져 있으며, 메이 웨스트, 그루초 막스 등의 배우도 이런 표현을 즐겨 사용했다. 예술의 한 형태로서 이중 의미 표현은 힙합 음악 가사에 자주 쓰이는 등 21세기에도 여전히 명맥을 유지하고 있다.

심지어 성경에도 성적인 풍자가 들어 있다. 쉽게 상상하기 어렵겠지만 많은 학자들이 주장하는 바다. 예를 들어 여호수아 제2장에서 이스라엘 백성의 지도자 여호수아는 예리코에 두 명의 첩자를 보낸다. 그들이 도착한 곳은 라합이라는 여인의 집으로, 둘은 그곳에서 하룻밤을 보내게 된다. 보통 오늘날의 성경에서는 두 첩자가 기생 라합의 집에서 '유숙'했다는 표현을 쓴다. 하지만 본래 히브리어 성서에는 단순히 남의 집에서 묵는다는 뜻의 유숙이 아닌 '눕다'라는 의미를 포함하는 다른 표현이 사용되었다. 이는 첩자들이 라합과 성관계를 맺었음을 강하게 암시한다.[9]

그러나 이런 이중 의미 표현은 성경이 영어로 번역되는 과정에서 완전히 사라져버렸다. 흠정영역 성서*에서는 단순히 "유숙했다"는 표현을 썼고, 신국제역 성서**는 "그곳에서 머물렀다"고 썼다. 이처럼 이중 의미 표현은 하나의 단어가 여러 의미를 갖는 속성에 의존하기 때문에 번역 과정에서 살아남지 못하는 경우가 많다.

어떤 경우에는 작가가 이중 의미 표현을 일부러 사용했는지 여부를 두고 학자들 사이에 의견이 갈리기도 한다. 찰스 디킨스의 소설 『올리버 트위스트』가 좋은 사례다. 페이긴 수하의 어린 소매치기 중에 찰리 베이츠라는 인물이 있는데, 소설 전반에 걸쳐 그는 거의 100번 가까이 언급된다. 그중 절반은 찰리 베이츠나 마스터 찰리 베이츠로 불리지만, 나머지 절반은 '마스터 베이츠'***라고 불린다.

디킨스는 다른 어떤 소설에서도 인물 이름 앞에 '마스터'라는 호칭을 붙인 적이 없었기 때문에 일부 비평가들은 그가 이중 의미 표현을 의도적으로 썼다고 주장했다. 실제로 디킨스 소설의 등장인물 중에는 이상하고 유머러스한 이름을 가진 인물이 많다. 물론 그중에서도 '마스터 베이츠'라는 이름은 유난히 외설적이고 유치하다는 인상을 주지만 말이다. 하지만 다른 비평가들이 지적하는 대로 디킨스 시대에는 '마스터베이트'라는 단어가 흔히 쓰이지 않았다.[10]

---

* 1611년에 영국 제임스 1세의 명으로 47명의 학자가 영어로 번역한 성서.
** 흠정영역성서와 함께 세계에서 가장 많이 읽히고 가장 널리 알려진 영어 번역본 성경.
*** '자위 행위를 하다'는 뜻의 masturbate와 발음이 같다.

그런가 하면 언어 자체의 변화 때문에 이중 의미 표현의 '이중'적 측면이 사라지는 경우도 있다. 셰익스피어의 풍자적 표현에서 몇몇 사례를 찾을 수 있는데, 그중 가장 많이 언급되는 것은 『햄릿』 제3막 1장에서 햄릿이 오필리아에게 저주의 말을 퍼붓는 장면이다. 그는 오필리아에게 '수녀원'으로 갈 것을 종용하는데, 다섯 번이나 같은 말을 반복하는 걸 보면 아무렇게나 내뱉는 말은 아닌 듯하다.

이 말에 대한 첫 번째 해석은 질투에 휩싸인 햄릿이 사랑하는 여인을 다른 남성들로부터 떼어놓으려고 하는 간청이라는 것이다. 하지만 햄릿은 오필리아가 연인 관계를 끝장내는 것에 대해 대단히 분노한 상태이므로 당시 '수녀원'이라는 단어가 갖던 또 다른 의미가 그의 말 속에 숨어 있다는 해석도 가능하다. 바로 매음굴이라는 의미였다.[11]

그런가 하면 위 사례와는 반대 방향으로 변화할 수도 있다. 즉 단어에 본래는 없던 완전히 다른 의미가 새롭게 덧붙을 수 있다. 예를 들어 '게이gay'라는 단어는 본래 명랑하고 쾌활하며 걱정이 없다는 뜻으로 성적인 의미가 전혀 담겨 있지 않았다. 그래서 시를 '더 게이 사이언스the gay science, 즐거운 학문'라고 부르던 때도 있었다. 하지만 시간이 흐르면서 '게이'는 대담하고 거리낌없다는 의미를 갖기 시작했고, 1920년대에 이르자 동성애를 의미하는 은어가 되었다. 그러다 보니 요즘 미국 아이들은 캐럴 〈아름답게 장식하자Deck the Halls〉*에서 '화려한 옷gay apparel'을 입는다는 구절을 듣거나 만화 〈프린스턴 가족〉** 주제곡 중 "우리는 즐거운 시간gay old time을 보낼 거야"를 들으면 키득거리곤 한다. 이처럼 단어와 문구는 이중 의미를 벗어버릴 수도, 새로 이 입을 수도 있다.

문제는, 이런 이중 의미 표현을 들었을 때 겉으로 드러난 의미만 알고 숨은 의미를 인지하지 못하면 의사소통 실패가 일어날 수 있다는 점이다. 그럴 때 화자는 자신의 의도를 강조하기 위해 상대에게 윙크를 하거나 옆구리를 쿡 찌르면서 "무슨 말인지 알죠?"와 같은 말을 덧붙여야 할지 모른다. 반대 상황도 있을 수 있다. 다른 의도 없이 한 말에 청자가 엉큼한 의미를 더하는 경우다. NBC 시트콤 〈더 오피스〉를 통해 유명해진 "어젯밤에 애인이 그러디?"라는 농담도 같은 맥락이다.12 이렇게 하면 평범한 말도 이중 의미 표현으로 쉽게 바뀔 수 있다.

물론 화자가 이런 식의 말장난을 좋게 받아들이는지 여부는 또 다른 문제다. 진지한 대화를 해보려는데 상대방이 계속해서 유치한 이중 의미 표현을 사용해 끼어든다면 재미는커녕 짜증만 날 것이다. 물론 화자가 재밌어 한다면 말장난이 계속 이어질 수도 있다.13

이론적으로 생각하면 삼중 의미 표현도 가능하다. 하지만 하나의 문구가 세 가지의 서로 다른 의미를 가지면서도 특정한

---

*   1862년부터 불리던 캐럴.
**   1960년대 초에 방영된 만화.

맥락에 들어맞는 사례를 찾기란 대단히 어렵다. 한 가지 사례를 존 워터스 감독의 1988년 영화 〈헤어스프레이〉에서 찾을 수 있다. 〈헤어스프레이It's Hairspray〉라는 신나는 노래가 흘러나오자 코니 콜린스는 여성 댄서를 바라보며 "거기 자기, 오늘 빳빳한 거stiff one 한번 써볼래?"라고 말한다. 여기서 '빳빳한 것'은 헤어스프레이로 고정한 머리 모양을 의미할 수도 있지만, 독한 술*을 뜻할 수도 있고, 콜린스 자신과 보내는 밤을 의미할 수도 있다. 그 말을 들은 댄서는 청중들에게 과장된 윙크를 보내며 마지막 의미를 강조한다.

뮤지컬 〈해밀턴〉에서도 삼중 의미 표현의 한 사례가 등장한다. 〈마이 샷My shot〉이라는 곡에 "나는 기회마이 샷, my shot를 놓치지 않겠어."라는 구절이 나오는데, 여기서 '샷shot'은 한 잔의 술을 뜻하는 동시에 명성을 얻고자 하는 해밀턴의 욕망을 의미한다. 또한 연적 '버'와의 결투에서 총을 맞고 죽는 그의 운명을 예견하는 말이기도 하다.

유용하지만 한계를 짓는 은유

20세기 초 물리학자들 사이에는 원자 구조를 설명하는 최적의 이론을 찾는 논쟁이 한창이었다. 원자가 더 작은 입자들로 이루어져 있다는 합의는 있었지만 그 입자들이 어떻게 배열되

---

*   stiff에는 술이 독하다는 의미가 있다.

어 있는지에 대해서는 오리무중이었다.

1904년 영국 물리학자 조지프 존 톰슨은 양전하를 띠는 원자 속에 음전하를 띠는 전자가 여기저기 박혀 있는 모형을 제시했다. 마치 푸딩 속에 자두가 콕콕 박혀 있는 것처럼 보인다는 이유로 '자두 푸딩 모형'으로 불렸다. 하지만 이 모형은 이후의 실험 결과에 의해 반박되었고, 톰슨의 제자였던 어니스트 러더퍼드가 대안을 제시했다. 양전하를 포함해 원자를 구성하는 질량의 대부분이 원자 중앙의 아주 작은 공간에 모여 있다고 가정한 것이다.

러더퍼드 모형에서는 전자가 궤도를 따라 핵 주변을 공전한다. 그리고 이는 태양계와의 유사성 때문에 '행성 모형'이라고도 불린다. 행성 모형에 따르면 원자의 핵은 태양과 같고 전자는 태양 주변을 도는 행성들과 같다.[14]

여기서 물리학자들이 원자 구조를 설명하기 위해 은유와 유추를 사용하고 있다는 점에 주목할 필요가 있다. 그들은 새로운 개념을 설명하기 위해 다른 과학자들에게 이미 익숙한 개념, 예컨대 핵(세포 생물학), 궤도(천체 역학), 심지어는 자두(식물학)까지도 활용했다.

사람들은 대부분 은유라고 하면 셰익스피어의 희곡이나 시에서 쓰이는 문학적 장치만을 떠올린다. 예를 들어 로미오가 줄리엣을 태양에 비유함으로써 그녀를 힘과 온기와 안정감의 원천으로 표현한 것처럼 말이다. 물론 시인과 극작가들이 은유를 통해 자신의 생각을 효과적으로 표현하는 것은 사실이지만 과학에서도 은유는 필수적이다. 은유와 유추는 새로운 개념 이해를 돕거나 어떤 대상을 새로운 관점에서 생각하게 해주는 강력한 도구이기 때문이다.

하지만 여기에는 분명한 한계도 존재한다. 서로 다른 두 대상이 완벽하게 똑같을 수는 없으므로 모든 은유적 표현은 어쩔 수 없이 부정확할 수밖에 없다. 비유되는 개념과 동일한 속성도 있지만 그렇지 않은 경우도 많다. 말하자면 줄리엣은 인간이기 때문에 우리는 태양이 내포하는 속성 가운데 관련성 없는 많은 속성을 자동적으로 걸러낸다. 로미오는 줄리엣이 수소와 헬륨으로 이루어진 거대한 공이라거나, 막대한 양의 광자를 방사한다고는 생각하지 않으며, 지구로부터 수백만 마일 떨어져 있다고도 생각하지 않는다. 이런 비유적 표현의 적절한 대응 관계를 찾아내고 음미하는 것은 문학 작품을 읽는 즐거움 중 하나이기도 하다.

그러나 교사가 원자 구조처럼 복잡한 개념을 학생들에게 설명할 때는 은유의 한계가 전면으로 드러난다. 러더포드의 행성 모형은 자두 푸딩 모형에 비하면 많은 점이 개선되었지만 여전히 많은 문제점이 있었다. 이런 문제를 해결하고 양자 현상을 설명하기 위해 러더퍼드와 닐스 보어는 모형을 수정했다. 그리고 보어 모형 역시 이후의 여러 이론가들에 의한 수정을 거쳐 더욱 정제되고 복잡해졌다. 그런데 이 모든 내용을 교사가 학생들에게 어떻게 설명해야 할까? 할 수도 없거니와 하지도 않는다.

그 대신에 중학생을 가르치는 과학 교사들은 러더퍼드, 보어의 핵과 전자 궤도 개념을 혼합한 '잡종' 원자 모형을 가르친다. 이런 식의 접근법은 원자 궤도함수나 전자구름 같은 중요한 개념이 모두 생략된 매우 단순한 것으로, 단지 학생들에게 기본적인 원자 구조를 이해시키기 위해 고안되었다.[15]

하지만 이 잡종 모형 때문에 학생들은 이후의 연구를 통해 발전한 원자 구조론을 결코 이해할 수 없게 되었고, 그 결과 물리학에 대한 대중의 인식 속에 원자는 하나의 작은 태양계로 각인되고 말았다. 심지어 미국원자력위원회의 로고마저도 네 개의 전자가 정연한 궤도를 따라 핵 주변을 도는 모습으로 형상화됨으로써 이런 과도한 단순화를 부추기고 있다.

그런데 은유적 비교의 심장부에는 사람들이 쉽게 간과해 버리는 더욱 음흉한 문제가 숨어 있다. 이 문제를 이해하기 위해 은유법을 더 자세히 알아보자. 은유적 대응에는 원관념과 보조 관념이 포함된다. 원관념이란 표현하고자 하는 주제를 의미하고 보조 관념은 동일시하고자 하는 대상을 말한다. 즉 로미오가 "줄리엣은 태양"이라고 말했을 때 원관념은 줄리엣이고, 보조관념은 태양이다.

이 대응 관계를 이해하기 위해서는 속성이 잘 알려진 대상을 보조 관념으로 삼아야 한다. 키스 태버가 지적했듯 이것이 바로 원자를 태양계에 비유할 때 나타날 수 있는 또 하나의 위험이다. 학생들이 태양계의 구조를 이미 잘 안다고 가정한다는 점이다. 그러나 보조관념에 대한 이해가 부족할 경우 원관념과의 대응은 불완전해질 수밖에 없다.

원자 구조를 이해하는 문제는 단지 하나의 사례에 불과하다. 은유는 생각보다 훨씬 큰 문제들을 포함하고 있다. 언어 연구자들이 주장하듯 우리는 은유라는 렌즈를 통해 세상을 보고 이해하기 때문이다. "논쟁은 전쟁이다"나 "사랑은 여정이다"와 같은 소위 개념적 은유 덕분에 우리는 추상적인 심리 상태를 보다 실체적인 개념으로 이해할 수 있다.[16]

의사소통 자체도 은유적 비교의 대상이 된다. 예를 들어 언어학자 마이클 레디가 주목한 '도관의 은유conduit metaphor'가 있다. 도관 은유란 어떤 생각이 화자에서 청자로 전달되는 과정을, 언어라는 그릇에 담긴 생각이 도관을 타고 이동하는 모습에 비유하는 것을 말한다. 우리는 누군가에게 아이디어를 '준다'거나 그의 말이 새롭게 '다가온다'는 식의 다양한 도관 은유를 자연스럽게 사용한다.[17] 하지만 이처럼 본래부터 은유적일 수밖에 없는 표현들을 쓰면서도 우리는 그 은유성을 쉽게 간과하며, 이 때문에 의사소통을 다양한 방식으로 개념화하지 못한다.

결국 은유는 중요한 유사성을 돋보이게 하면서도 중요한 차이점을 감춰버리는 양날의 검과 같다.[18] 특정 문화권 내에서만 쓰이는 은유로 인해 의사소통 실패가 일어날 수 있음은 물론이고, 문화를 뛰어넘어 통용되는 은유적 표현들에조차도 많은 중요한 차이점이 숨어 있다.[19] 지금까지의 논의를 통해 우리는 특정한 유형의 언어가 모호함을 일으켜 효과적인 의사소통을 막는 '원 스트라이크'가 된다는 사실을 다시금 확인할 수 있었다. 은유는 여러 가지로 유용하지만 그 안에 오해의 씨앗을 품고 있다.

다들 아는 관용구 아니었어?

2017년 8월 7일, 미 상원 재무위원장 오린 해치는 잔뜩 화가 나 있었다. 쏟아지는 의료보험 개혁 법안들에 질려버린 탓이었다. 의회는 한 달간의 휴정을 앞두고 있었으므로 이제 세제 개혁법 초안을 작성할 시간이 거의 남아 있지 않았다. 좌절한 해치는 《폴리티코》지와의 인터뷰에서 이렇게 말했다. "이제는 세금 문제가 급선무입니다. 의료보험에 대한 논의는 이만하면 와드를 쏜shot their wad 것 아닙니까? 정말 지치는군요."[20]

많은 비평가들은 나이 지긋한 국회의원이 오바마케어 개혁 법안을 두고 '와드wad'*라는 노골적인 단어를 사용했다는 사실에 놀랐다. 그런데 이런 반응에 오히려 더 놀란 건 해치 측이었다. 그들은 당장 트위터에 옥스퍼드 영어 사전을 캡처해서 올리며 해명에 나섰다. '와드를 쏘다shot one's wad'는 '할 만큼 하다'는 의미의 관용구이며 '와드'는 총알을 안정적으로 발사하기 위한 화약 마개를 가리킨다는 것이었다.[21] (실제로 영어 사전에서 wad 항목은 1921년부터 한 번도 수정된 적이 없으며 '사정'이라는 의미는

---

* 남성의 사정을 뜻하는 은어로도 쓰인다.

표기되어 있지도 않다.)

　이처럼 관용어에는 의사소통 실패를 유발하는 특성들이 분명히 존재한다. 그런데 관용어를 어떤 특징으로 식별할 수 있을까? 예를 들어 은유와 같은 비유적 표현은 두 비교 대상의 의미론적 불일치가 뚜렷하다는 특징이 있다. 즉 셰익스피어의 "이 세상은 연극 무대"나 펫 베나타의 "사랑은 전쟁터"와 같은 표현은 문자 그대로의 의미를 벗어난 비유다. 그러나 관용구는 이런 기준으로는 식별되지 않는다.

　영어에는 '지렁이 캔을 열다To open a can of worms'라는 표현이 있다. 상황을 더 복잡하게 만든다는 뜻이다. 이런 문구는 세상을 연극 무대에 비교하는 것과는 느낌이 사뭇 다르다. 연극 무대와 삶은 개념적으로 공통되는 부분이 있고, 사랑과 전쟁도 마찬가지다. 반면에 포장된 무척추동물과 복잡한 상황 사이에서는 분명한 연결고리를 찾기가 힘들다.

　언어학자들은 이처럼 자의적으로 보이는 관용구를 '불투명'하다고 표현한다. 전 세계의 영어 학습자들에게 불투명한 관용구는 골칫거리가 아닐 수 없다. 관용구는 모든 언어에 존재하지만 언어마다 어떤 관용구가 존재하는지를 예측할 수는 없다. 예를 들어 '잡담하다'라는 의미의 관용구는 특정 언어에 있을 수도 있고 없을 수도 있다. 일부 관용구는 완곡어법으로 사용되기도 한다. 앞서 살펴보았듯 점잖은 사람들이 죽음처럼 어두운 주제를 직접 언급하지 않고 싶을 때 쓰는 표현들도 관용구에 포함된다.

반대로 의미가 다소 저속하여 공식적인 자리에서는 절대 쓰이지 않는 관용구도 있다. '새 생명이 찾아오다'와 '속도위반'을 비교해 보면 그 차이를 알 수 있다. 그리고 관용구는 사용된 각각의 단어를 모두 안다고 해도 전체적인 의미를 전혀 이해할 수 없다는 특징이 있다. 다시 말해서 관용구는 분해될 수 없다. 관용구를 구성하는 단어들을 하나하나 분석한다고 해도 전체적인 의미를 추측할 수는 없다는 뜻이다.[22]

이는 비단 외국어를 배우는 사람들에게만 문제가 되는 것이 아니다. 관용 표현은 많은 경우 지역에 따라 다르며 잠깐 쓰이다가 사라져버리는 표현도 많기 때문이다. 일부 표현은 해치의원이 쓴 관용구처럼 시간이 지나며 의미가 변하기도 한다. 관용구를 이해하는 데에는 상식도 중요한 기능을 한다. 일부 관용구는 대중문화나 스포츠에 대한 지식이 있어야만 이해할 수 있는데 나라별로 인기 있는 분야가 다르기 때문에 자주 쓰이는 관용구도 다르다.

영국 영어에는 미국인들에게는 '불투명한' 관용 표현이 많다. 좋은 사례로 '막판 역전패'라는 의미를 가진 '드본 로치 하다 to do a Devon Loch'라는 표현이 있다. 이 표현은 1956년 영국 그랜드 내셔널 경마대회에서 드본 로치라는 경주마가 최종 승리 직전에 넘어지면서 패배한 사건에서 유래했다. 반대로 미국인이라면 대부분 '축축한 위켓 a sticky wicket'이 곤란한 상황(말하자면 지렁이 통을 여는 상황)을 뜻한다는 사실을 알지만 크리켓 경기에서 위켓이 어떤 역할을 하는지 모르는 사람은 그 뜻을 완벽히 이해하기 어려울 것이다.

해치 의원 사례에서 알 수 있듯 특정 관용구에 대한 이해도는 사람마다 상당히 다를 수 있다. 필자도 관용구를 사용했다가 어느 대학원생의 어린 마음에 혼란의 씨앗을 뿌린 기억이 있다. 당시 필자는 뭔가를 제안하고 싶다는 의미로 학생에게 "귀에 벌레를 넣고 싶다 put a bug in her ear"고 말했다. 그 말을 듣고 동그랗게 커지던 눈과 미심쩍어하는 표정은 지금도 잊을 수가 없다. 내 제안이 그렇게 이상한가 싶어 당황했는데, 알고 보니 그 관용구가 낯설었기 때문이다. 대화의 맥락을 통해 금세 무슨 뜻인지 알아차렸다고는 하지만 어쨌든 그 말을 들은 직후 학생의 반응은 그야말로 충격과 공포였던 것 같다.

이에 더하여 관용구는 유연하지 못하다는 점에서도 문제가 된다. 다시 말해 관용구에 쓰이는 단어를 하나라도 임의로 바꾸면 그 의미 자체가 깨져버린다. 예를 들어 죽음에 관한 관용구 '까마귀 밥이 되다'의 까마귀를 오목눈이나 까치로 대체할 수 없다.

반면에 은유는 훨씬 생산적이고 유연하다. 팻 베네타가 "사랑은 전쟁터"라고 말하기 몇 년 전에 베트 미들러는 "사랑은 강이고, 면도날이고, 배고픔이며, 꽃"이라고 말했다.

하지만 관용어가 정말로 그렇게 불투명하기만 할까? '지렁이 캔을 열다'로 다시 돌아가서, 우리도 지렁이 캔을 한번 열어보자. 옥스퍼드 영어사전은 이 문구가 이미 1962년부터 문어체에서 나타나기 시작했다고 쓰고 있다. 그리고 '멘탈 플로스'

라는 웹사이트에 따르면 이 관용구는 20세기 중반 낚시용품 가게에서 팔던 지렁이 캔에서 비롯되었다고 한다.[23] 지렁이 캔의 뚜껑을 따면 마치 판도라의 상자를 열었을 때처럼 살아 있는 미끼가 사방으로 기어나와 상황을 복잡하게 만든다는 뜻이다. 비록 민간 어원에 불과하지만 이런 설명을 듣고 나면 관용구의 의미가 좀 더 분명하게 다가온다.

여기서 한 걸음 더 나아가, 일견 자의적으로 보이는 표현들도 알고 보면 개념적 은유를 기저에 깔고 있다는 주장도 있다. 조지 레이코프와 마크 존슨은 저서 『삶을 관통하는 은유』를 통해 언뜻 그렇지 않아 보이는 관용구에도 실은 은유적 틀이 존재한다고 주장했다.[24] 예를 들어 "사랑은 여행이다"라는 개념적 은유를 생각해 보자. 이 은유는 사랑에 관한 여러 관용구 뒤에 숨은 하나의 연결고리로 볼 수 있다. 예를 들어 "우리는 이제 막 첫걸음을 뗴었다", "우리는 선택의 기로에 서 있다", "우리는 막다른 골목에 다다랐다" 등의 관용구는 '사랑은 여행이다'라는 은유를 기저에 깔고 있다.

마지막으로 심리학자 레이 깁스는 "분노는 부글부글 끓는 냄비다"라는 개념적 은유가 "뚜껑 열리다" "화가 머리끝까지 치밀어 오르다"와 같은 관용어를 꿰뚫는 하나의 틀이라고 주장했다.[25] 물론 개념적 은유가 모든 관용 표현을 설명해 주지는 못하겠지만 일견 자의적으로 보이는 표현도 알고 보면 그만한 이유가 있는 경우가 많다.

십 년이면 언어도 변한다

과거에 쓰이던 단어나 표현 중에는 문화적 변화에 따라, 또는 본래의 의미나 어원에 문제가 있어서 더 이상 쓰이지 않는 것들이 있다. 이런 표현을 사용할 것인지 여부를 두고 기성세대와 젊은 세대 사이에 의견 충돌이 생기곤 한다. 기성세대에게는 수십 년 전부터 써오던 익숙한 표현이지만 전혀 다른 감수성을 지닌 젊은 세대에게는 부적절하다고 여겨질 수 있기 때문이다.

좋은 사례로 '젊은 투르크인들 young Turks'을 들 수 있다. 이 표현은 20세기 중반부터 전면적 개혁, 급진적 혁신을 갈망하거나 조직의 기성 질서를 뒤흔들고자 하는 젊은이들을 가리키는 말로 흔히 쓰였다. 아주 최근까지만 해도 그 함축적 의미가 중립적이거나 긍정적이었다.

하지만 최근 들어 이 말의 어원이 대중에게 널리 알려지면서 상황은 급변했다. 본래 '젊은 투르크인들'은 1908년 오스만 제국의 전제군주제를 전복시키고 1913년 쿠데타를 일으킨 '청년 투르크당' 장교들을 가리키는 말이었다. 그런데 이들은 제1차 세계대전 당시 오스만 제국의 동맹국 가담을 주도했으며 전쟁 직후 벌어진 아르메니아인 집단 학살에도 책임이 있었다. 이들의 잔혹성이 널리 알려지면서 사람들은 이 표현을 사용하는 것이 적절치 못하다고 생각하게 되었다. 예를 들어 2005년에 출간된 어느 영작법 교재에서는 '젊은 투르크인들'을 더 이상 사

용해서는 안 되는 표현이라고 명시했다.²⁶

그런가 하면 문제가 너무 확실해서 사용하면 안 된다는 데 이견이 거의 없는 표현도 있다. 예를 들자면 과거 지적 능력이 떨어지는 사람들을 지칭하던 단어 '바보', '멍청이', '천치' 등이 그렇다. 반면에 '저능아'라는 단어는 본래 비하의 의미가 없었지만 이제는 무신경한 표현으로 여겨지게 되었다. 뒤이어 등장한 '지적 장애'라는 표현도 이제는 '특별한 요구'를 지닌 사람 또는 '특수아'라는 말로 대체되었다.

심리학자 스티븐 핑커는 이처럼 특정 단어에 대한 사회적 인식이 끊임없이 변화하는 현상을 "완곡어법의 러닝머신euphemism treadmill"이라고 표현했다. 세월의 변화에 따라 어떤 용어가 경멸적 표현으로 여겨지면 곧 새로운 용어가 도입되겠지만, 얼마 지나지 않아 그것 또한 문제 있는 용어로 여겨지게 될 것이라는 의미다.²⁷ 전쟁으로 인한 불안 상태를 가리키는 표현이 '포탄 쇼크shell shock'로부터 '전투 피로증combat fatigue', '군사적 효능의 소진operational exhaustion'을 거쳐 '외상후 스트레스 장애post-traumatic stress disorder'로 변화한 것도 좋은 사례다.

이런 용어는 문제의식이 언어 공동체 내에서 상당히 느리게 전파된다는 점에서도 문제가 된다. 보통 젊은 세대는 시대에 뒤떨어지는 표현들에 민감하게 반응한다. 그러다 보니 용납할 수 없는 단어들을 아무 의식 없이 사용하는 기성세대의 모습을 보면 불쾌감을 느낄 수 있다. 게다가 이런 문제는 정치적 올바름이나 이데올로기 논쟁과 떼려야 뗄 수 없는 관계에 있다.

일반적으로는 특정 인종이나 민족에 대한 편견을 담고 있는 표현들이 주로 퇴출된다. 에스키모(이누이트), 인디언(아메리카 원주민 또는 퍼스트 피플First Peoples) 등 집단의 명칭은 물론이고, 영어의 '보호구역을 벗어나다go off the reservation, 독립적으로 행동하다'*, '상하이shanghai, 유괴하다'**, '집gyp, 사취하다'***처럼 행동을 나타내는 말도 포함된다.

그런데 사전에서 이런 단어들의 사용법까지 제시해 주는 경우는 거의 없다. 사전은 규범적이기보다는 기술적이기 때문이다. 다시 말해 사전은 어떤 단어나 구절이 어떻게 사용되어 왔는지에 대한 기록을 제시할 뿐 어떻게 사용되어야 하는지를 알려주지는 않는다. 과거에는 사전 편찬자들이 단어마다 '비난조의', '공격적', '외설적', '저속한'과 같은 꼬리표를 붙여 사용법 지침을 준 적도 있었다. 하지만 사전 개정에 너무 오랜 시간이 소요되는 데다 사전 편찬자들 또한 복잡하고 주관적이며 끊임없이 변화하는 감수성을 굳이 언급하려 하지 않을 것이다.

이런 감수성의 변화에 늘 촉각을 곤두세우는 것도 쉽지 않지만 어떤 것이 허용되는 표현이고 어떤 것이 아닌지 그 경계선을 설정하는 것 역시 어려운 문제다. 한 가지 사례로 동아시아인을 가리키는 단어 '오리엔탈Oriental'을 들 수 있다. 2009년 뉴욕주는 공식 문서에 이 단어를 사용하는 것을 금지했으며,

---

*   직역하면 '보호구역을 벗어나다'로 아메리카 원주민이 보호구역을 벗어난다는 의미다.
** 19세기 후반 상하이로 향하는 미국 상선들이 선원들을 납치하던 관행에서 유래했다.
*** 집시. 집시에 대한 고정관념에서 비롯했다.

2016년에는 오바마 대통령이 (흑인 비하 표현 '니그로'를 비롯하여) '오리엔탈'을 연방법에서 삭제하는 법안에 서명했다. 하지만 일부 아시아계 미국인들조차도 이런 조치에 어리둥절하다는 반응을 보였다. 일반적으로 이 단어는 인종차별적 표현으로 인식되지 않기 때문이었다.[28] 그리고 지금까지도 '동양풍의'라는 의미의 형용사로 쓰이고 있다.

그런가 하면 잘못된 민간 어원의 등장으로 억울하게 오해받는 표현들도 있다. 영어의 '엄지의 법칙rule of thumb'이 좋은 사례다. 이 표현은 17세기 무렵부터 '어림짐작'을 뜻하는 말로 쓰였으며, 현대에 와서는 실제적 방법 또는 경험적 방법이라는 의미로 쓰이게 되었다. 하지만 이 표현이 잘못된 인습에서 비롯되었다고 믿는 사람이 많다. 남편은 아내를 몽둥이로 때려도 되는데 다만 그것이 남편의 엄지보다 굵지만 않으면 된다는 것이다.

이런 법칙을 처음 만든 사람은 1782년 영국의 치안판사 프란시스 불러라고 알려져 있다. 하지만 실제로 그런 판결이 존재한다는 기록은 어디에도 없다. 위의 표현을 아내를 때리는 행위와 연관시킨 민간 어원은 1970년대 무렵 생겨난 것으로 보이며 그 후 널리 퍼졌다.[29] 요즘은 이 표현이 가정폭력과 연관되었다는 인식 때문에 사용을 꺼리는 사람이 많다.[30]

반면 실제로 어원에 문제가 있음에도 잘 알려지지 않아 여전히 많이 쓰이는 표현도 있다. 예를 들어 관중석에서 시끄럽고 무질서하게 구는 사람들을 가리키는 표현 '땅콩 좌석peanut gallery'

이 있다. 미국의 기성세대에게는 1950년대에 방영된 어린이 TV 프로그램 〈하우디 두디〉에서 쓰이던 표현으로 익숙하다. 프로그램 도입부에 등장해서 주제가를 부르던 어린이들의 자리를 땅콩 좌석이라고 불렀기 때문이다.

하지만 이 표현은 본래 19세기 말 미국 전역에서 열리던 버라이어티쇼에서 가장 저렴한 좌석을 가리키는 말이었다. 이 구역에 앉은 관객들은 마음에 들지 않는 공연자에게 먹던 땅콩을 던지곤 했으며, 이 때문에 재능이 없거나 운이 나쁜 배우는 땅콩을 뒤집어쓰기 일쑤였다고 알려져 있다.

그런데 맨 가장자리 높은 곳의 저렴한 좌석들은 보통 흑인 전용으로 지정되었으므로 땅콩 좌석이라는 용어에도 인종차별적인 요소가 있다고 주장하는 사람들이 많다.[31] 하지만 사전 편찬자들은 이 표현이 정말 인종차별적 동기를 가지고 만들어진 것인지, 아니면 단순히 하층민을 가리키는 포괄적인 문구에 불과한지 단언할 수 없었다.

이상의 여러 사례에서 알 수 있듯 특정 표현이 용인되는지 여부에 대해 의견이 갈리는 경우 의사소통 실패는 쉽게 발생할 수 있다. 사전 편찬자들이 심판의 역할을 꺼리는 만큼 여론에 의한 재판은 앞으로도 계속될 것이다.

신조어의 등장

2004년 영화 〈퀸카로 살아남는 법〉에서 그레첸(레이시 샤버트 분)은 "캡짱이다 So fetch!"라는 말을 자주 쓴다. 아주 마음에 든다는 뜻이다. 케이디(린지 로언 분)의 팔찌를 보고 같은 말을 하는 그레첸에게 케이디는 '캡짱 fetch'이 무슨 뜻이냐고 묻는다. 그레첸은 "아, 그거 영국에서 쓰는 유행어야"라고 답한다. 그런데 그레첸이 지나가는 남학생을 보며 "캡짱"이라고 말하자 레지나(레이철 매캐덤스 분)는 빽 소리를 지른다. "그레첸! 그 말 좀 띄우려고 하지 마. 그래봤자 안 떠!"

그렇다면 어떻게 해야 새로운 단어를 '띄울' 수 있을까? 그리고 그레첸의 '캡짱'처럼 많은 신조어가 뜨지 못하는 이유는 뭘까? 속어는 언어의 밤하늘에 갑자기 나타난 혜성과도 같다. 잠시 밝게 빛나다가 천천히 사그라든다. 예를 들어 20세기 초반 미국에서는 '23 스키두 skidoo'라는 표현이 유행했다. 확실하진 않지만 그 자체로 애매모호한 두 표현이 합쳐진 것으로 보인다. 이 표현은 아주 널리 쓰인 적은 없어도 최소한 활자에서만큼은 1950년대에 최고의 인기를 누리다가 1960년대 중반 무렵 급격히 사라졌다. 21세기에는 거의 찾아보기 힘들고, 가끔 언급되더라도 이 표현을 진지하게 사용하는 기성세대를 조롱하는 의미로 쓰일 뿐이다.

이런 하루살이 표현들은 의미에 대한 광범위한 합의가 이루어지기 어렵기 때문에 오해의 원천이 된다. 옥스퍼드 영어대사

전조차 '23 스키두'에 대한 입장이 갈팡질팡한다. 첫 번째 정의에서는 이것을 '경멸의 표현'으로 규정하면서, 그 근거로 20세기 초반에 쓰인 세 가지 인용구를 제시했다. 하지만 두 번째 정의에서는 이 문구가 "썩 꺼져라!"라는 명령어로 변했다고 쓰고 있는데, 근거로 1920, 1950, 1970년대에 쓰인 네 가지 인용구가 제시되어 있다. 메리엄-웹스터 사전은 두 번째 정의를 선호하는 듯하며 '스케더들skedaddle, 서둘러 떠나다'의 변형이라고 본다.

결국 우리는 누군가 '23 스키두'라는 말을 던지면 혼란스러울 수밖에 없다. 지금 나를 모욕하려는 건가? 당장 떠나라는 건가? 아니면 반어적인 표현인가? 어쨌든 이제 '23 스키두'가 의미 있는 표현으로 쓰이던 시대는 흘러가 버렸다. 이것은 수많은 하루살이 표현이 마주하게 될 피할 수 없는 운명이다.

하지만 사뭇 다른 커리어를 누리는 표현들도 있다. 언어의 세계 속에서 나름대로의 역할을 차지하고 살아남는 것이다. 어느 시대에나 새로운 것들은 생겨나게 마련이고, 사람들은 그것을 어떤 말로든 지칭해야 한다. 여기에는 여러 가지 방법이 동원될 수 있다. 가장 직접적인 해결책은 다른 언어에서 단어를 통째로 빌려오는 방식이다. 아이스크림이나 엘리베이터처럼. 일부 언어권에서는 이국의 말이 자국 언어의 순수성을 훼손할지 모른다는 두려움 때문에 이런 식의 차용을 꺼린다.

두 번째는 굴러다니는 말들을 모아서 대강 끼워 맞추는 방법이다. 예컨대 '웃프다'나 '우주 비행사'처럼. 때로는 기존 용어에 완전히 새로운 의미를 부여하기도 한다. 쿼크*의 여섯 가지 종류에 붙은 '위, 아래, 기묘, 맵시, 바닥, 꼭대기'라는 이름이 좋은 사례다.

그밖에도 상응하는 표현이 이미 존재하지만 새로운 단어나 어구가 다시 생겨나는 경우가 있다. 술에 취한 상태를 의미하는 수많은 표현을 예로 들 수 있다. 1901년에는 이런 말을 모아 하나의 목록으로 만들기도 했는데, 대체로 수명이 짧거나 ('모든 대걸래와 빗자루all mops and brooms'**, '무게추보다 돛more sail than ballast'***) 시간이 흐르며 의미가 변한 것('귀리를 느끼다feeling his oats'****, '모자 속에 벌이 있다has a bee in his bonnet'*****)으로 보인다.³²
보통 이런 신조어들은 구어이자 은어로 갑자기 등장하기 때문에 연구하기가 상당히 까다로웠다. 이런 용어들이 사람들의 입을 떠나 글에까지 등장하려면 (그래서 사전 편찬학자들의 눈에까지 띄려면) 그것은 이미 언어로서 어느 정도 성공을 누린 뒤여야 하기 때문이다.

하지만 온라인 소셜 네트워크의 발달과 함께 모든 것이 변했다. 소셜 미디어는 언어학자들에게 하나의 훌륭한 렌즈가 되어, 하루살이 표현들이 탄생하는 순간부터 사라지거나 번성하

---

*   quark. 소립자를 구성한다고 여겨지는 기본 입자.
**   '얼큰히 취했다'는 의미.
***   '실속보다 겉치레'라는 의미.
**** '원기 왕성한'이라는 의미로 변화.
***** '어떤 생각에 골몰한'이라는 의미로 변화.

기까지의 모든 순간을 직접 관찰할 수 있게 해주었다. 소셜 미디어에 올린 글은 날짜가 찍힌 채로 보관되며 조회수와 '좋아요' 숫자도 기록된다. 이런 기록을 통해 용례와 인기도를 추적할 수 있고, 정확한 수량화도 가능하다.

예를 들어 완벽하다는 의미의 '온 플릭on fleek'에 대해 생각해보자. 2014년 6월 21일 열여섯 살의 카일라 루이스(닉네임 피치스 먼로)는 인터넷에 올린 6초짜리 영상에서 자신의 완벽하게 정돈된 눈썹을 묘사하기 위해 이 표현을 처음 사용했다. 이 영상과 표현은 모두 엄청난 인기를 끌며 여러 소셜 미디어 플랫폼으로 빠르게 퍼졌다.

9월이 되자 이 표현은 유명한 음식 체인점 타코벨, 데니스("해시브라운 온 플릭"), 아이홉("팬케이크 온 플릭")의 트위터에 등장하기 시작했다. 11월에는 킴 카다시안이 인스타그램에 자신의 사진을 올리며 "#눈썹온플릭#EyebrowsOnFleek"라는 해시태그를 달았고, 2014년 말이 되자 니키 미나즈, 크리스 브라운 등 유명 가수들의 노래 가사에도 등장했다. 심지어 2015년 2월에는 《뉴욕타임스》의 헤드라인에까지 쓰였으니[33] '온 플릭'은 그야말로 성공한 표현이었다.

2015년에 미국언어연구회는 '온 플릭'을 '올해의 단어' 중 '가장 성공할 것 같은 단어' 부문 후보로 올리면서, "훌륭하고 흠잡을 데 없이 완벽한"이라는 뜻으로 정의했다. 이는 '온 플릭'이 눈썹이나 팬케이크를 넘어 훨씬 다양한 분야를 아우르는 단어로 발돋움했음을 보여준다. 하지만 2016년 1월 언어연구회 회원들의 투표 결과 이 표현은 새로운 유전자 편집 기술을 가리키는 말 '크리스퍼CRISPR'에 밀려 수상에 실패하고 말았다.

주로 학자들로 구성된 회원들은 선견지명이 있었다. 검색 빈도를 통해 인기도를 측정하는 구글 트렌드에 따르면 '온 플릭'은 2015년 1월 정점을 찍은 이후 2016년 8월부터 '크리스퍼'에 밀리기 시작했다. 그리고 2019년 6월 무렵에는 검색 빈도가 무려 90퍼센트 하락했다.

이 표현이 앞으로도 한동안 우리 주변을 표류할지(2019년에도 라티스트라는 프랑스 가수가 노래 제목으로 사용했다) 아니면 이미 사라진 수많은 하루살이 표현의 길을 따라갈지는 아직 알 수 없다. 어쨌든 연구자들은 실시간으로 벌어지는 현상을 목격하며 새로운 단어가 어디에서 생겨나는지, 그 의미가 어떻게 변형되고 진화하는지에 대한 더 좋은 이론을 만들 수 있을 것이다.

너무 짧은 문자 메시지

앞에서 살펴보았듯 전자통신 기기를 사용할 때 빚어지는 오해 중 일부는 공통 기반의 부족으로 인해 발생한다. 잘 모르는 사람들과도 이메일을 통해 소통하는 경우가 많기 때문이다. 하지만 문자 메시지는 조금 다르다. 우리가 보통 문자 메시지로 연락하는 사람은 친구, 가족, 연인 등이기 때문에 그 과정에서 생기는 오해에 대해서는 공통 기반 부족을 문제 삼기가 어렵다.

문자 메시지가 통용된 지 얼마 지나지 않아 대학생들을 대상으로 연구가 진행되었다. 연구진은 참가자들에게 문자를 보낼 때 겪은 실패 사례들을 떠올려 보고 그 원인이 무엇이었는지 생각해 보라고 요청했다. 응답자의 다수가 문제의 주원인으로 꼽은 것은 문자 메시지의 길이가 너무 짧다는 점이었다.[34]

문자 메시지가 짧은 첫 번째 이유는 엄지손가락 두 개만을 사용해 긴 편지를 쓰기가 쉽지 않기 때문이다. 그리고 기술적인 문제도 있다. 너무 긴 메시지는 여러 번에 걸쳐 전송하는데, 무제한 문자 메시지 서비스가 통용되기 전까지만 해도 비용 부담을 무시할 수 없었다. 이런 이유로 문자 메시지에서는 대화의 맥락을 충분히 파악하기가 힘들었다. 아래의 대화처럼 말이다.

밥 : 이제 끝이야
사라 : 헤어지자고?
밥: 아니 영화가 끝났다고 ㅋㅋ
사라 : 저런 ㅋㅋ[35]

최근에 진행된 어느 연구에 따르면 연인 관계에서도 이런 형태의 대화 때문에 문제를 겪는 경우가 많다고 한다. 문자 메시지는 수많은 다른 일을 하면서 틈틈이 보내는 경우가 많기 때문에 너무 바쁠 때는 답변이 짧아질 수 있다. 그러나 받는 사람은 짧은 메시지를 부정적으로 인식하는 경우가 많아서, 보낸 사람이 화가 났다거나 자신을 별로 신경 쓰지 않는다고 오해할

수 있다.36

일반적으로 연인 사이의 문자는 대화를 시작하는 빈도와 문자를 보내는 횟수가 서로 비슷해야 가장 좋다. 인사를 건네는 것처럼 아주 단순한 문자만 봐도 두 사람이 그 관계에서 얻는 만족도를 어느 정도 예측할 수 있다.37

문자 메시지에 흔히 쓰이는 두문자어, 약어 등 다양한 형태의 줄임말도 혼란을 가중하는 원인이다. 제1장에서 설명했듯 서로 다른 인터넷 사용 집단에 속한 사람들이 대화를 나눌 때는 문제가 더욱 심각하다. 'ㅈㅅ(죄송)'이나 '웃프다(웃기면서 슬프다)'처럼 문자 메시지 사용 초기에 만들어졌지만 스마트폰 세대에도 널리 쓰이는 말은 보통 별 문제가 없다.

'가성비(가격 대비 성능)'와 '갑분싸(갑자기 분위기 싸해짐)' 등 비교적 최근의 작품이지만 널리 쓰여서 모르는 사람이 별로 없는 줄임말도 있다. 하지만 이왜진(이게 왜 진짜야?)이나 스불재(스스로 불러온 재앙)처럼 소수만 아는 줄임말도 많으며, 아래의 사례처럼 한 가지 이상의 해석이 가능한 경우도 있다.

딸 : 엄마, 저 화학 시험 A 받았어요!

엄마 : ㅎㅇ. 잘했다!

딸 : 엄마 ㅎㅇ이 무슨 뜻인지는 아세요?

엄마 : 그럼! 확인 완료!38

마지막으로 기술 발전 때문에 의사소통 실패가 유발되기도 한다. 휴대전화의 기능이 점점 복잡해지면서 대부분의 문자 전송 소프트웨어에는 오탈자를 수정해 주는 기능이 포함되었다. 이 기능 덕분에 남부끄러운 실수를 피할 때도 있지만 우리가 의도한 것과는 전혀 다른 내용으로 수정되는 바람에 낭패를 볼 수도 있다. 이런 현상을 자동 실패autofail 또는 쿠퍼티노 효과Cupertino effect라고 부른다.

자동 수정 오류는 소셜 미디어 글에서 쉽게 찾아볼 수 있다. 심지어 이런 오류들을 모은 책이 출간되기도 했는데 기이하거나 황당한 오류가 많아 큰 관심을 끌었다.³⁹ 《시카고 트리뷴》 칼럼니스트 제리 다비치가 자동 수정 오류 때문에 낭패를 본 이야기도 재미있다. 어느 여성 경찰관을 그림자처럼 따라다니며 취재하기로 한 날이었다. 아침에 여성 경찰관으로부터 언제 경찰서에 도착하는지, 어떻게 자신을 따라다닐 건지를 묻는 문자를 받은 그는 음성을 문자로 자동 변환하는 프로그램을 이용해 다음과 같은 메시지를 보냈다. "곧 도착합니다. 경찰관님 차를 타도 될까요?" 하지만 실제로 전송된 메시지는 "경찰관님을 타도 될까요?"였다. 다행히 경찰관은 기분 나쁘게 받아들이지 않았고 기자는 목적지에 도착할 때까지 놀림을 당했다고 한다.⁴⁰

하지만 모든 사람이 이렇게 이해심이 많은 건 아니다. 2011년 영국에서는 닐 브룩이라는 남성이 이웃 남자에게 '머터mutter, 중얼거리다'라는 단어가 포함된 문자 메시지를 보냈다. 자동 수정 기능은 이 단어를 '너터nutter'로 바꾸어버렸는데 이는 미치광이를 뜻하는 영국의 은어였다. 문자를 받은 요제프 비트코프스키는 자신을 정신병자로 본다는 생각에 화가 머리끝까지 나서 브룩의 집을 찾아갔다. 손에는 가짜 총과 칼이 들려 있었다. 깜짝 놀란 브룩은 집에 있던 칼 두 자루로 비트코프스키를 공격했고 몸싸움 끝에 칼로 심장을 찔러 사망케 하고 말았다. 결국 브룩은 살인죄로 유죄판결을 받았다.[41]

다행히도 대부분의 오해가 살인으로까지 이어지지는 않는다. 온라인 커뮤니티도 독창성을 발휘하여 매체 자체의 빈약성 문제를 해결할 수 있도록 힘을 모으고 있다. '이모지'처럼 메시지를 덜 모호하게 만들어주는 장치들을 만들어낸 것이다. 그러나 이는 또 다른 오해의 원천이 되기도 한다. 다음 장에서 구체적으로 살펴보겠다.

6장

팀장님 표정이… 혹시 화나셨어요?
비언어적 표현

인간의 의사소통은 말하고 쓰는 단어로만 이루어지지 않는다. 우리는 표정, 눈빛, 자세, 손짓, 심지어 침묵과 같은 수많은 비언어적 단서를 통해 소통한다. 안타깝게도 이런 비언어적 단서들은 우리가 하는 말만큼이나, 아니 어쩌면 그보다 더 오해의 소지가 크다. 그리고 이런 표현에 내재하는 모호성과 애매함은 온라인 세계에서도 발견된다. 문자나 트위터 메시지의 의미를 명확하게 하려고 이모지를 썼다가 오히려 역효과를 내는 경우를 흔히 볼 수 있다.

얼굴을 (잘못) 읽다

얼굴은 정신의 초상이며 눈은 정신의 통역가다.

― 키케로, 『웅변술과 웅변가에 관하여』, 기원전 55년

사람들은 대부분 위의 문장에 동의한다. 얼굴에서 감정을 읽을 수 있고 눈은 마음의 창이라고 믿는다. "네 얼굴에 다 쓰여 있어"라는 구절은 로니 밀샙, 지미 레이, 루드보이즈를 비롯한 많은 가수의 노래에도 등장한다. 하지만 정말 그럴까? 얼굴 근육의 수축을 정말로 책 읽듯 읽어낼 수 있을까? 알다시피 긍정적 감정과 부정적 감정은 비슷한 표정으로 나타나기도 한다. 예컨대 우리는 너무 기쁠 때도 너무 슬플 때도 눈물을 흘린다. 어쩌면 누군가의 표정을 읽는다는 건 생각보다 쉽지 않을지도 모른다.

누군가의 표정을 읽을 수 있다는 순진한 믿음이 실제 삶에

영향을 미칠 수 있다는 점도 기억해야 한다. 어느 모의재판에서 배심원들에게 피고의 사진을 보여주었더니, 뭔가 의심스러워 보이는 사진일 경우 믿음직스러워 보이는 사진에 비해 증거가 부족한데도 더 자신 있게 유죄 평결을 내렸다.[1] 이처럼 사람들은 얼굴이 주는 단서에 영향을 받는 것이 분명해 보인다. 하지만 얼굴에서 정말로 단서를 얻을 수 있다고 하더라도 단서를 찾아내는 능력이 사람마다 다르지 않을까?

연구자들은 이런 물음에 주목했고, 표정에 근거해 감정 상태를 알아내는 데 어려움을 겪는 사람이 실제로 많다는 사실을 밝혀냈다. 충동성과 불안정한 대인관계를 특징으로 하는 경계선 성격장애를 가진 사람은 상대의 얼굴을 읽는 데 어려움을 겪는 것으로 보인다. 이들에게서는 모호한 표정을 부정적인 표정으로 해석하는 부정 편향도 나타났다.[2]

이런 부정 편향은 사회불안장애를 앓는 사람들에게도 나타나는데, 특히 사회적 배제를 경험한 뒤 증상이 심해진다.[3] 조현병과 관련해서도 감정 인지 결함이 논의된 바 있으며,[4] 나이가 들수록 상대의 얼굴에서 두려움이나 슬픔의 단서를 찾아내는 능력이 떨어진다는 보고도 있다.[5]

사회적 단서를 잘 해석하지 못하는 자폐스펙트럼 장애인 역시 타인의 표정에서 감정을 잘 인식하지 못할 것이라는 추론이 가능하다. 하지만 연구 결과는 엇갈린다. 일부 연구는 자폐인의 감정 인식에 아무 문제가 없다고 말하는 반면, 심각한 결함이 있다고 보는 연구자도 있다.[6]

여러 표정 중에는 다소 읽어내기 어려운 것들도 있다. 그중에서도 가장 어려운 것이 무표정이다. 어떤 사람은 얼굴에 힘을 빼고 있으면 정말로 아무 생각이 없어 보인다. 하지만 표정 없는 얼굴이 짜증나거나 화난 것처럼 보이는 사람도 있다. 슬프게도 미국에서는 이런 얼굴을 '쉬고 있는 못된 년 얼굴bitchy resting face'이라고 부른다. 2013년 4월에 코미디 그룹 '브로큰 피플'이 올린 공익광고 패러디 영상에서 처음 언급되었는데, 금세 유튜브에서 큰 인기를 끌었다. 2015년 《뉴욕타임스》에는 크리스틴 스튜어트, 재뉴어리 존스, 빅토리아 베컴의 사진과 함께 이런 얼굴에 대한 기사가 실리기도 했다.[7]

'쉬고 있는 못된 년 얼굴'이라는 표현 자체는 다분히 성차별적이지만 화나 보이는 무표정 때문에 곤란을 겪는 건 비단 여성들만이 아니다. 사회심리학자 하이디 그랜트 할버슨의 표정 관리에 관한 책에는 어느 기업 팀장의 경험담이 나온다. 그는 팀원들과의 회의 시간마다 의식적으로 '경청하는' 표정을 짓기로 결심했다. 몇 주 동안이나 이런 노력을 계속하던 어느 날, 회의를 마치고 조심스럽게 다가온 팀원이 그에게 물었다. "팀장님, 혹시 화나셨어요?" 그제야 그는 자신이 경청할 때 짓는 무표정이 화난 것처럼 보인다는 사실을 깨달았다고 한다.[8]

어떤 사람들은 짜증나거나 화나 보이는 얼굴을 바꾸기 위해 성형수술도 마다하지 않는다. 여기에 특히 많이 쓰이는 물질은 보톡스라는 신경독성 단백질로, 원래 목적은 미간 주름을 펴서 젊어 보이는 효과를 누리는 것이다. 2002년 미 식품의약국이 보톡스 사용을 허가한 것도 바로 이런 목적에서였다. 하지만 보톡스는 무표정을 덜 화난 것처럼, 그러니까 덜 '나쁜 년'처럼 보이게 만들 때도 쓰인다.[9] 물론 기이할 만큼 무표정한 얼굴로 변하는 것이 과연 좋을지에 대해서는 논란의 여지가 있겠다.

그런가 하면 비정상적인 표정 변화를 일으키는 질병도 존재한다. 벨 마비에 걸리면 안면 신경이 마비되어 얼굴 한쪽이 아래로 처지게 되며, 메이그증후군에서는 불수의적인 눈 깜빡임과 안면 근육 수축이 특징적으로 나타난다. 파킨슨병 역시 다른 행동 변화와 함께 눈 깜빡임과 가면처럼 무표정한 얼굴을 보여준다.

그렇다면 과연 우리가 다른 사람의 겉모습에서 감정을 읽어낼 수 있다고 말해도 될까? 많은 심리학 연구 결과에서는 감정 해석이 맥락에 따라 생각보다 다양하게 이루어질 수 있음을 시사한다. 점점 더 많은 심리학자들이 이 의견에 공감하고 있다. 저명한 심리학자 리사 펠드먼 배럿도 분노, 행복 같은 가장 기본적인 감정과 관련된 표현들조차 문화에 따라 상당히 다양하게 나타난다고 주장했다.[10] 만약 얼굴이 영혼을 보여주는 창이라면, 밖이 훤히 내다보이는 깨끗한 창이라고 보기는 어렵겠다.

눈으로만 웃을 수 있을까

미소 짓는 아일랜드의 눈, 마치 봄의 아침처럼.

— 촌시 올컷, 조지 그래프 주니어.(1912년)

TV 쇼 〈도전! 슈퍼모델〉의 진행자 타이라 뱅크스는 신조어 제조기로 유명하다. '순능적이다'(순결하면서도 관능적으로 보인다)*, '결지다'(결점까지도 멋지다)** 같은 합성어도 그녀의 작품이다. 안타깝게도 뱅크스가 만든 신조어들은 대부분 살아남지 못했으나 단 하나, 눈웃음이라는 뜻의 '스마이즈smize'***는 여전히 널리 쓰이고 있다. 아직 옥스퍼드나 메리엄-웹스터 사전에 등재되지는 못했지만 말이다. 뱅크스는 2009년 〈도전! 슈퍼모델〉 시즌 13에서부터 이 단어를 사용한 것으로 보인다.[11]

보통 사람들은 미소를 입으로 짓는다고 생각한다. 그렇다면 눈으로 미소를 전하는 일은 어떻게 가능할까? 최근까지만 해도 이 질문은 학계에서만 다루어졌다. 우리가 톱모델도 아니거니와 대화를 나눌 때 상대방은 우리의 눈뿐만 아니라 입까지도 볼 수 있기 때문이다.

그런데 코로나-19 대유행으로 사람들이 마스크를 쓰면서 역사상 전례 없는 규모의 의사소통 실험이 이루어지게 되었다. 마스크를 쓰면 코와 입, 볼이 전부 가려지기 때문에 대화 상대에게 감정을 전달할 수단은 오로지 눈과 눈썹만이 남는다. 얼굴의 절반이 가려진 채로도 미소가 전해질 수 있을까? 아니면 오해가 빚어질 수밖에 없는 걸까? 간단히 말해서, 눈웃음이라는 것이 정말로 의미가 있는 걸까?

---

*　　sinnocent. sexy와 innocent의 합성어.
**　　flawsome. flaw와 awesome의 합성어.
***　smile with your eyes를 줄인 말.

이 질문에 답하기 위해 우리는 감정을 표현할 때 얼굴 근육이 어떻게 수축하는지에 대해, 즉 얼굴의 생리학에 대해 생각해 보아야 한다. 우선 미소는 학습되는 것 같지 않다. 오히려 선천적인 반사 작용으로, 누군가 쓰다듬어 준다거나 특정 향기를 맡는 등 다양한 자극이 주어지면 저절로 일어나는 것으로 보인다. 사회적 미소, 즉 타인에 대한 반응으로 짓는 미소는 평균적으로 생후 4주부터 나타난다.[12]

미소 지을 때 우리 얼굴에서는 다양한 근육이 수축한다. 그런데 미소의 종류에 따라 수축하는 근육의 종류가 조금 달라진다. 먼저, 정말로 행복해서 짓는 진짜 미소에서는 큰광대근이 입꼬리를 올리고 눈둘레근이 볼 근육을 끌어올리면서 눈 주변 피부에 주름이 진다(눈가의 잔주름은 이 과정에서 생긴다). 이런 진짜 미소는 19세기 프랑스 신경학자 기욤 뒤셴의 이름을 따서 '뒤셴의 미소'라고 부른다.

하지만 우리는 그다지 행복하지 않을 때, 예컨대 사진을 찍을 때도 미소를 지을 수 있다. 이런 작위적인 미소에는 큰광대근만이 관여한다. 사람들은 대부분 볼을 끌어올리는 눈둘레근을 마음대로 통제하지 못하기 때문이다. 그러므로 미소에 대한 초기 연구에서는 뒤셴의 미소를 더 진정성이 있다고 보았다.[13]

하지만 최근에 이루어진 한 연구에 따르면 사람들은 진짜 미소처럼 보이는 가짜 미소를 지을 수 있다.[14] 눈을 약간 가늘게 뜨면(포토그래퍼 피터 헐리가 '스퀸치*'라고 부르는 표정) 볼을 끌어올리는 눈둘레근의 움직임과 똑같이 눈의 주름을 만들어낼

수 있기 때문이다.[15]

이처럼 사람들이 눈으로 웃을 수 있다고 가정한다면 상대방은 눈만 볼 수 있는 상태에서 그런 표정을 얼마나 잘 포착할 수 있을까? 1990년대에 영국 심리학자 사이먼 배런-코언은 이 질문에 답하기 위한 실험을 고안했다. 나머지 부분을 모두 잘라내고 눈과 눈썹만을 남겨놓은 여러 장의 사진과 함께 '심각하다-즐겁다'와 같은 한 쌍의 단어를 제시한 것이다. 그러고는 실험 참가자들에게 각각의 사진 속 인물이 가진 감정과 생각에 어떤 단어가 더 어울리는지 선택하게 했다.

이 실험은 특정 개인에게 마음이론theory of mind이 잘 형성되었는지를 확인하기 위해 광범위하게 수행되었다. 마음이론이란 타인의 정서 상태를 이해하는 능력을 뜻한다. 보통 자폐증을 진단받은 사람은 마음이론에 결함이 있고, 실험에서도 '눈을 통해 마음을 읽는 능력'이 비자폐인에 비해 부족한 것으로 드러났다.[16]

그런데 신경질환이 없는 사람들 사이에도 차이는 존재한다. 여러 연구 결과에 의하면 눈을 통해 마음을 읽는 능력은 여성이 남성보다 뛰어났다.[17] 나이 또한 중요한 요소로 드러났는데 40대, 50대가 10대나 60대보다 훨씬 뛰어났다.[18] 하지만 이 실험은 여러 가지로 편향되었다는 비판을 받고 있다. 대체로 교육 수준이 높은 백인 참가자들이 교육 수준이 낮거나 인종이

---

*   squinch. 스퀸트(squint, 눈을 가늘게 뜨다)와 핀치(pinch, 얼굴을 일그러뜨리다)의 합성어.

다른 참가자들에 비해 더 우수한 결과를 보였다.[19]

눈은 감정을 전달하는 중요한 수단이지만 눈썹 또한 나름의 역할을 한다. 눈썹은 그 자체로 표현력을 가질 수 있으며 미소 지을 때면 모양도 바뀐다. 깜짝 놀랐을 때처럼 무의식적으로 움직이는 경우도 있지만 의식적으로 움직일 수도 있다. 예를 들어 짐 캐리처럼 눈썹을 위아래로 움직임으로써 장난스러운 의도를 전달할 수 있다. 몸짓과 자세 역시 의사소통에서 중요한 역할을 한다.[20]

이렇듯 얼굴 아래쪽이 마스크로 가려졌을 때 그 사람의 다정한 미소를 인식하는 것이 전혀 불가능한 일은 아니다. 하지만 마스크 착용이 효과적인 의사소통을 방해하는 '원 스트라이크'인 것만은 분명하며, 혐오감이나 슬픔 같은 복잡한 마음을 읽어내기는 더욱 어려워진다.[21] 그러므로 전염병이 창궐하던 기간 동안 사람들은 자신의 감정을 드러내기 위해 과장된 표정을 지을 수밖에 없었을 것이다. 표정으로 상대방의 마음을 읽는 것은 그 자체로도 어려운 일이지만 눈과 입이 모두 보일 때 그나마 더 쉽다.

손짓으로 말해요

앞서 살펴보았듯 말의 의미를 함부로 추측하면 다양한 문제가 일어날 수 있다. 그런데 상징을 해석한다는 것은 훨씬 더 어려운 일이다. 단어를 모르면 사전이라도 찾아볼 수 있지만 상징은 별 방법이 없기 때문이다. 물론 상징과 기호 해설집이 있지만 실제 상황에서는 큰 도움이 되지 않는다.

예를 들어 '쇠스랑'이라는 단어를 인터넷에서 찾으면 수많은 결과물이 쏟아져 나온다. 하지만 당신이 가장 좋아하는 식당 벽에 누군가 쇠스랑을 그려놓았다면 인터넷으로 그 의미를 찾을 수 있을까? 그럴 수 없을 것이다. 별 생각 없이 그려놓은 낙서인지, 아니면 무슨 중요한 의미가 있는지를 인터넷은 알려줄 수 없다. 누군가 이해할 수 없는 몸짓을 할 때도 마찬가지다. 먼저 다양한 몸짓에 대해 생각해 보자.

많은 여행자는 하나의 손짓이 지니는 의미가 나라마다 완전히 다를 수 있다는 사실을 뼈아픈 경험을 통해 배운다. 예를 들어 주먹을 쥐고 엄지손가락만 위로 세우는 손짓은 많은 나라에서 찬성의 의미로 쓰인다. 하지만 같은 손짓이 중남미, 서아프리카, 중동 지역에서는 모욕을 의미한다.

그런가 하면 같은 문화권 내에서도 하나의 손짓이 다양한 의미로 쓰일 수 있다. 예를 들어 스쿠버다이버들에게 엄지를 올리는 것은 '위로' 또는 '다이빙 중단'을 의미한다. 말하자면 다이빙을 계속하기 힘들다는 신호로 쓰인다. 반대로 엄지를 아래로 내리는 것은 더 깊은 곳으로 다이빙을 이어갈 준비가 되었다는 신호다. 두 경우 모두 땅 위에서와는 전혀 다른 의미를 지닌다.

손짓의 의미가 맥락에 따라 달라지는 경우도 있다. 엄지손가락과 새끼손가락을 펴는 것은 하와이식 인사법인 '샤카shaka' 사인으로 느긋하게 지내라는 의미다. 하와이 오아후섬에서 태어난 미국 전 대통령 오바마도 샤카 사인을 즐겨 사용했다. 하지만 손 모양이 똑같아도 손을 얼굴 옆으로 올려서 엄지손가락은 귀에, 새끼손가락은 입에 가져다 대면 의미가 전혀 달라진다. 구식 전화기 모양을 흉내 낸 손짓인데 세계 공통으로 '전화해'의 의미로 쓰인다.

어떤 손짓은 시대에 따라 의미의 변화를 겪는다. 검지와 중지를 펼쳐서 V 모양을 만드는 것은 제2차 세계대전 당시 연합국에서 사용한 승리의 상징으로, BBC가 '승리의 V' 캠페인을 벌이면서 대중화되었다. 당시 영국 총리 윈스턴 처칠이 특히 열정적으로 사용했으며 정계에서도 승리의 상징으로 쓰였다. 1950년대에 미국 대통령 아이젠하워도 승리의 상징으로 V 표시를 자주 사용했고, 리처드 닉슨 또한 대통령 당선 후 1960년대와 70년대 초에 즐겨 사용했다. 보통 정치인들은 두 손을 위로 치켜들고 V 표시를 한다. 그런데 희한하게도 닉슨은 1974년 불명예 퇴진으로 백악관을 떠나기 위해 헬리콥터에 오르면서까지 이런 자세를 취해 눈길을 끌었다.

같은 V 표시라도 손바닥이 안쪽을 향하면 모욕의 의미를 갖는다. 적어도 영연방 국가들에서는 그렇다. 보통 손을 위로 치켜 올리면서 이런 자세를 취하면 '꺼져!'라는 의미가 된다. 흥미롭게도 처칠이 승리의 V를 하며 찍힌 사진 중에는 손바닥이 안쪽을 향하고 있는 사진이 드물지 않다. 이 사진을 보고 어떤 이들은 그의 귀족적인 성장 배경으로 미루어보아 그런 의미를 몰랐을 거라고 추측했다. 하지만 다른 이들은 처칠이 이 손짓의 의미를 정확히 알고 있었으며 두 가지 의미를 한 번에 전하고자 했다고 주장한다. 즉 연합국에게는 승리의 V를, 추축국에게는 '꺼져!'라는 의미를 전하려 했다는 것이다.[22]

1960년대부터 승리의 V는 베트남 전쟁에 반대하는 미국인들에 의해 평화의 상징으로 바뀌기 시작했으며, 당시 대항문화의 강력한 상징으로서 반전 시위에 자주 등장했다. 확실치는 않지만, 이런 의미의 변화는 1966년 샌프란시스코 대항 문화 그룹의 일원이었던 에밋 그로건이 석방되면서 취한 손짓에서 비롯되었다고 전해진다. 그는 자신을 찍는 신문기자를 보고 꺼지라는 의미로 이런 손짓을 보였는데, 다음 날 신문에 실린 사진을 본 친구들이 그가 승리의 V를 취한 것으로 오해하면서 그 손짓을 따라 하기 시작했다고 한다.[23] 승리의 V가 제2차 세계대전이라는 군사적 기원을 가지는 만큼 반전 시위자들이 같은 손짓을 차용했다는 점은 다소 역설적으로 느껴진다. 그러나 1940년대 초반의 군인들과 한 세대 이후의 반전 시위자들은 모두 사실상 같은 것을 바랐을 것이다. 바로 전쟁의 종식이다.

V 표시는 그 후로도 진화를 거듭했다. 동아시아에서는 사진을 찍을 때 이런 손짓을 자주 사용하며 그 기원에 대해서는 여러 가설이 존재한다. 일부는 승리의 V와 관련되어 있다고 주장하지만 유명인의 손짓을 따라 한다는 주장도 있다. 일본 여성들은 '가와이', 즉 귀엽다는 의미로 V 표시를 사용하기도 한다.[24]

검지와 새끼손가락을 펴는 손짓은 콘서트장에서 흔히 볼 수 있는데, 1970년대 헤비메탈 그룹 블랙 사바스의 보컬이었던 로니 제임스 디오가 유행시켰다. 이 손짓은 두 개의 뿔을 의미하며, 디오의 이탈리아계 할머니가 악마의 눈을 찔러 액운을 쫓는다는 뜻으로 자주 사용했다고 한다. 디오가 영입되기 전 블랙 사바스의 보컬이던 오지 오스본은 평화의 V 동작을 자주 취했는데 그와 차별성을 두기 위해 이런 손동작을 사용했다고 알려져 있다.

미국 대학 풋볼팀 텍사스 롱혼스의 팬들도 1955년부터 '악마의 뿔' 표시를 사용했다. 쭉 뻗은 두 손가락은 팀 마스코트인 소의 거대한 뿔과 유사하며 "낚아라, 혼스여Hook'em, Horns!"라는 구호도 같은 맥락이다. 하지만 이 손짓에 사뭇 다른 의미를 부여하는 지역도 있다. 예컨대 이탈리아에서는 간통을, 스칸디나비아 지역에서는 악마에게 하는 인사를 뜻한다. 그래서 2005년 재선 취임식에서 조지 W. 부시 대통령과 아내 로라 그리고 딸 제나까지 이런 손동작을 취하는 모습을 보고 많은 유럽인이 기함했다고 한다. 사실 그는 아내와 딸의 모교인 롱혼스 대학 악단이 행진하는 모습을 보며 경의를 표했을 뿐이었다.[25][26]

'악마의 뿔'과 비슷하지만 조금 다른 손동작으로 그룹 키스의 진 시몬스가 자주 하던 손짓이 있다. 검지, 새끼손가락과 함께 엄지까지 펼치는 동작이다. 이건 수화의 '사랑해요'와 같다. 이 손짓이 유명세를 탄 건 게임쇼 진행자 리처드 도슨, 전 미국 대통령 지미 카터, 프로레슬러 지미 스누카 등 많은 유명인이 사용하면서부터였다. 미 대학 풋볼팀인 루이지애나 라긴 케이준스의 팬들도 같은 손짓을 사용하는데, 학교의 두문자 UL을 형상화한 것이다. 그런데 이런 손짓과 상징을 사용하는 것에도 어두운 면은 존재한다. 이어서 살펴보겠다.

소속 집단을 의미하는 손동작?

미국 폭력조직의 구성원들은 어느 갱단 소속인지를 알리고 자신들이 장악한 지역을 표시하기 위해 다양한 사인을 활용한다. 갱단은 다양한 범죄나 폭력에 연루되기 때문에 부모들은 자녀가 갱단에 발을 들일까 늘 우려한다. 학교는 매일 몇 시간 동안 학생들의 안전을 책임져야 하는 곳인 만큼 이런 우려에서 자유로울 수 없다.

2014년 새크라멘토 지역의 한 고등학교에서는 졸업을 앞둔 3학년 학생 몇 명이 로마자 XIV가 새겨진 티셔츠를 단체로 주문한 일이 있었다.[27] 아주 순수해 보이는 행동이었지만 사실 14는 캘리포니아주 북부에서 활동하는 갱단 노르테뇨와 관련된 숫자였다(N이 열네 번째 알파벳이기 때문이다).[28] 결국 해당 학생들은 그 티셔츠를 입지 못하게 되었다.

미시시피주의 어느 고등학교에서는 15세의 흑인 소년이 3이 새겨진 축구복 상의를 입고 세 손가락을 펼쳐 든 채 사진을 찍었다. 그런데 세 손가락을 펴서 검지와 중지로 V 모양을, 엄지와 검지로 L 모양을 만드는 것은 바이스로드 갱단의 이니셜을 따서 만든 사인이었다. 학교 측의 무관용 원칙에 따라 학생은 퇴학당했다. 심지어는 버지니아주의 어느 고등학교에서는 학부모들이 비슷한 이유로 교장을 사임시킨 일도 있었다. 특이한 손동작을 취한 다섯 명의 학생들과 그 옆에서 같은 손동작을 취하고 있는 교장의 사진이 퍼졌기 때문이었다. 그는 학생들이 그런 손동작을 하지 못하도록 말리는 과정에서 찍힌 사진이라고 항변했지만 소용없었다.[29]

학생이나 교직원 말고도 애매한 손동작 때문에 곤욕을 치른 사람들은 더 있었다. 2014년 미니애폴리스의 방송국 KSTP는 투표 독려 운동에 나선 벳시 호지스 시장이 흑인 자원봉사자 나벨 고든과 함께 찍은 사진을 보도했다. 두 사람은 손가락으로 어색하게 서로를 가리키고 있었다. 기자는 어느 은퇴 경찰의 말을 빌려 이 동작이 '널리 알려진 갱단 사인'이라고 주장했다. 하지만 이 사건이 '손가락 스캔들'로 널리 알려지면서 해당 보도는, 월간지 《배티니페어》[30] 등 다수의 언론에 의해 전형적인 인종차별적 프로파일링 사례로 신랄한 비판을 받았다.[31]

그렇다면 양손 엄지와 검지를 구부려서 하트 모양을 만드는 동작은 어떨까? 이보다 더 순수한 손동작이 또 있을까? 2007년 버지니아 관광청은 "버지니아는 사랑의 도시"라는 유명한 캐치프레이즈와 함께 '열정적인 삶'이라는 광고를 구상했다. 광고에는 여러 배우가 다양한 상황에서, 예를 들자면 (좀 이상하긴 하지만) 포도를 밟으며 하트 사인을 보내는 장면이 포함되었다. 하지만 하트 사인이 사실은 디사이플스라는 갱단의 상징이라는 지적을 받자 버지니아 관광청은 광고를 내릴 수밖에 없었다.[32]

생활용품 소매업체 어반 아웃피터스사도 갱스터 디사이플스 때문에 곤욕을 치렀다. 2013년 여름 신상품 티셔츠에 그려진 삼지창이 갱단의 상징과 비슷하다는 지적이 일었기 때문이다. 결국 아웃피터스는 상품 판매를 중단했다.[33]

심지어 찬성과 승인을 상징하는 오케이 사인도 논란의 중심에 선 적이 있다. 2017년 초 포챈4chan이라는 인터넷 게시판 이용자들은 오케이를 뜻하는 손동작이 사실 '백인의 힘White Power'을 가리키는 상징이라고 주장하기 시작했다. 펼친 세 손가락은 W를, 엄지와 검지로 만든 동그라미는 P의 머리 부분을 뜻한다는 것이었다. 명백한 낚시질이었음이 밝혀졌는데도 불구하고 시카고 소재 몇몇 고등학교에서는 사진 속 일부 학생이 손으로 오케이 사인을 했다는 이유로 졸업 앨범을 수정해 재발행하는 사태가 벌어졌다.[34]

오케이 사인에 대한 우려는 2019년 말에도 헤드라인을 장식했다. 12월 14일 육군과 해군의 풋볼 게임을 기념하는 방송에서 ESPN 아나운서 리스 데이비스의 뒤로 몇몇 사관생도와 장교 후보생들이 반복적으로 특정한 손동작을 하는 장면이 포착된 것이다. 흔한 오케이 사인이었지만 이것이 백인의 힘을 상징한다는 주장이 제기되었다. 당시 트럼프 대통령이 경기 직전 선수들을 만나고 경기장에 등장했다는 이유로 이 사건은 정치 논쟁으로까지 이어졌다. 하지만 곧장 이루어진 조사에 따르면 이 손동작은 '동그라미 게임'이라는 단순한 장난이었다. 동그라미 게임은 상대방이 손으로 만든 동그라미를 쳐다보면 벌칙

으로 한 대를 얻어맞는 게임이다.[35]

2021년 4월에도 비슷한 일이 벌어졌다. 게임쇼 〈제퍼디!〉에 출전한 켈리 도너휴는 문제를 맞힐 때마다 손가락을 하나씩 펼치고 있었다. 세 번째 문제를 맞히자 그는 손가락 세 개를 펼쳤고 결과적으로 OK 사인과 같은 손동작이 되었다. 그런데 일부 시청자들이 그의 손동작을 백인의 힘의 상징이라고 주장하고 나섰다. 스놉스 및 반명예훼손연맹 등 미국 내 저명한 단체들도 그의 손짓에 악의가 없었다고 판단했지만 끝까지 동의하지 않는 사람들도 있었다.[36]

온갖 상징과 그 의미에 대한 과잉 각성 때문에 특히 피해를 입은 집단은 청각장애인들이다. 사람들은 대부분 수화를 잘 모르기 때문에 이들의 손짓을 보고 뭔가 다른 의미가 있다고 오해하기 쉽다. 1995년 미니애폴리스의 어느 버스정류장에서 한 청각장애인 남성이 옆에 서 있던 행인과 논쟁을 벌인 끝에 병으로 머리를 맞고, 깨진 유리 조각이 눈에 박히는 끔찍한 일을 당했다. 그가 무슨 잘못을 했느냐고? 아무 잘못도 하지 않았다. 공격한 사람이 수화를 갱단 사인이라고 오해했을 뿐이었다.[37]

2011년 플로리다주의 어느 술집에서도 수화로 대화를 나누던 두 남성이 칼을 든 괴한에게 공격당하는 일이 있었다. 마찬가지로 수화를 갱단 신호로 오인해 벌어진 일이었다.[38] 그로부터 20개월 후에도 이상하리만치 비슷한 사건이 캘리포니아주 북부에서 또 한 번 벌어졌다. 두 남성이 수화로 대화하며 길을 걸어가던 중 부엌칼을 든 여성에게 공격받았으며 그중 한 명은

심지어 여러 차례 찔렸다고 한다.[39]

갱단에 대한 우려 때문에 미국 사회는 일종의 도덕적 공황 상태에 빠진 듯하다. 그리고 이런 우려는 백인우월주의자 등 다른 위험 집단에 대한 불안으로까지 번지고 있다. 그 결과 사람들은 모호하고 낯선 손짓을 쉽게 잠재적 위협으로 단정해 버리고 폭력적인 방식으로 대응한다.

글보다 그림이 낫다?

이모지는 이모티콘의 후손이다. 인터넷 초기, 윙크와 눈웃음으로 이메일의 모호함을 없애주던 얼굴 모양은 이제 이모지로 거의 대체되었다. 다양한 표정과 사물, 동물, 식물은 물론이고 하트 눈을 가진 고양이 얼굴처럼 재미있는 모양까지 수천 가지 작은 아이콘이 우리의 선택을 기다린다.

가장 인기 있는 이모지 중 하나는 '기쁨의 눈물을 흘리는 얼굴'(유니코드 : U+1F602)로, 2015년 옥스퍼드 사전이 선정한 '올해의 단어'에 뽑히기도 했다.[40] 심리학자 모니카 라이어든에 따르면, 이 이모지는 관계를 유지하기 위한 도구로 쓰일 수 있기 때문에 사람들에게 그토록 큰 사랑을 받는 것으로 보인다. 다시 말해서 '기쁨의 눈물을 흘리는 얼굴' 이모지는 애정의 표시로 쓰일 수 있다.[41]

이모지 사용으로 인한 의사소통 실패와 관련해 가장 중요한 이슈는 각각의 이모지에 어떤 의미가 있는지에 대한 합의가 부족하다는 사실이다. 물론 이모지의 표준화를 위한 노력이 이루어지고 있긴 하다. 유니코드 협회는 스마트폰, 웹사이트, 기타 소프트웨어에서 쓰이는 이모지의 부호화 방식을 표준화하는 조직이다. 협회의 노력 덕분에 어떤 플랫폼을 사용하든 U+1F63B는 '하트 눈을 가진 고양이 얼굴'을 나타내는 16진법 코드로 표준화되었다. 하지만 이 이모지가 언제 어떻게 사용되어야 하는지에 대해서는 유니코드 협회가 아무런 역할도 하지 못한다.

또 다른 문제는 다양한 기기의 소프트웨어 개발자들이 특정 이모지의 구현 방식을 결정하는 데 어느 정도 재량권이 있다는 점이다.[42] 예를 들어 '하트 눈 고양이'의 구체적인 모습은 애플의 운영체제 iOS와 구글의 안드로이드, 페이스북이나 왓츠앱 WhatsApp 등의 애플리케이션에서 모두 조금씩 다르게 나타난다.

플랫폼이나 프로그램에 따라 고양이의 수염, 웃는 정도, 하트 모양 눈의 크기가 다양하며 그 차이가 상당한 경우도 있다(다양한 모양의 하트 눈 고양이를 직접 보고 싶다면 emojipedia.org에서 확인하라). 이런 다양성은 지적재산권 문제 때문에 나타난 현상이겠지만 오해를 일으키는 또 하나의 원인이 될 수 있다.[43]

단어는 사전에서 찾아볼 수 있지만 이모지가 어떤 의미인지를 정해놓은 사전은 어디에도 없다. 좋은 소식이 있다면 하나의 이모지가 거의 모든 것을 의미할 수 있다는 사실이다. 그렇다면 나쁜 소식은? 하나의 이모지가 거의 모든 것을 의미할 수도 있다는 사실이다. emojipedia.org에 가끔 사용법이 명기된 경우도 있다. 예를 들어 '기쁨의 눈물을 흘리는 얼굴' 이모지는 "웃기거나 좋다는 의미로 널리 쓰인다"라고 설명되어 있다. 하지만 '하트 눈 고양이' 이모지를 받고 무슨 의미인지 몰라 어리둥절한 사람을 도와줄 만한 해석은 어디서에도 찾아볼 수 없다.

특정한 이모지의 모호한 사용법을 놓고 한동안 논쟁이 벌어진 일도 있었다. 주인공은 '맞댄 두 손(U+1F64F)' 이모지였다. 일본에서는 이 이모지를 '감사'나 '기쁨'의 의미로,[44] 인도에서는 '인사'의 뜻으로 받아들인다. 서양에서는 '기도하는 손'으로 해석하는 경우가 많다. 하지만 어떤 사람들은 마주 댄 두 손을 한 사람이 아닌 두 사람의 손으로 보아 '하이파이브'를 묘사한 것이라고 여기기도 한다.[45]

그런가 하면 특별할 것 없는 이모지가 우리 몸의 여러 부위를 상징하는 것으로 전용되면서 악명을 떨치기도 한다. 이모지 중에는 우리 몸의 장기나 다양한 부분을 형상화한 것들이 존재하지만 그중 엉덩이나 남근을 표현한 것은 하나도 없다. 그 결과 다른 이모지를 활용해 그것을 표현하는 사람들이 나타났다. 예를 들어 휴대전화로 음란한 메시지를 보낼 때 대용 표현으로 가지나 복숭아 이모지가 널리 쓰인다.

2019년부터 페이스북은 성적인 목적의 이모지 사용을 금지하고 있다. 특히 페이스북 공동체 표준 제3조 15항은 "성인들 사이에 성적인 만남을 가능케 하거나 조장하거나 성사시키는 내용을 주고받을 수 없다"라고 명시하고 있으며, "문맥상 성적인 목적으로 해석될 수 있는 이모지 사용"도 금지된다.[46]

표준 조항에 명시적으로 언급되지는 않았지만 복숭아와 가지 이모지의 사용 역시 제한된다는 것이 많은 평론가의 의견이다.⁴⁷ 하지만 2019년과 2021년 트럼프 대통령 탄핵소추 당시에 탄핵을 뜻하는 단어 'impeachment'를 복숭아peach 이모지로 표현하는 것이 유행하면서 이런 식의 금지가 어떻게 합리적으로 강제될 수 있을지의 문제는 더욱 복잡해졌다. 2021년 1월에는 조지아주 민주당 의원들이 상원에서의 승리를 자축하며 복숭아 그림을 트위터와 문자로 공유하기도 했다.* 만약 프로이트가 1850년대가 아니라 1950년대에 태어났다면 가지도 가끔은 그저 가지일 뿐임을 인정했을 것이다.

이모지의 의미에 대한 합의가 부족하다는 사실은 많은 연구를 통해서도 드러났다. 2016년에 진행된 어느 연구에서는 참가자들에게 다양한 이모지를 제시한 후 긍정적, 부정적, 중립적 의미의 세 가지 범주로 분류하도록 요구했다. 참가자들은 전체의 약 1/4에서 의견 불합치를 보였다. 15개의 이모지 가운데 가장 의견이 갈렸던 것은 '히죽거리는 얼굴'(U+1F60F)로, 참가자들은 하나의 이모지에서 실망, 경악, 우울, 무감동, 무관심 등 다양한 감정을 읽어냈다. 그리고 앞서 언급한 것처럼 많은 참가자가 플랫폼이나 기기에 따라 이모지가 다르게 표현된다는 점을 지적했다.⁴⁸

다만 이 실험은 아무런 맥락도 제공하지 않고 이모지의 의미

---

*   조지아주는 복숭아 생산지로 유명하다.

를 물었다는 점에서 비판의 여지가 있었다. 하지만 후속 연구에서, 이모지만을 단독으로 제시한 경우와 준거틀이 되어줄 맥락을 함께 제시한 경우를 비교했을 때에도 결과는 크게 다르지 않았다. 추가적인 정보가 이모지의 의미를 파악하는 데 별 도움이 되지 못한 것이다. 참가자들에게 이유를 묻자 이모지에 비꼬는 의미가 포함되었을 가능성을 배제할 수 없었다고 답했다.[49]

변호사와 판사들은 이모지가 법정에서 증거로 쓰였을 때 어떻게 해석해야 하는가의 문제로 골머리를 앓는다. 2014년 세간의 이목을 끈 어느 재판에서 변호사는 피고인의 채팅 기록 및 게시판 글, 이메일 등을 배심원단에 읽어주는 대신 화면으로 보여주도록 했다. 이모지의 의미가 "말로는 제대로 전달되기 어려울 것"이라고 우려했기 때문이다.[50]

마지막으로 이모지 사용의 적절성에 관한 표준 자체가 변화한다는 점도 기억해야 한다. 2015년 《뉴욕타임스》 기사에 따르면 남성들, 특히 나이 든 남성들은 민망하다는 이유로 이모지를 잘 사용하지 않았다.[51] 하지만 시간이 흐르며 이제 이모지는 훨씬 널리 쓰이게 되었다. 인터넷으로 인해 비공식적 언어가 사회적 적절성을 획득한 또 하나의 사례로 볼 수 있다.[52]

스포츠의 사인, 수신호와 카드

스포츠에서 팀원들 사이의 의사소통만큼 중요한 건 없다. 코치가 공격 플레이를 지시할 때도 원활한 의사소통은 필수적이다. 여기에서는 야구와 풋볼의 사례를 통해 스포츠에서의 의사소통이 어떻게 이루어지는지 살펴보겠다.

야구에서는 포수가 타자의 특징, 볼카운트, 출루 주자 숫자 등을 기반으로 어떤 투구가 필요한지를 알려주기 위해 투수에게 수신호를 보낸다. 아래쪽을 향한 오른손을 몸 가까이 붙이고, 다리 사이에서 손가락을 펴 사인을 보내게 된다. 이때 투수는 쪼그려 앉은 자세이기 때문에 두 다리로 사인이 상대팀에게 노출되는 것을 막을 수 있다.

하지만 야구에서는 이른바 사인 훔치기가 허용되며 그 전통은 유구하다. 그렇다면 사인 훔치기는 과연 어떻게 가능할까? 예를 들어 2루에 서 있는 주자는 투수 바로 뒤에 있기 때문에 포수의 사인을 볼 수 있다. 사인을 훔쳐본 주자는 이 정보를 타자에게 어떤 식으로든 전달하려고 할 것이다.[53]

사인 훔치기가 허용되기는 하지만 선수든 코치든 망원경이나 카메라 같은 기계를 사용해서는 안 된다.[54] 예를 들어 2017년 보스턴 레드삭스는 영상 재생 기술자에게 전달받은 사인을 애플워치를 통해 선수들에게 전달하는 식의 꼼수를 부리다가 적발되었다.[55] 같은 해 챔피언십 우승팀인 휴스턴 애스트로스는 하이테크 기술(비디오카메라)과 원시적인 방법(깡통 두드리기)을 모두 동원해 상대팀 포수의 신호를 타자에게 전달하기도 했다.[56]

3루 코치들 또한 사인을 통해 선수들에게 작전 지시를 내린다. 타자에게 번트를 치도록 지시하거나 주자들에게 도루를 지시할 수 있다. 하지만 포수와 달리 3루 코치의 사인은 누구나 볼 수 있기 때문에 가짜 사인, 즉 아무 의미도 없는 수신호들 사이에 진짜 신호를 숨겨놓는다. 허벅지를 쓸어내리고 얼굴을 긁고 어깨를 한 번 턴 다음에 번트를 의미하는 진짜 사인으로 모자를 만지는 식이다. 그러다 보니 3루 코치의 사인은 실제 의미에 비해 굉장히 복잡해 보이는 경우가 많다.57

야구에서는 사인이 필요한 플레이가 많지 않기 때문에 이런 식의 시스템만으로도 충분하다. 다만 다른 팀으로 이적한 선수가 이전 소속 팀의 수신호를 유출할 수 있으므로 3루 코치는 선수가 이적하고 나면 사인을 바꾸기도 한다.58

아무리 단순한 시스템이라고 해도 실수는 여전히 벌어진다. 타자나 주자가 집중하지 못해 사인을 놓치는 경우도 있고, 애초에 잘못된 사인을 보내기도 한다. 1991년 뉴욕 메츠는 3루 코치 마이크 커비지가 수신호로 '히트 앤드 런hit-and-run 플레이'라는 위험한 작전을 지시하는 바람에 애틀랜타 브레이브스에게 패하고 만다. 히트 앤드 런 플레이에서 1루 주자는 상대팀 투수가 공을 던지자마자 2루로 도루하기 위해 냅다 달려가야 한다. 이 모습을 본 상대팀 내야수들이 수비를 위해 움직이기 시작하면 타자는 그때 만들어지는 내야의 틈을 향해 공을 치는 것이다.

그런데 애초에 감독 버드 해럴슨이 커비지에게 준 사인은 1루 주자 빈스 콜먼에게 단순히 도루를 시도해 보도록 지시하라는 것이었다. 하지만 커비지는 실수로 히트 앤드 런 사인을 보냈고, 결국 타자 데이브 매거던이 공을 치지 못했음에도

콜먼이 무조건 도루를 감행했다가 아웃당하고 말았다.[59]

풋볼에서의 의사소통은 야구보다 훨씬 복잡하다. 공격 플레이가 훨씬 많이 이루어지는 데다 작전을 모든 선수에게 고지해야 하기 때문이다. 풋볼에서는 한 게임당 80~90번, 많게는 100번의 패스 플레이와 20번의 러닝 플레이가 이루어진다. 기억해야 할 플레이가 너무 많기 때문에 쿼터백은 보통 수십 가지 플레이를 적어둔 손목 밴드를 차고 경기에 임한다.[60] 하지만 상대팀이 공격 플레이를 예측하고 그에 따른 수비 작전을 펼치고 있다고 생각되면 쿼터백은 마지막 순간에 작전을 변경하기도 한다.

미국 프로 풋볼 리그에서 쿼터백과 중앙 라인베커들은 헬멧에 장착된 라디오를 통해 코치의 작전 지시를 받는다. 하지만 대학 리그에서는 이런 행위가 허용되지 않는다. 따라서 작전회의 없이 빠른 플레이를 하기 위해 대학 풋볼팀에서는 '플레이카드'를 사용해 코치와 선수가 소통한다.

플레이 카드는 2008년 오클라호마에서 처음 사용되었다. 커다란 판을 네 개 내지 여섯 개의 구역으로 나누고 각 칸을 사진, 만화 캐릭터, 이모지, 인터넷 밈meme 등 다양한 임의의 상징물로 채워 넣는다. 플레이카드는 손목 밴드와 연계하여 사용할 수 있다. 하지만 공개적인 시스템이 전부 그렇듯 상대팀이 사인의 의미를 추측하거나 훔칠 수도 있으므로 사인 시스템을 끊임없이 바꾼다. 가짜 사인을 활용하기도 한다.[61]

그렇다면 플레이 카드의 사용으로 경기장에서의 의사소통

실패가 줄어들었을까? 팀마다 어떤 사인 시스템을 사용하는지에 대한 정보가 절대적으로 비밀에 부쳐지기 때문에 정확히 확인하기는 어렵다. 다만 플레이 카드처럼 시각 정보를 활용하는 시스템이 청각적 사인보다는 유용할 것이다. 경기장에서는 관중들의 함성 때문에 팀원들이 서로의 말을 알아듣기가 힘들기 때문이다. 이런 점을 악용해 일부 관중은 일부러 소리를 지르기도 한다.

2019년 9월 캔자스 대학 풋볼팀은 리시버인 앤드루 파치먼트가 사인을 잘못 듣고 엉뚱한 경로로 달려가는 바람에 코스탈 캐롤라이나 대학에 패하고 말았다. 쿼터백 카터 스탠리에 따르면 "파치먼트가 헷갈린 두 단어는 발음이 거의 비슷하지만 완벽히 다른 것을 가리키는 말"이었다고 한다.[62]

한편 플레이 카드 시스템이 바뀔 때마다 선수들은 그 정보를 모두 기억해야 한다. 그러므로 너무 자주 바뀌면 외우는 것 자체가 어려워질 수 있다. 결국 커다랗고 현란한 판을 옆에서 아무리 흔들어도 의사소통은 여전히 실패할 수 있다.

침묵은 동의일까 거절일까

> 인간관계에서 비극은, 말을 오해할 때가 아니라 침묵을 이해하지 못할 때 찾아온다.
>
> – 헨리 데이비드 소로, 『콩코드강과 메리맥강에서 보낸 일주일』(1849)

> 당신의 침묵을 동의라고 생각하겠소.
>
> - 소크라테스, 플라톤의 『크라틸로스』에서 (기원전 453년)

1952년 8월 29일 미국 작곡가 존 케이지는 뉴욕 우드스톡에서 열린 연주회에서 새로운 작품을 처음으로 선보였다. 연주자는 피아니스트 데이비드 튜더로 그가 피아노 앞에 앉아 있던 시간은 4분 반 정도였다. 그 시간 동안 튜더는 일종의 퍼포먼스를 했지만 사람들이 기대하던 공연과는 전혀 달랐다. 튜더는 스톱워치로 시간을 확인하며 매 '악장'마다 피아노 뚜껑을 열고 닫았을 뿐, 공연 내내 단 한 음도 연주하지 않았다.

튜더의 공연에 대한 관객들의 반응은 다양했다. 단순히 당황스러워하는 사람이 있는가 하면 불편해하는 사람도 있었다. 시간이 흐르면서 몇몇 관객은 화가 난 채 공연장을 박차고 나가버리기도 했다.[63] 케이지가 자신의 작품 〈4분 33초〉를 통해 관객에게 전하고자 했던 것은 콘서트홀 안팎의 모든 소리에 대한 깊은 성찰 기회였다. 하지만 관객들은 콘서트에 대한 기대가 완전히 무너져버린 데다 몇 분 동안 지속되는 침묵이 불편해서인지 대부분 부정적인 반응을 보였다.

그로부터 60년 후 심리학자 티모시 윌슨 연구팀의 심리 실험에서 대학생들이 보인 반응도 케이지의 관객들과 별반 다르지 않았다. 연구팀은 참가자들에게 두 가지 선택지를 제시했는데, 하나는 15분 동안 혼자 생각에 잠겨 조용히 시간을 보내는 것이었고, 다른 하나는 잠깐 동안 전기 충격을 받는 것이었다. 남성

참가자 중 3분의 2, 여성 참가자 중 4분의 1이 고통스러운 전기 충격을 택했다.⁶⁴

앞서의 여러 사례를 통해 우리는 말이 오해로 이어지기 쉽다는 점을 살펴보았다. 하지만 소로와 플라톤이 지적했듯 말의 부재와 그에 따른 정적은 심지어 더 큰 문제를 일으킬 수 있다.

여기서 잠깐, 어떤 문화권에서는 침묵이 금까지는 아니더라도 최소한 전기 충격보다는 덜 괴로운 것으로 여겨진다는 점을 짚고 넘어가자. 전통적으로 일본인들은 '침묵을 선호'하는 것으로 알려져 있다. 물론 침묵의 의미는 상황에 따라 다양할 수 있다. 예를 들어 어떤 침묵은 상대의 진실성을 믿는다는 의미일 수 있지만, 다른 침묵은 당황스러움이나 반항의 의미일 수 있다.⁶⁵

침묵이 지속되는 시간 역시 다양하다. 한쪽 극단에는, 화자가 생각을 정리하거나 어떻게 말할지를 생각할 때 보이는 아주 잠깐의 침묵이 있다. 이런 경우에는 보통 별다른 문제가 생기지 않는다. 또한 기념이나 추모의 표현으로 침묵하는 경우도 있다. 이처럼 관행에 따라 이루어지는 '상황적 침묵'은 대개 1~2분 동안 지속되며 그 시작과 끝이 분명하다.⁶⁶

하지만 반대의 극단에는 오래도록 지속되는 침묵, 마치 케이지의 〈4분 33초〉처럼 끝나기 전까지는 그 끝을 알 수 없는 침묵이 존재한다. 많은 이들이 불편함이나 불안감을 느끼는 경우는 바로 이런 침묵이 나타나는 상황이다.

교사들 또한 학생들에게 질문을 던졌을 때 뒤따르는 침묵을 편안하게 받아들이지 못하는 듯하다. 교사들을 대상으로 진행한 어느 연구에 따르면 초등학교 3학년 학생을 가르치는 국어 교사들이 질문을 던진 후 평균적으로 기다린 시간은 단 1초에 지나지 않았다.[67] 하지만 이렇게 기다리지 못하고 정답을 말해 주거나 더 쉬운 질문으로 힌트를 주면 교사는 학생들이 왜 대답하지 못했는지 점검할 기회를 놓치는 셈이다. 게다가 생각할 시간을 많이 줄수록 학생들에게도 더 유익하다.[68]

대화를 하다가 침묵의 의미를 각자 다르게 받아들이는 경우에도 문제가 생길 수 있다. 예를 들어 화자가 말하다가 갑자기 침묵하기 시작하면 청자는 발언권이 넘어왔다고 여길 수 있다. 그러므로 이런 일을 막고 싶다면 화자는 '어'나 '음'처럼 의미 없는 어구를 침묵 사이에 끼워 넣는 것이 좋다.[69] 청자가 끼어드는 것을 막으면서도 생각을 정리하고 하던 말을 마치기 위해 보내는 신호다. 발언권을 공격적으로 빼앗는 행위는 대화의 어느 시점에서나 일어날 수 있지만, 말을 하는 도중에 그런다면 특히 더 무례하다고 여겨진다.

대화 상대의 침묵은 그들의 비언어적 행동으로 의미가 분명해지는 경우가 많다. 예컨대 곰곰이 생각하는 표정을 짓거나 하늘을 올려다본다면 그 사람이 왜 아직 답을 안 했는지를 알 수 있다. 생각할 시간이 좀 더 필요하다는 뜻이다. 반면에 예상치 못한 소식을 들었을 때 눈을 동그랗게 뜨면서 입을 떡 벌린다면 아연실색하여 할 말을 잃었다는 의미로 이해할 수 있다.

그런 점에서 목소리만으로 하는 전화상의 대화에서는 침묵의 의미를 이해하기가 더 어려울 수 있다. 그러므로 사려 깊은 사람이라면 자신이 왜 말을 못 하고 있는지 짧게라도 설명해 주어 상대방이 무시당하는 기분을 느끼지 않도록 배려할 것이다.[70]

이렇듯 침묵이 다양하게 해석될 수 있다 보니 침묵으로 인해 많은 오해가 생기는 것도 당연하다. 예를 들어 21세기의 미국인 대부분은 소크라테스의 "침묵은 동의"라는 주장에 강하게 반대할 것이다. 물론 플라톤의 『대화』에서 소크라테스가 이런 표현을 쓴 것은 단지 추론을 계속할 근거를 구하기 위해서였다. 그러나 최근 침묵과 동의를 둘러싼 논쟁은 다른 맥락에서 벌어진다. 바로 성적인 행동을 시작하기 전에 상대방에게 동의를 구해야 하는 상황이다.

전통적으로는 일종의 비언어적 동의만으로도 충분하다고 여겨졌다. 즉 상대방이 거부하지 않으면 성적 행동에 암묵적으로 동의하는 것으로 받아들여졌으며, 미국에서는 이런 규범이 '침묵은 동의'라는 법 원칙으로도 구현되어 있다. 하지만 #미투 운동과 타임스업 운동*이 사회를 뒤흔들면서 이제 추는 적극적인 동의 쪽으로 완전히 기울었다. 성적인 접촉을 시작하려는 사람은 확실한 구두상의 허락을 얻어야 한다.[71]

---

*   time's up. 성희롱 반대 운동.

7장

그거 그 뭐더라, 그게 맞나?
인지적 요인

인간의 정신은 언어를 통해 의미를 그려내지만 이 복잡한 해석 과정은 다양한 이유로 엉망이 되기 일쑤다. 예를 들어 하나의 문장이 두 가지 이상의 의미를 갖는 경우 우리는 혼란스러워진다. 심지어 쉼표를 어디에 찍느냐와 같은 아주 사소한 차이 때문에 문장의 의미가 완전히 달라지기도 한다. 게다가 인간의 불완전한 기억력은 두 가지 비슷한 개념 사이에서 쉽게 혼동을 일으킨다. 이 장에서는 이런 요인들이 의사소통에 어떤 문제를 일으키는지 살펴보도록 하겠다.

전화기 게임을 하는 아이들

"술래가 문장 하나를 생각해 낸다. 생각한 문장을 다음 사람에게 전달한다. 전달받은 사람은 그다음 사람에게 전달하고 그 사람은 다시 다음 사람에게 전달하고, 그 과정은 마지막 사람까지 이어진다. 술래가 정답을 말하기 전에 마지막 사람은 무슨 말을 들었는지 말한다. 그 말은 많은 경우 정답과는 거리가 멀다."[1]
전 세계적으로 즐겨 하는 이 게임은 이름도 다양하다. 미국에서는 보통 '전화기 게임'으로 불리지만 영연방 국가들에서는 '중국의 속삭임'이라고 부르며 프랑스에서는 '아랍의 전화기'라고 한다. '러시아 스캔들', '길 따라 귓속말', '비밀 메시지', '메신저 게임', '부서진 전화기' 등 나라마다 부르는 이름은 다양하다.[2,3]
그런데 '몸으로 말해요' 게임처럼 남녀노소가 모두 즐기는 다른 게임들과는 달리 전화기 게임은 주로 아이들에게만 인기가 많다. 왜 그럴까? 소문을 통해 퍼진 말은 신뢰성이 떨어진다는 사실을 어른들은 이미 너무 잘 알기 때문일 것이다. 예를 들어 어른 중에는 학창 시절 친구들이 퍼뜨린 헛소문 때문에 고통받았던 사람이 많을 것이다. 반면에 어린아이들은 여러 사람의 입을 거친 정보가 왜곡되기 쉽다는 사실을 이 게임을 통해 분명히 배울 수 있다. 친구들과 게임을 즐기는 사이에 아이들은 왜곡된 메시지가 효과적인 의사소통을 방해하는 또 다른 '원 스트라이크'임을 자연스럽게 이해하게 된다.

물론 어린이들도 나름대로 의사소통 실패를 경험한다. 살다 보면 잘 모르는 구조의 문장이나 낯선 단어를 접하는 일이 많기 때문이다. 그와 동시에 어휘력 부족 때문에 자신의 욕구, 원하는 것, 요구사항 등을 분명히 표현하지 못하는 경험도 할 것이다. 결국 누구라도 의사소통 실패의 개념을 일부러 배울 필요는 없다. 아이들도 이미 일상에서 매일같이 경험하고 있다.

인류학자 엘리너 옥스는 자녀가 알아듣기 힘든 말을 했을 때 양육자들이 취하는 다양한 대응 방식을 연구한 바 있다. 아이의 말을 무시하는 양육자도 있을 테고, 그냥 알아들은 척하거나 아이의 의도를 나름대로 추측해 보는 사람도 있을 것이다. 옥스에 의하면, 이런 반응은 단순히 개인적 선택의 결과가 아니라 다양한 사회적, 문화적 요소의 영향을 받은 것이라고 한다. 예를 들어 미국 엄마는 아이들이 무슨 말을 하려는지 추측하기 위해 애쓰는 경우가 많은데, 세계적으로 본다면 결코 보편적인 반응은 아니다.[4]

또 다른 연구 결과를 살펴보면 아주 어린 아이들도 의사소통 실패를 인식할 수 있고 심지어 나름대로의 해결책도 가지고 있다는 사실을 알 수 있다. 예를 들어 만 1~2세 아동은 양육자가 자신의 말을 제대로 이해하지 못했을 경우 같은 말을 여러 번 반복하거나 더 분명하게 말하려고 노력한다. 자신의 말뜻을 보강하기 위해 능숙하게 손짓을 사용하기도 한다.[5]

유아들을 대상으로 진행한 어느 실험에서는 특정한 사물이나 행동을 요구하는 유아들에게 양육자가 일부러 "무슨 말인지 모르겠어"라고 대답했다. 이런 상황에서 유아들은 요구사항을 수정하는 능력을 보여주었다. 예를 들어 한 참가 아이는 "열어"라는 말을 양육자가 알아듣지 못하자 "빼줘"라고 말을 바꾸었다. 이처럼 미취학 아동조차도 자신의 요구 사항을 전달하려면 말을 어떻게 바꾸어야 하는지를 어느 정도 이해한다.[6]

심지어 아이들은 또래 간의 의사소통 실패에도 잘 대응할 수 있다. 이스라엘 키부츠*에서 유아들을 대상으로 의사소통 연구가 진행된 바 있는데, 만 2~3세 아이들도 친구가 자신의 요구 사항을 알아듣지 못했을 때 좀 더 분명한 말로 바꾸어 설명할 수 있었다. 다만 만 3세 미만의 유아들은 그런 능력이 다소 떨어졌다. 대화 도중 자신의 요구 사항을 수정하는 능력을 키우기 위해서는 어느 정도 성장의 시간이 필요하다는 사실을 알 수 있다.[7]

그런가 하면 아동 개개인의 능력에 따라 자신의 말을 수정하

---

* 이스라엘 생활 공동체.

는 능력은 다양하게 나타났다. 사라 버초와 엘리자베스 닐슨의 연구를 통해 그 이유를 짐작해 볼 수 있다. 이들은 만 4~6세 아동들에게 몇 가지 사진을 보여준 후 말로 자세히 설명하게 했으며, 설명이 모호할 때는 잘 이해가 되지 않는다는 피드백을 주었다. 그와 동시에 작업 기억 용량, 인지적 유연성, 억제 능력을 측정하기 위한 다양한 과제들을 통해 아동의 실행 기능을 평가했다. 그 결과 인지적 유연성이 큰 아동일수록 자신의 모호한 표현을 수정하는 능력도 뛰어난 것으로 드러났다.[8]

아이들은 누구에게서 얻은 정보가 더 신뢰할 수 있는지도 나름대로 판단할 수 있다. 다만 만 3세 아동들은 판단 기준이 다소 유연하지 못했다. 즉 단 한 번이라도 잘못된 정보를 준 사람은 잘 믿으려 들지 않았다. 반면에 만 4세 아동들은 한 번의 실수에 천착하기보다는 전체적인 시간 동안 그 사람이 제시한 정보의 평균적인 정확성에 기반해 믿을 만한 사람인지 여부를 판단했다.[9]

이처럼 아이들은 일상생활을 통해 나름대로 소통 능력을 발달해 나간다. 하지만 아이들이 평소에는 경험하기 힘든 언어 활동도 분명 존재한다. 그중 하나가 사슬처럼 길게 이어진 의사소통 과정을 거쳐 정보를 획득하는 것이다. 전화기 게임을 통해 아이들은 그런 소통 사슬의 위험성에 대한 여러 중요한 교훈을 얻는다.

우선, 알아듣기 어려운 메시지는 의도치 않게 왜곡되기 쉽다는 교훈이다. 소곤소곤하는 귓속말을 잘못 알아듣고 오해하기 쉬운 것과 같은 맥락이다. 또한 어떤 매체를 통해 이야기가 전달되는지에 따라 메시지의 품질이 저하될 수도 있다. 연결 상태가 좋지 않은 전화로 통화할 때를 떠올려 보면 이해하기 쉽다. 그리고 전화기 게임을 통해 얻을 수 있는 가장 중요한 교훈은, 메시지가 여러 사람을 거칠수록 오해가 발생하거나 의사소통이 실패할 가능성이 커진다는 사실이다.

물론 전화기 게임을 굳이 하지 않아도 아이는 자라는 동안 실생활에서의 의사소통 실패를 수없이 경험하며 이런 교훈을 스스로 깨달을 것이다. 일단 그런 교훈을 체득하고 나면 전화기 게임의 재미는 급격히 떨어지고 만다.

길을 잃은 문장들

> 시간은 화살처럼 날아간다. 초파리는 바나나를 좋아한다.
> Time flies like an arrow; fruit flies like a banana.*
>
> — 유스넷 뉴스그룹 농담 모음(1982)

문장을 듣거나 읽을 때는 우선 누가 누구에게 무엇을 하는지부터 파악해야 한다. 그런데 언어에 따라 그 방법은 서로 다르

---

* 첫 문장의 flies는 날아간다는 뜻의 동사이고, 다음 문장의 flies는 파리를 뜻하는 명사다. 겉보기에는 두 문장의 구조가 똑같지만 단어의 의미와 역할이 전혀 다른 것에 착안한 농담이다.

다. 라틴어처럼 굴절inflexion*이 심한 언어에서는 단어에 접미사를 붙여 주어나 목적어 등 역할을 표시한다. 반면에 영어와 같은 언어는 어순이 이런 기능을 수행한다. 라틴어든 영어든 읽는 사람이 해야 할 일은 '구문 분석'을 통해 지시 대상을 파악하는 것이다.

그런데 문장이 한 가지 이상으로 해석될 수 있는 경우에는 구문 분석이 어려워진다. 연구자들은 이를 통사적 모호성**이라고 부른다. 조지 밀러 연구팀이 제시한 아래 문장을 살펴보자.[10]

They	are	cooking	apples.
그들	-중이다	요리하는	사과들을
그것들	-이다	요리용	사과들

이 문장은 두 가지 완전히 다른 방식으로 해석될 수 있다.

먼저 '사람들이 사과를 요리한다'라는 해석이 가능하다. 하지만 다르게 읽으면 '이것은 요리용 사과다'라고 해석할 수도 있다. 이처럼 두 가지 다른 의미로 해석되는 이유는 통사적 관점에서 'apples'를 문장의 주어로도, 목적어로도 볼 수 있으며, 'cooking' 역시 형용사(주어 apples를 꾸며줌)로도, 동사(목적어 apples를 대상으로 하는 행위)로도 볼 수 있기 때문이다.

---

*   inflection. 단어가 문법 기능을 나타내기 위해 모양을 바꾸는 현상.
**   syntactic ambiguity. 문장의 의미가 모호하여 두 가지로 해석될 수 있는 것.

구어에서라면 강세를 활용하여 통사적 모호성을 피할 수 있다. 'apples'에 강세를 두면 청자는 첫 번째 해석을 택하게 될 것이고, 'cooking'에 강세를 두면 두 번째 해석을 택할 것이다.

철수는 영희와 영수를 만났다.

이 문장은 두 가지 다른 방식으로 해석될 수 있다. 먼저 '철수가 영희와 함께 가서 영수를 만났다'라는 해석이 가능하다. 하지만 다르게 읽으면 '철수가 두 사람(영희와 영수)을 만났다'라고 해석할 수도 있다. 이렇게 다른 이유로 해석되는 이유는 통사적 관점에서 '영희'를 문장의 주격으로도, 목적격으로도 볼 수 있기 때문이다.

그런가 하면 한 번만 읽어서는 제대로 이해하기 어려운 문장도 있다.

철수는 인적이 드문 바다에서 혼자 헤엄을 치다 물에 빠져 허우적거리는 아이를 구하려고 물에 뛰어들었다.

아마 대부분의 사람들은 이 문장을 읽다가 한번 내용을 수정하고 문장 구조를 이해했을 것이다. '헤엄치다'까지 보고 '철수가 헤엄친다'고 생각했다가 뒷부분을 보고 정정했을 것이다. 왠지 모르게 속은 듯한 기분이 들지도 모른다. 사전 편찬학자 H. W. 파울러는 이런 식의 속임수를 '잘못 짚은 단서 false scent'라고 불렀으며,11 보통 이런 문장을 '오도문garden-path sentence'*이라고 한다.

이런 혼동은 왜 일어나는 것일까? 일부 학자는 우리 마음속의 구문 해석 알고리즘이 '빠른 종결'을 선호하기 때문이라고 주장한다. 즉 문장의 구문을 분석할 때 최대한 빨리 분석을 마치려는 성향이 있다는 것이다.12 이런 식으로 해석해도 대부분의 문장에서는 아무런 문제가 없고, 긴 구문을 작업 기억 속에 활성화 해놓을 필요가 없어지므로 두뇌의 부담을 낮출 수도 있다. 하지만 이런 전략은 오도문에서는 통하지 않는다.

우리는 생각보다 생략과 축약을 자주 만난다. 비싼 지면 사용료를 아끼기 위해 축약이 가능한 단어들을 모두 생략하는 뉴스 헤드라인이 대표적이다. 그래서 헤드라인에는 문법적으로 빈약하고 이해하기 힘든 문장이 많이 등장한다. 연구 결과에 따르면 여러 가지로 해석될 수 있는 헤드라인은 읽을 때 평소보다 더 시간이 오래 걸린다.13

유머의 소재가 되는 모호한 헤드라인들을 모아 분석한 연구자도 있었다. 통사적 모호성 때문이 아니라 어휘의 모호성 때문에 하나의 문장이 여러 가지로 해석되는 경우도 있다. 예를 들자면 "말 많은 제주 목장"과 "올해 가장 뜨거운 밤"이 그렇다.

이렇게 애매모호한 헤드라인을 '크래쉬 블로섬crash blossoms'이라고 부르기도 한다. 이 특이한 명칭은 신문 편집자 댄 블룸Dan

---

* 직역하면 '정원 길 문장'. '현혹되다'라는 의미의 '정원 길에서 안내를 따라 내려가다(be led down the garden path)'에서 유래한다.

Bloom이 제안한 것으로, 온라인 신문 《재팬 투데이》를 읽다 발견한 헤드라인 "Violinist Linked to JAL Crash Blossoms"에서 떠올렸다고 한다. 블룸은 처음 이 헤드라인을 읽고 도대체 '크래쉬 블로섬crash blossoms'이 뭘까 궁금했다.** 그런데 알고 보니 기사의 내용은 어느 바이올리니스트의 성공담에 관한 것이었다. 그제야 블룸은 헤드라인의 정확한 의미를 이해할 수 있었다.***14

인터넷에 올라오는 헤드라인은 보통 사진이나 부제처럼 맥락을 알려주는 장치가 없어서 이해하기가 더욱 힘들다.15 만약 헤드라인을 보완해 줄 사진을 덧붙인다면 읽는 사람의 머릿속에 더 명확한 의미가 전달될 것이다.

쉼표, 넣을까 말까

쉼표를 빼느라 아침나절을 다 보낸 나는, 쉼표를 다시 넣느라 남은 오후를 다 보냈다.
- 오스카 와일드(추정)

때로는 단어 그 자체가 아니라 단어 사이에 들어가는 부호가 문제가 된다. 쉼표를 비롯한 여러 구두점은 의사소통 실패와

** 이 문장을 처음 보면 'Violinist'를 주어, 'linked'를 동사로 보아 "바이올리니스트 일본항공의 크래쉬 블로섬에 연루되다"처럼 해석하기 쉽다.
*** 실제 이 문장의 동사는 'blossoms'로 "일본항공 사고 관련 바이올리니스트 꽃을 피우다"로 해석해야 한다.

논쟁의 한복판에 자주 등장했다.

1913년 제16차 수정헌법을 통해 영구적인 소득세 징수가 가능해지기 전까지 미국 연방정부의 세수는 관세에 크게 의존하고 있었다. 특히 1870년에 과일에 대한 10~20퍼센트의 수입세가 부과되면서 연방 예산의 주요 원천으로 자리 잡았다. 그런데 1872년 수입세법의 개정 과정에서 미국 법률 역사상 가장 값비싼 오타가 만들어지고 만다.

원래 과일나무는 다른 몇 가지 품목과 함께 수입세를 면제받는 품목으로 지정되어 있었다. 그런데 법 개정 과정에서 실수로 '과일'과 '나무' 사이에 쉼표가 삽입되면서 면제 품목이 '과일나무'가 아닌 '과일, 나무'가 되어버렸다. 그야말로 최악의 세금 구멍이 생기고 만 것이다. 과일 수입업자들은 이미 납부한 세금을 환급해달라고 요구하기 시작했다. 미 재무부는 쉼표가 단순히 오타에 불과하다며 거부했지만 수입업자들은 정부를 재판에 회부했고, 재판부는 수입업자 측의 손을 들어주었다.

결국 연방정부는 이미 징수한 약 200만 달러의 세금을 환급해 주어야 했다. 이는 인플레이션율을 감안하면 2020년 기준 약 4,600만 달러에 달하는 금액이며,[16][17] 연방정부 예산 규모의 확대 비율까지 고려한다면 오늘날의 수백억 달러와 맞먹는 수준이다. 단 하나의 쉼표가 엄청난 결과를 초래한 것이다.

현대식 쉼표와 그 사용법의 기원은 르네상스 시대의 알두스 마누티우스로 거슬러 올라간다. 베네치아의 출판인이었던 그는 희귀 사본을 출판하면서 구두점과 관련된 다양한 혁신을 이

끈 인물이다. 그는 멈춤을 뜻하는 표시로 사용되던 사선(/)을 아래로 끌어내리고 약간 구부려서 쉼표를 만들어냈다.[18] 이 표기법은 연달아 쓴 여러 항목을 구분하거나 문장의 절을 나눌 때 매우 유용했으므로 많은 출판인이 즉시 차용했다. 하지만 언제 쉼표를 써야 하는지에 대한 논쟁은 지금까지도 이어지고 있다. 그중에서도 치열했던 것은 열거용 쉼표를 둘러싼 논쟁이었다. 열거용 쉼표를 써야 한다는 측과 쓰지 말아야 한다는 측은 각각 명확성과 일관성을 근거로 내세우며 서로를 향해 신랄한 공격을 계속했다.

먼저, 열거용 쉼표 지지자들은 셋 이상의 항목을 열거할 때 '그리고' 같은 등위 접속사 앞에도 쉼표를 써야 한다고 주장한다. 즉 '빨강, 노랑, 그리고 파랑'처럼 써야 한다는 것이다. 이런 식의 구두점 사용은 미국 영어에서 흔하며 대부분의 미국 영문법 가이드가 같은 입장을 취하고 있다. 반면 영국 영어에서는 보통 열거용 쉼표가 쓰이지 않으므로 '빨강, 노랑 그리고 파랑'처럼 써야 한다(열거용 쉼표는 옥스퍼드 쉼표라고도 불리는데, 옥스퍼드 대학 출판사가 영국 출판사임에도 불구하고 전통적으로 열거용 쉼표를 사용했기 때문이다).*

이런 구분이 다소 하찮게 느껴질 수 있지만 지지자들은 열거용 쉼표를 사용함으로써 모호성을 없앨 수 있다고 주장한다. 《뉴요커》지의 교열 담당자로 오랫동안 일한 메리 노리스는 저

---

* 국립국어원은 쉼표가 '그리고'를 대신하므로 함께 쓰는 것은 중복이라는 입장이다.

서『당신과 나 사이: 쉼표 여왕의 고백』에서 아래와 같은 재미있는 예시를 제시했다.

> 우리는 스트리퍼, 존 F. 케네디 그리고 스탈린을 초청했다.[19]

'그리고' 앞에 열거용 쉼표가 없으면 우리는 미국과 소련의 지도자가 역사적인 만남을 가지면서 함께 옷을 훌훌 벗어던지는 기이한 모습을 상상하게 된다. 하지만 열거용 쉼표를 넣으면 케네디와 스탈린이 스트립쇼 예술가와 함께 어느 행사에 초대되었다는 문장이 된다.

인터넷에서도 많은 유사 사례를 찾아볼 수 있다. 어떤 상의 수상자가 감격에 겨운 나머지 이렇게 소리쳤다고 해보자. "저의 부모님, 빌 클린턴 그리고 오프라 윈프리에게 감사를 전합니다." 화자가 놀라운 출생의 비밀을 고백하는 셈이다. 하지만 그리고 앞에 쉼표를 넣으면 그는 그저 부끄러운 줄도 모르고 유명 인사를 들먹이는 사람이 될 뿐이다.

이런 문장들은 그저 재미있을 뿐이지만, 열거용 쉼표를 실수로 넣지 않아서 실제로 엄청난 결과를 감내해야 했던 사례들도 존재한다. 2014년 일단의 화물 운송 기사들은 받아야 할 임금을 지급받지 못했다며 메인주 소재 오크허스트 데어리사를 상대로 소송을 제기한다. 그들은 초과근무수당 지급을 의무화한 주법을 근거로 들며, 자신들은 해당 법령에 명시된 예외 사례에 해당되지 않는다고 주장했다. 그러자 제1순회항소법원은 열거용 쉼표가 누락되면서 어떤 활동이 초과근무수당 지급의 예외에 포함되는지가 모호해졌다고 보고, 화물 운송 기사들의 손을 들어주었다. 결국 사측은 초과근무수당 약 500만 달러를 지급해야 했다.[20]

2007년에는 수정헌법 제2조에 포함된 쉼표의 해석을 놓고 법령의 의도를 둘러싼 논쟁이 벌어지기도 했다. 제2조는 아래와 같다.

규율을 갖춘 민병은 자유 국가의 안보에 필요한 바, 무기를 소장하고 휴대하는 인민의 권리는 침해될 수 없다.

당시 논란이 된 것은 컬럼비아주의 권총 보유 금지 조치에 반하는 특별구 항소법원의 판결이었다. 판사 로런스 실버먼은 판결문을 통해 수정헌법 2조를 다음과 같이 해석했다. "문장 중간에 쉼표가 존재하므로 2차 수정헌법은 두 개의 절로 나뉘며, 따라서 주 정부가 민병을 유지할 권한을 보호할 뿐 아니라 개개인에게 총기 보유의 권리를 부여한 것으로 보아야 한다." 헌법 제정자들의 의도에 대한 재판부의 이런 해석은 많은 논쟁을 낳았다.[21]

세미콜론(;)은 미국 의회와 사법부에 많은 고통을 안겨준 또 하나의 구두점이다. 2019년에 세실리아 왓슨은 저서를 통해 세미콜론을 어떻게 해석하느냐에 따라 판결이 뒤집힌 다수의 판례를 소개한 바 있다.[22] 심지어는 그야말로 하찮아 보이는 아포스트로피(')도 문제를 일으키곤 한다. 예를 들어 2021년 10월에 어느 부동산 중개인은 소셜 미디어 게시글에 아포스트로피를 누락한 것이 증거가 되어 전 직원에게 퇴직 기금을 제공할 의도가 있었다는 판결을 받았다. 그가 소송 패배로 인해 부담한 금액은 수만 달러에 달했다.[23] 지금까지의 모든 사례를 통해 알 수 있듯 모호성과 오해를 줄이는 도구로 만들어진 구두점이 어떤 경우에는 완전히 역효과를 내기도 한다.

더 빠르게 읽을 수 있다면

> 세상에 공짜 점심이란 없다.
>
> – 작자 미상

알다시피 무슨 일이든 빨리 하려 하면 실수가 잦아지게 마련이다. 예를 들어 슈퍼마켓에서 급하게 쇼핑을 하면 사려고 했던 품목 중 몇 가지는 꼭 빠뜨리게 된다. 연구자들은 이런 현상을 '속도-정확성의 트레이드오프trade-off'라고 부른다. 무엇이든 느리고 주의 깊게 하면 실수를 거의 하지 않지만[24] 서둘러서 하면 이상적인 결과를 얻지 못할 때가 많다.

결국 우리는 일을 빠르게 할 수도 있고, 아니면 잘할 수도 있다. 그런데 이 뻔한 말이 언어에도 적용될까? 즉 너무 빠르게 읽거나 너무 빠른 말을 들으면 제대로 이해할 수 없는 걸까?

먼저 읽기에 대해 생각해 보자. 우리가 읽는 글에는 다양한 목적과 유형이 있으며 그것이 읽는 속도와 이해력, 기억력에 큰 영향을 미친다는 점을 짚고 넘어가야겠다. 예컨대 합격자 명단에서 이름을 찾을 때는 눈으로 명단을 빠르게 훑어보기만 해도 된다. 이렇게 하면 내가 찾고자 하는 사람의 합격 여부를 빠르게 확인할 수 있지만 명단에 있는 다른 이름까지 기억하기는 어렵다. 신문 기사를 읽을 때도 기사의 핵심을 파악하기에 충분한 정도로만 주의를 기울이면서 내용을 대충 훑어보면 된다.

반면에 추리 소설에서 특정 장소에 대한 자세한 묘사가 나왔다면 살인자에 대한 단서를 얻기 위해 정신을 바짝 차리고 꼼꼼히 읽을 것이다. 이런 식의 꼼꼼한 읽기에서 미국 성인은 평균적으로 1분당 약 280개의 단어를 읽는 것으로 추정된다.[25]

그렇다면 과연 이보다 빠르게 읽는 방법을 배울 수도 있을까? 소위 속독을 옹호하는 사람들은 이해의 깊이를 침해하지 않으면서도 읽기 속도를 두 배, 세 배까지 끌어올릴 수 있다는 기만적인 주장을 하지만 실제 연구 결과는 사뭇 다르다. 읽기 속도가 빨라지는 만큼 필연적으로 이해도가 떨어진다는 연구 결과가 지속적으로 도출되고 있다.[26] 결국 인지적 제약의 영향을 받는 인간의 정신도 공짜 점심을 누릴 수는 없는 모양이다.

하지만 지금까지와는 전혀 다른 방식으로 읽는다면 속도-정확성의 트레이드오프를 우회할 수 있지 않을까? 본래 읽기라는 복잡한 과정은 우리의 두뇌와 눈이 서로를 바라보며 함께 추는 춤과도 같다. 이 과정에서 우리 눈은 글을 따라 실제로 움직여야 하기 때문에 읽는 속도도 눈이 움직이는 속도에 맞춰

제한될 수밖에 없다. 그렇다면 눈이 아니라 글자를 움직여보면 어떨까? 눈의 움직임이라는 중간 과정을 없앨 수만 있다면 읽기 속도를 높일 수도 있지 않을까? 이를 위해 실제로 신속 순차 시각 제시Rapid Serial Visual Presentation, RSVP라는 기술이 개발되었다. 일련의 단어들을 한 번에 하나씩 순차적으로 제시해 주기 때문에 독자가 해야 할 일은 그저 모니터의 중앙을 응시하는 것뿐이다.

RSVP는 본래 읽기 학습용으로 개발되었으나 이제는 스마트폰 앱을 통해 누구나 이 프로그램으로 글을 읽을 수 있다. 실제로 이 프로그램을 활용하면 독자들은 일반적인 속도보다 훨씬 빠르게 글을 소화할 수 있다고 한다. 하지만 이때도 이해력 하락은 불가피하다.[27]

사실 눈의 움직임은 읽는 행위에 대한 방해물이 아니라 오히려 이해 과정의 중요한 일부분이다. 책을 읽을 때 우리는 맥락을 통해 유추할 수 있는 짧고 익숙한 단어는 가볍게 건너뛰고, 이해하기 어려운 낯선 단어에는 시간을 더 소모한다. 그러나 RSVP 기술은 이런 요소를 전혀 반영하지 못하기 때문에 단어들을 그저 일정한 속도로 전진시킬 뿐이다. 결국 독자는 이해하지 못한 내용을 확인하기 위해 프로그램을 멈추고 되돌아가는 지루한 행동을 반복해야 한다. 이런 식으로 계속 하다 보면 오히려 지치고 짜증이 나기 십상이다.[28]

이번에는 귀로 듣는 말의 이해 속도에 대해 생각해 보자. 사람마다 다르긴 하지만 보통 영어의 발화 속도는 1분당 150~190

단어 정도다.[29] 그중에서도 가장 느린 속도로 말하는 사람으로 라디오 뉴스 아나운서를 꼽을 수 있다. 이들은 이해를 돕는 시각적 단서가 없다는 점을 감안해 더 느리고 또렷하게 말한다. 반대로 가장 **빠른** 속도로 말하는 경우로는 성인들 간에 이루어지는 즉흥적 대화를 꼽을 수 있는데, 분당 최대 200단어에 이른다.[30]

그런데 사람들은 보통의 발화 속도보다 훨씬 빠른 속도로 읽는다는 사실을 기억할 필요가 있다. 다시 말해 발화 속도는 분당 170단어에 그치는 반면 읽기 속도는 분당 280단어에 이른다. 그렇다면 사람들은 보통의 발화 속도보다 훨씬 **빠른** 말도 이해할 수 있지 않을까? 예를 들어 경매사들은 분당 250 내지 400단어까지도 말할 수 있다고 한다. 물론 이런 능력은 대단히 반복적이고 정형화된 언어만을 구사하기 때문에 가능하다. 그럼에도 불구하고 이는, 사람들에게 더 **빠른** 담화를 이해할 수 있는 능력이 실제로 존재함을 시사하는 것이 아닐까?[31] 다시 말해 **빠른 듣기**는 가능하지 않을까?

이 문제는 오디오북과 팟캐스트가 큰 인기를 누리면서 전면에 등장했다. 오디오북의 열성적인 독자들은 본래 오디오북의 평균 속도, 즉 1분당 150~160단어보다 훨씬 **빠른** 속도로 재생하기를 좋아한다. 이런 압축적인 듣기를 통해 청자는 주어진 시간 안에 더 많은 소설과 강의를 들을 수 있다. 그렇다면 듣기에서만큼은 공짜 점심이 존재하는 것 아닌가!

연구 결과에 따르면 이해력에 큰 무리를 주지 않으면서 높일 수 있는 듣기 속도의 한계는 약 25퍼센트 정도다. 만약 50퍼센트를 높이면 이해도는 상당히 떨어진다.[32] 게다가 빠르게 압축된 담화는 듣고 이해할 수는 있을지는 몰라도 딱히 기분 좋은 경험은 아닐 것이다. 레이먼드 패스토어의 연구 결과에 따르면 참가자들은 말하는 속도를 평균적으로 약 10퍼센트 정도 올렸을 때, 즉 분당 165단어 정도를 들었을 때를 가장 선호했다고 한다.[33]

결국 듣기에서도 공짜 점심을 먹을 수는 있지만 별로 맛은 없을 거라는 결론이 나온다. 읽기든 듣기든 지나치게 속도를 높이는 것은 언어 이해 능력의 인지적 한계에 가로막히는 듯하다.

기억은 왜곡된다

2013년 12월, 넬슨 만델라는 남아프리카공화국 호튼의 자택에서 95세를 일기로 숨을 거두었다. 전 세계에서 그의 업적에 대한 찬사와 애도의 물결이 이어졌다. 그런데 그 와중에 만델라가 1980년대에 이미 감옥에서 사망했다고 주장하는 사람들이 있었다. 그가 1990년대 남아프리카공화국 대통령으로 재임했는데도 말이다.

이런 집단적 기억 왜곡의 사례는 생각보다 많다. 예를 들어 미국의 인기 어린이책에 등장하는 호기심 원숭이 조지에게는 꼬리가 없다. 하지만 많은 사람이 조지에게 꼬리가 있다고 착각한다. 알렉산더 해밀턴은 미국 대통령으로 재임한 적이 없음에도 2016년에 미국에서 진행된 어느 연구에서 참가자의 무려 71퍼센트가 해밀턴이 미국 대통령이었다는 잘못된 기억을 갖고 있었다.³⁴ 그밖에도 기업 로고 모양이나 영화 대사, 상품명 등과 관련된 온갖 기억 왜곡 사례는 자극적인 헤드라인을 쓰거나 순위를 매기는 인터넷 기사에 단골로 등장한다.

이런 잘못된 믿음을 어떻게 설명할 수 있을까? 피오나 브룸이라는 여성도 이런 현상에 깊은 관심을 가졌다. 그녀 자신도 넬슨 만델라가 감옥에서 사망했다는 잘못된 기억을 갖고 있었기 때문이다. 심지어 브룸은 만델라의 장례식 장면과 슬퍼하며 뒤따르는 사람들이 나오는 뉴스 보도까지도 기억하고 있었다. 다른 사람들에게도 자신과 똑같은 기억이 있다는 사실을 발견한 브룸은 이런 현상에 '만델라 효과Mandela effect'라는 이름을 붙였다.

그런데 브룸은 여기서 멈추지 않았다. 그녀는 이런 기억이 평행우주의 존재 근거라고 주장하면서,³⁵ 이런 오류는 영화 〈매트릭스〉 속 주인공들이 주목했던 이 세계의 작은 결함과 같은 것이라고 설명했다. 사실 브룸은 초자연현상 연구가이자 작가이기 때문에 그녀가 이런 주장을 펴는 것도 어느 정도 이해는 된다. 브룸은 다른 사람들이 유사한 이상 사례들을 공유할 수 있도록 웹사이트를 만들고, 자신의 주장에 대한 이론적 근거를 담은 여러 권의 책을 출간하기도 했다.³⁶

브룸의 주장에 비해 심리학자와 인지과학자들이 내놓은 설명은 훨씬 지루하다. 이들은 이런 거짓 기억을 매우 흔하고 정상적인 정신작용의 결과라고 본다. 간단히 말해 우리는 겹치는 부분이 많은 개념들을 쉽게 혼동한다는 것이다.

어느 심리 실험에서 참가자들에게 '침대', '베개', '꿈' 등의 단어를 제시했더니 다수의 참가자가 '잠'이라는 단어가 제시되었다는 잘못된 기억을 만들어냈다.[37] 이처럼 실험실에서 참가자들에게 거짓 기억을 심어주기란 상당히 쉬운 일이다. 만델라 사망에 대한 공통의 잘못된 기억도 이런 맥락으로 설명할 수 있다. 예를 들어 사람들은 1977년에 경찰 구금 중 사망한 남아프리카공화국의 흑인 차별 반대 운동가 스티브 비코를 무의식 중에 만델라라고 착각했을 수 있다.

20세기 초 영국의 심리학자 프레데릭 바틀릿의 연구에서도 또 하나의 실마리를 찾을 수 있다. 기억할지 모르지만 제1장에서 이미 우리는 바틀릿의 연구 결과를 살펴보았다. 대학생들에게 북미 원주민 설화를 읽고 기억하게 했더니 자기도 모르게 낯선 것을 익숙한 것으로 바꿔버렸다. 예를 들어 카누는 작은 배로 잘못 기억하는 경우가 많았고, 영국인에게 다소 낯설게 느껴졌을 바다표범 사냥은 낚시로 바뀌었다.[38] 이렇게 사람들은 낯선 사물이나 행위를 기억하라고 요구받으면 그것을 '일반적'인 것으로 바꾸어버린다.

그렇다면 만델라 효과와 같은 심리학적 이론들이 언어와 관련해서는 어떻게 작용하는지 살펴보자. 미국에는 HBO 인기 드라마 〈섹스 '앤' 더 시티〉를 〈섹스 '인' 더 시티〉라고 잘못 아는 사람이 많다고 한다. 심지어 뉴스 기사에서도 이 드라마의

제목을 잘못 언급하는 경우가 종종 있었다.[39]

이유가 무엇일까? 약 4억 개의 영어 텍스트가 수록된 코퍼스*를 분석한 결과 영어에서는 '앤 더 시티and the city'보다 '인 더 시티in the city'라는 말이 아홉 배나 더 많이 쓰이는 것으로 드러났다.[40] 즉 우리는 영어로 글을 읽을 때 '앤 더 시티'보다 '인 더 시티'를 훨씬 자주 만난다. 그러므로 사람들은 드라마 제목을 기억하면서 다소 낯설게 느껴지는 문구를 익숙한 말로 무심코 바꾸어버리는 것이다.

어린이 그림책 『베렌스테인 베어즈Berenstain Bears』도 만델라 효과의 사례로 자주 언급된다. 베렌스테인 부부가 출간한 이 시리즈는 1960년대 미국에서 큰 인기를 누린 곰 가족 이야기다. 그런데 곰 가족의 이름을 '베렌스테인BerenSTAIN'이 아니라 '베렌스타인BerenSTEIN'으로 기억하는 사람이 상당히 많다.[41]

이것 또한 두 이름이 사람들에게 얼마나 친숙한가를 통해 설명할 수 있다. 전 세계의 이름 데이터베이스가 구축된 forebears.io에 따르면 세계적으로 '베런스타인Berenstein'이라는 성을 가진 사람은 약 1,100명으로 이것도 그다지 흔한 성은 아니다. 하지만 '베렌스테인Berenstain'이라는 성을 가진 사람은 겨우 30명 정도에 불과하다. 게다가 독일계 및 유대계 성 중에는 골드스타인Goldstein, 번스타인Bernstein, 와인스타인Weinstein 등 '스타인stein'으로 끝나는 것이 많다.

---

*   corpus, 언어 연구를 위한 텍스트 묶음.

1990년 미국에서 실시한 인구조사에 따르면 가장 흔한 성 1만 5,000개 가운데 '스타인'으로 끝나는 것이 20개였던 반면 '스테인stain'으로 끝나는 것은 단 하나에 불과했다(바로 채스테인 Chastain이었다). 그러므로 많은 사람이 부지불식간에 곰 가족의 이름을 자신에게 더 친숙하고 일반적인 것으로 바꿔버렸다고 볼 수 있다.

그러면 앞서 언급한 조사에서 참가자의 거의 4분의 3이 알렉산더 해밀턴을 전직 대통령으로 착각했다는 사실은 어떻게 이해해야 할까?

해당 연구자들이 여론조사를 실시한 때는 2015년 5월이었다.[42] 그런데 바로 몇 개월 전에 브로드웨이는 아니었지만 뉴욕에서 상연된 뮤지컬 〈해밀턴〉이 대단히 큰 성공을 거두었다. 뮤지컬에는 해밀턴과 함께 워싱턴, 제퍼슨, 매디슨이 등장하는데 해밀턴을 제외한 세 인물은 뮤지컬상에서 대통령이거나 후에 대통령이 되는 인물로 묘사된다. 게다가 해밀턴은 다섯 명의 전직 대통령(워싱턴, 제퍼슨, 링컨, 잭슨, 그랜트)과 더불어 미국 화폐(해밀턴의 경우 10달러 지폐)에 얼굴이 새겨진 인물이기도 하다. 대통령이 아니면서 달러화에 얼굴이 새겨진 또 다른 인물은 단 한 명, 벤자민 프랭클린뿐이다. '침대', '베개', '꿈' 등의 단어를 듣고 '잠'이라는 단어도 들었다고 착각하듯, 알렉산더 해밀턴이 항상 대통령들과 함께 언급되기 때문에 사람들은 그를 대통령이라고 잘못 기억하게 됐을 것이다.

그러므로 만델라 효과는 개념의 중복으로 인한 연상 작용의 결과이자 낯선 것을 친숙한 것으로 치환하는 과정에서 벌어진 혼동이라고 볼 수 있다. 이런 심리 과정이 기억력 전반을 관장하기 때문에 많은 사람에게서 기억의 오류가 벌어진 것이다. 그러니 만델라 효과를 설명하기 위해 굳이 평행우주의 존재까지 끌고 올 필요는 없을 것 같다.

그게 무슨 말이더라?

2016년 9월 8일, 개리 존슨은 MSNBC의 간판 뉴스 프로그램 〈모닝 조〉에 출연했다. 뉴멕시코주에서 주지사로 재임했던 그는 2012년 자유당 소속 후보로 대선에 출마해 1퍼센트의 득표율을 얻으며 3위를 차지한 바 있다. 미운털이 단단히 박힌 두 거대 정당의 대선 후보 힐러리 클린턴과 도널드 트럼프를 상대로 다시 한번 대선에 나선 참이었다. 2016년 여름에 실시한 여론조사에서 존슨은 최대 13퍼센트의 득표율을 달성하기도 했다.[43] 곧 있을 대통령 후보 토론에 참여할 자격을 얻기까지 단 2퍼센트만을 남겨둔 상황이었다. 이제는 정말로 존슨의 시대가 눈앞에 다가온 듯했다.

하지만 그날 아침의 인터뷰에서 받은 단 하나의 질문이 존슨의 대선 여정에 종지부를 찍을 줄 누가 알았을까? 질문을 던진 사람은 칼럼니스트 마이크 바니클이었다. 그는 이렇게 물었다. "당선된다면 알레포 문제에 어떻게 대처하실 겁니까?" 질문 이후 대화는 아래와 같이 이어진다.

존슨 : (머뭇거리며) 무슨 문제를….

바니클 : 알레포요.

존슨 : (망연하게) 알레포가 뭐죠?

바니클 : (믿을 수 없다는 듯) 농담하십니까?

존슨 : 아니요!

바니클 : (심각하게) 알레포는 시리아에 있잖습니까. 그… 난민 위기의 진원지 말입니다.

존슨 : (안도하며) 아, 그렇죠! 이제 알겠습니다.

바니클 : 좋습니다.

존슨 : 자, 시리아에 대해서라면, 음, 저도 심각한 문제라고 생각합니다만….(답변이 이어짐)

얼마 후 정치평론가 크리스 매슈스는 존슨에게 가장 좋아하는 외국 지도자가 누구냐고 물었다. 답변하지 못하고 망설이던 그는 "알레포가 떠오르는군요. 나이가 드니 자꾸 깜빡합니다"라고 솔직히 말했다.[44] 그는 유머러스하게 상황을 모면하려 했을지 몰라도 보는 사람들은 그의 지난 실수를 되새겼을 뿐이었다. 나이가 들어서 그렇다는 변명도 별 도움이 되지 못했다.

그로부터 6주 후 진행된 여론조사에서 존슨은 또 한 번 3위를 차지했지만 득표율은 3퍼센트를 겨우 넘기는 수준이었다. 애초부터 비현실적이었던 그의 대선 출마 여정은 두 달 전 플로리다 MSNBC 방송국에서 알레포를 몰라 헤매던 그 순간에 이미 끝나버린 것이다.

당연한 일이겠지만 존슨은 이후 알레포에 대한 질문을 받으면 매번 회피적인 태도를 취했다. 그러다가 2018년 《에스콰이어》와의 인터뷰에서 마침내 이 문제에 대해 입을 열었다. "이제는 제 어머니 성함도 가끔 떠오르지 않습니다. 다들 그렇지 않나요? 전혀 맥락 없는 질문이었어요. 솔직히 말하면 바니클이 '알레포'라고 했을 때 무슨 줄임말이 아닌가 생각했습니다. 아니더군요. 어쨌든 제 실수였습니다."[45]

존슨의 설명도 어느 정도 이해는 된다. "맥락 없는 질문"이었다는 그의 변명이 다소 구차해 보이기는 하지만 주의 깊게 살펴볼 필요는 있다. 인터넷에서 해당 인터뷰를 찾아보면 대부분 바니클이 알레포에 대한 질문을 던지는 시점에서 영상이 시작된다.

하지만 방송 전체를 놓고 보면 이 질문이 인터뷰의 거의 초반에, 즉 자기소개를 마치고 양당 정치 시스템에 대한 논의를 마친 직후에 나왔다는 것을 알 수 있다. 이 질문 바로 직전에 바니클이 존슨에게 던진 질문은, 그의 출마가 과연 2000년 대선 당시 랠프 네이더와 같은 파급력을 가질 수 있을 것인가에 대해서였다.[46] 그리고 곧바로 시리아의 난민 문제를 논했으니 바니클이 뜬금없이 주제를 바꿔버린 것은 사실이었다.

게다가 바니클의 질문은 그 자체로도 맥락이 부족했다. "당선된다면 ○○ 문제에 어떻게 대처하시겠습니까?"와 같은 질문에는 이민이든, 국가 부채든, 탐욕스러운 외계인의 침공이든 실질적으로 모든 주제를 담을 수 있다.

언어 연구자들은 이런 문장 구조를 "빈칸 예측 가능성이 낮은 문장"이라고 표현한다.[47] 예를 들어 교육심리학자들은 빈칸 예측 가능성이 다양한 여러 문장을 제시함으로써 아동의 언어 능력과 어휘력을 평가한다.

이 개념을 더 잘 이해하기 위해 바니클의 문장을 '빈칸 예측 가능성이 높은 문장'으로 바꾸어 본다면 다음과 같다. "당선된다면 시리아군의 ○○ 점령 문제에 어떻게 대처하시겠습니까?" 이 경우 괄호 안에 들어갈 수 있는 단어의 선택지는 중동 지역 내에서 시리아군의 공격을 받는 도시들로 급격하게 줄어든다. 바니클의 질문 방식 때문에 존슨은 '알레포'라는 단어가 나올 때까지 질문을 전혀 이해할 수 없었던 것이다. 그리고 존슨이 확인을 위해 다시 물었을 때조차도 바니클은 아무런 도움을 주지 않았다. 단지 그 단어를 한 번 더 반복했을 뿐.

마지막으로, 존슨이 앨라배마나 알래스카에 대한 질문을 받았더라면 그 정도로 망연해지진 않았을 것이다. 물론 2016년 들어 시리아 정부군이 오랜 점령의 고삐를 더욱 조이면서 전쟁이 마무리 단계에 돌입했고, 인도주의적 위기를 맞으며 여름 내내 알레포가 뉴스에 계속해서 등장한 것은 사실이다. 하지만 아무런 맥락 없이는 충분히 낯설게 느껴질 수 있는 이름이기 때문에 줄임말로 착각한 것도 어느 정도는 이해가 간다.

존슨 이전에도 공개 석상에서 정신적인 공백 상태에 빠졌던 대선 후보가 있었다. 바로 2011년 11월 공화당 경선 토론에 나선 텍사스 주지사 릭 페리였다. 그는 자신이 폐지하겠다고 공언한 세 개의 정부 부처 중 하나의 명칭을 기억해 내지 못했고, 당황스러워 어쩔 줄 몰라 하며 사과했다[48](페리가 깜빡했던 명칭은 '에너지부'였는데 아이러니하게도 이후 그는 트럼프 행정부에서 에너지부 장관이 된다).

말을 하다가 어떤 단어가 떠오르지 않는 증상은 보통 노화가 찾아오는 달갑지 않은 증거로 여겨진다. 이런 건망증이 실제로 의사소통에 부정적 영향을 미치는 것은 물론이다. 단어가 계속 혀끝에서만 맴돌다 보니 화자와 청자 모두가 손짓 발짓을 동원해가며 대화해도 소통은 원활하지 않다.

이런 현상이 노화의 결과라는 사실을 뒷받침하는 연구 결과도 있다. 이스라엘에서 진행한 한 연구에서는 성인들에게 모자 그림처럼 익숙하면서도 단순한 그림을 보여주고 그 이름을 말하게 했다. 약 50세까지는 참가자들의 평균 정답률이 높아졌지만 그 이상부터는 계속해서 하락했다(다만 참가자마다 개인차가 컸다는 점도 기억해야 한다. 70대 노인 중에 한 세대 이상 어린 참가자보다도 높은 정답률을 보인 참가자들이 있었다).[49]

'알레포' 때문에 곤욕을 치렀을 당시 존슨의 나이는 63세였고, 에너지부를 잊어버린 페리의 나이는 61세였다. 게다가 두 사람 모두 자신의 답변에 따라 모든 결과가 달라질 수 있는 극도로 긴장되는 상황에 놓여 있었다. 그러니 상황을 종합적으로 고려해 보면 당시 이들의 언어 기억력은 문제를 일으킬 수 있는 최적의 조건에 놓여 있었다고 볼 수 있다.

8장

친구야, 넌 내 농담 이해했지?
사회적 요인

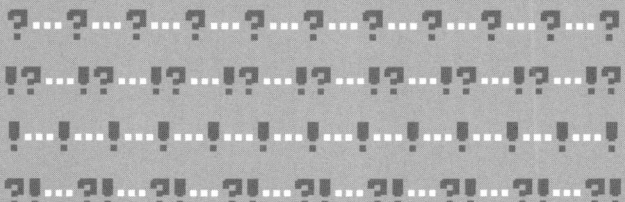

언어는 본질적으로 사회적 현상이다. 우리는 생각, 감정, 욕구를 타인과 공유하기 위해 언어를 사용한다. 예컨대 언어는 사교적인 행동을 할 때 사용된다. 하지만 문제는 재밌는 농담으로 던진 말을 듣는 사람은 전혀 다르게 해석할 수 있다는 점이다. 그런가 하면 다른 사람들이 엿듣지 못하도록 일부러 애매한 단어를 사용해 소통하는 경우도 있다. 또한 나라별로, 지역별로 발음이나 단어 선택이 달라져서 의사소통에 영향을 미치기도 한다. 이 장에서는 의사소통 실패를 일으키는 다양한 사회적 요인에 대해 살펴보자.

그냥 농담이었어요

놀림과 괴롭힘을 당하던 끔찍한 기억이 지금도 생생합니다. 결국 중학교 3학년 때 저를 놀리던 여자아이에게 책을 던져서 퇴학당했어요. 너무 괴로웠습니다.

- 템플 그랜딘, 〈타비스 스밀리 쇼〉에서(2013년)

타인과 잘 소통하려면 상대방의 의도를 제대로 이해하는 것이 무엇보다 중요하다. 지금 이 사람은 진지한 걸까? 아니면 장난일까? 일상적이고 가벼운 대화를 할 때, 예컨대 직장 동료와 커피를 마시며 주고받는 가벼운 말도 의도를 잘 파악하지 못하면 소통이 원활하게 이루어지기 어렵다.

그런데 이런 가벼운 말은 의도가 특히 모호할 수 있어서 문제가 된다. 하나의 발언이 유쾌하게 놀리는 말로 해석될 수도 있지만, 동정하거나 추파를 던지거나 은근히 비난하는 말로도 받아들여질 수 있기 때문이다. 가벼운 농담에 내재된 모호성은 투명하고 분명한 대화를 방해하는 '원 스트라이크'가 된다.

가벼운 농담 중에서도 특히 문제가 되는 것은 놀리는 말이다. 그저 농담일 뿐이라고 긍정적으로 받아들일 수도 있지만 괴롭힘이나 따돌림으로 여길 수도 있기 때문이다.[1] 농담으로 받아들여지지 않는 농담은 그야말로 최악이다.

앞서 살펴보았듯 우리는 화자의 보디랭귀지, 어조, 기타 상황적 단서 등을 활용해 말의 의도를 추론한다. 그런데 이 단서 중 하나라도 누락된 경우, 예를 들어 전화, 이메일, 문자 메시지 등을 이용하는 경우에는 화자의 의도를 파악하기가 훨씬 어려울 수 있다. 먼저 얼굴을 마주 보며 상대방을 놀리는 경우를 생각해 보자. 보통 상대를 놀릴 때는 그의 외모나 성격, 행동 등을 지적하며 의도적으로 도발하는 경우가 많다.[2]

당연하게도 이런 식의 대화는 위험성이 상당히 크다. 타인으로부터 사회적 지지를 얻고자 하는 상대의 욕구를 좌절시킬 수 있는 행동이므로 모욕으로 느껴질 수도 있다. 하지만 사회적 관점에서 본다면 놀리기는 집단의 규범이나 기대를 강제하는 중요한 역할을 수행하기도 한다. 예컨대 부모들은 놀리기를 통해 자녀에게 어떤 행동이 사회적으로 용인되는지를 부드럽게 가르치고 훈육한다.[3]

발달 단계에 있는 어린아이가 놀리는 말의 미묘한 뉘앙스를 단번에 습득할 수는 없다. 그래서 아이들은 놀리기를 그저 나쁜 개념으로만 받아들이기 쉽다. 하지만 중학생쯤 되면 친구들과 서로 놀리는 말을 주고받으며 맥락을 통해 그 말의 진짜 의도를 간파하게 된다. 고등학생들은 뭔가 민망할 때, 단단한 유대감을 형성하고자 할 때, 심지어는 직접 언급하기 불편한 문제를 에둘러 거론하고자 할 때 놀리는 말을 활용하기도 한다.[4]

심리학자들의 연구에 따르면 놀리는 사람의 의도와 놀림당하는 사람의 해석 사이에는 상당한 괴리가 존재한다. 놀리는 사람은 비언어적 방법을 동원해 나쁜 의도가 아니었음을 보여주려 하지만, 막상 듣는 사람은 그런 단서를 전혀 눈치채지 못할 수도 있고 눈치채더라도 그것만으로는 감정이 충분히 누그러지지 않을 수 있다. 결국 사람들은 자신의 농담이 누군가에게 상처를 준다는 사실은 잘 모르면서, 반대로 자신이 놀림당했던 경험은 훨씬 부정적으로 기억한다.[5]

만약 놀림당한 사람이 기분 나빠 하는 기색을 보이면 화자는 상황이 악화되는 것을 미연에 방지하기 위해 "농담이야" 또는 "농담도 못 하냐?"라고 말하기도 한다.[6] 하지만 이런 말은 놀림당한 사람을 더욱 궁지에 몰아넣는다. 이미 상처 입은 마음에 유머 감각이 없다는 모욕까지 더해진 셈이기 때문이다. 이제 더 심한 말싸움으로 번지는 건 시간 문제다.

지금까지 진행된 놀리기에 관한 연구는 대부분 교실이나 직장 내 인간관계 등 친밀한 인간관계를 대상으로 이루어졌다. 예를 들어 호주 연구팀이 진행한 직장 내 유머 연구에서는 놀리기가 친분을 쌓기 위한 수단으로, 또는 업무 진행을 재촉하는 수단으로 흔히 사용된다는 사실이 밝혀졌다.[7]

놀리는 말이 어떻게 받아들여지는가는 놀리는 사람과 놀림당하는 사람의 관계에 큰 영향을 받는다. 일반적으로 친구나 연인처럼 가까운 사이에서는 놀리는 말이 훨씬 긍정적으로 받아들여진다.[8]

놀릴 때는 비꼬는 말, 그러니까 "너 진짜 천재다"처럼 표면적으로는 긍정적이지만 실제로는 부정적인 의도를 가진 말도 자주 쓰인다. 이런 유형의 놀리기는 부정적 감정을 사회적으로 허용되는 방식으로 표현할 수 있다는 점에서 특히 유용하다.[9]

한편 농담이 농담으로 받아들여지지 않아 문제가 되는 경우는 많다. 특히 인터넷에 올라온 글이 그렇다. 2020년 1월 미국 뱁슨 대학교의 한 강사는 인터넷에 농담 글을 올렸다가 해고당하고 말았다. 당시 트럼프 대통령이 이란의 문화유적에 폭탄을 투하하겠다고 위협하자 그는 자신의 페이스북에 이란이 목표로 삼아야 하는 장소들을 적어놓았는데, 여기에는 대형 쇼핑센터나 연예인들의 자택 등이 포함되었다. 이 글은 소셜 미디어를 통해 널리 퍼졌고 사람들은 격분했다.

그는 친구들과의 농담일 뿐이었다고 항변했고, '명백한 과장법'이라며 그를 옹호하는 사람들도 있었다. 하지만 그는 결국 직장을 잃었다.[10] 평판에 민감한 대학교 같은 기관은 그저 실패한 농담에 불과하다는 걸 알면서도 강경 대응할 수밖에 없다. 잠재적 오해가 낳을 위험 부담이 표현의 자유를 능가해 버린 경우라고 볼 수 있다.

있잖아, 그거 들었어?

진실이 겨우 신발 끈을 묶는 동안 거짓말은 지구 반 바퀴를 돈다.

이 문장을 처음 썼다고 언급되는 사람은 윈스턴 처칠, 마크 트웨인, 토머스 제퍼슨, 앤 랜더스 등 한두 명이 아니다. 하지만 실제로 누가 이 말을 했는지 보여주는 근거는 어디에도 없다.[11]

누구의 말인지 알 수 없는 것과는 상관없이 이 문장은 널리 사용되었다. 《뉴욕타임스》는 2008년과 2010년 기사에서 이 문장을 마크 트웨인의 말로 인용했다[12][13] (그중 2010년 기사는 토머스 프리드먼이 쓴 것으로 역설적이게도 사실 확인의 중요성에 관한 기사였다). 그로부터 20여 년을 거슬러 올라간 1988년 대선에서도 이 문장은 트웨인의 말로 인용된 바 있다. 매사추세츠 주지사 마이클 듀카키스가 자신의 정적이었던 부통령 H. W. 부시를 비판하기 위해 쓴 말이었다.[14]

프리드먼과 듀카키스가 거짓말을 했다고 볼 수는 없다. 이 문장의 진짜 주인을 알면서도 일부러 거짓말을 한 것은 아니기 때문이다. 진실처럼 보인다거나 그럴듯하다는 이유로 널리 퍼진 이야기들은 민간 설화, 미신, 도시 전설, 가십, 루머, 소문, 전문hearsay, 傳聞 등 다양한 이름으로 불린다. 물론 각각의 의미는 조금씩 다르다. 예컨대 인용구의 원작자를 잘못 말하는 것과 "다리를 떨면 복이 달아난다"는 식의 말은 전혀 결이 다르다. 하지만 잘못된 정보를 퍼뜨리는 의사소통의 한 형태라는 점에서는 같은 현상의 다른 측면을 지칭한다고도 볼 수 있다.

알다시피 인터넷의 발달은 부정확한 사실과 출처를 알 수 없는 정보가 '지구 반 바퀴를 도는' 일을 훨씬 쉽게 만들었다. 온라인 토론방과 소셜 네트워크 사이트 덕분에 음모론, 종말론, 각종 유언비어 같은 의심스러운 정보를 만날 가능성도 크게 높아졌다.

게다가 손가락을 몇 번만 움직이면 특정 게시물에 '좋아요'를 누르거나 리트윗할 수 있고 이메일을 전달할 수 있으며 '복사해서 붙이기' 한 내용을 널리 퍼뜨릴 수도 있다. 최악의 경우 이런 행동은 '사이버 왕따'나 '신상 털기'로 이어질 수도 있다. 하지만 가십과 루머를 퍼뜨리기가 예전보다 쉬워졌을 뿐 인간이 언어를 사용하기 시작한 이래 이런 현상이 줄곧 존재해 왔음은 의심할 여지가 없다.

여러 연구에 따르면 사람들은 '가십'과 '루머'라는 용어를 구별 없이 사용하는 경향이 있다. 하지만 학자들은 둘 사이에 중요한 차이가 있다고 주장한다. 우선 루머는 '근거가 없지만 잠재적으로 유용한 정보'로서, 모호하거나 위협적인 상황에서 위험 요소를 이해하고 다루는 데 도움이 된다. 반면에 가십은 '개개인을 평가하는 사교적인 대화'로서 개인의 지위를 높이거나 사회적 규범을 유지하는 등 다양한 기능을 수행한다.[15]

1998년에 진행된 대학 내 가십에 관한 연구에서는 전체 가십 중 3분의 2가 누군가를 곤란하게 만들거나 수치심을 주고자 하는 내용이었다고 한다.[16] 하지만 생각만큼 가십이 완전히 나쁘기만 한 건 아닐지도 모른다. 집단 내부에서는 중요한 정보를 널리, 빠르게 퍼뜨리는 긍정적인 역할을 할 수도 있기 때문이다. 집단 구성원들 사이에 유대를 형성하고 강화하는 역할도 할 수 있다.[17] 이런 관점에서 보면 사무실에서 커피 한잔 마시며 나누는 일상적 대화도 단순한 잡담이 아니라 직장 내 인간관계를 형성하고 화합을 이끄는 원천이다.

하지만 가십을 시작하거나 퍼뜨리는 사람은 보통 부정적인 시선을 받는다. 트러블 메이커나 분란을 일으키는 사람으로 낙인찍히기 쉽다. 또한 고정관념과는 달리 남성들이 여성만큼이나 가십을 즐긴다는 사실은 여러 연구를 통해 반복적으로 입증되었다.[18]

가십을 일종의 의사소통 실패로 보아야 할까? 정보가 얼마나 충실하게 전달되느냐에 따라 답은 달라질 것이다. 인류 역사상 대부분의 시간 동안 가십은 사람의 입에서 입으로 전해졌다. 그런데 이런 정보의 사슬은 제7장에서 설명했듯 매우 취약하다. 아이들도 전화기 게임을 통해 쉽게 배울 수 있는 자명한 사실이다.

복사의 복사의 복사의 복사본은 변형되고 왜곡되게 마련이듯 직장 동료의 질투 섞인 비난은 어느새 악랄한 공격으로 변질될 수 있다. 『빨간 머리 앤』의 저자 루시 모드 몽고메리의 말처럼 가십은 "3분의 1은 옳고 3분의 2는 틀리다."[19]

한편 루머에 대한 과학적 고찰은 미국인들이 엄청난 불확실성으로 고통받던 제2차 세계대전 시기에 로버트 냅, 고든 올포트, 레오 포스트맨 등 여러 심리학자들에 의해 연구되기 시작했다. 당시 미국인들은 엄청난 불확실성으로 고통받고 있었다. 연구자들에 따르면 루머의 힘은 루머 자체의 중요성뿐만 아니라 주제에 대한 불확실성이 얼마나 존재하는지에 따라 달라졌다.[20] 다시 말해 루머가 널리 퍼지는지는 개인적 관련성의 영향을 받으며, 정보의 공백이 있는 경우 루머가 재빨리 그 자리를 차지한다. 전시에는 특히 이런 일이 비일비재했다. 사랑하는 이를 타국의 전쟁터에 보낸 가족들은 정부가 군대의 이동 경로 등 정보를 대중에게 공개하지 않는 상황에서 루머에 기댈 수밖에 없었기 때문이다. 하지만 가십과 마찬가지로 루머는 여러 사람의 입을 거쳐 반복되면서 반향실 효과echo-chamber effect*에도 취약해진다.

그런가 하면 법적 개념인 '전문'은 증인이 제3자의 말이나 행동을 법정에서 전달하는 행위를 의미한다. 그런데 제3자에 대한 반대신문이 불가능할 경우 원칙적으로 전문은 증거로 인정되지 않는다. 피의자에게 직접 맞설 수 있는 권리를 주기 위해서다. 미국에서는 이런 전문 증거 배제의 원칙이 수정헌법 제6조를 통해 규정되었다.**

하지만 이런 원칙에는 많은 예외가 존재한다. 예를 들어 검

---

* 비슷한 집단에서 비슷한 의견에 계속 노출되면서 기존의 의견으로만 치우치는 현상
** 우리나라도 형사소송법에서 전문증거의 배제를 규정하고 있다.

사는 전문가의 증언을 반박하기 위해 의학저널에 수록된 논문 등의 '권위학술서'를 활용할 수 있다.[21] 결국 법원이라는 공적인 삶의 무대에서도 믿을 만한 정보는 잘못된 정보를 반박하기 위해 활용될 수 있다.

콜라 주세요. 제 말은, 소다요

시인 존 던은 말했다. "그 누구도 섬이 아니기에, 홀로 설 수 없기에." 그런데 섬이 아닌 건 언어도 마찬가지다. 어떤 언어도 단일적인 체계가 아니다. 특히 영어와 같이 여러 나라에서 쓰는 언어에 대해서는 월트 휘트먼의 말이 더 적절할지도 모르겠다. "나는 거대하며, 여러 세상을 품고 있다." 영어 안에 존재하는 여러 세상은 다양한 방언의 형태로 나타나기도 한다. 그리고 이는 의사소통 실패와 오해를 일으키는 또 다른 매개체가 된다.

먼저 한 나라 안에서 언어가 만들어내는 다양한 변주에 대해 생각해 보자. 미국에서는 동부 지역에 상당히 뚜렷한 방언들이 존재한다(식민 정착 과정의 특성상 최초의 식민지가 세워진 지역에서 멀어질수록 언어는 동질화된다). 방언이라고 하면 보통 발음이나 강세 차이를 떠올리지만 다른 차이도 있다.

발음 차이 때문에 벌어지는 오해는 때로 TV 프로그램이나 영화에서 코믹한 소재로 활용된다. 좋은 사례가 1992년작 코미디 영화 〈나의 사촌 비니〉다. 미국 동부 브루클린 지역의 변호사 비니 갬비니(조 패시 분)는 남부 앨라배마주에서 살인 혐의로 재판을 받는 사촌을 변호하게 된다.

재판 도중 비니가 뉴욕 방언으로 '투 유츠two utes*'라고 말하자 남부 지역 판사(프레드 그윈 분)는 곧바로 "뭐라고요? 지금 뭐라고 한 겁니까?"라고 묻는다. 몇 마디 말이 더 오간 뒤에야 비니는 판사의 질문을 이해하고 th 발음에 심혈을 기울여 '투 유스 two youths'라고 또렷하게 말한다. th 발음을 t나 d로 발음하는 건 뉴욕 방언의 가장 큰 특징이다.22

하지만 실생활에서 그런 혼란이 특별히 자주 일어날 것 같지는 않다. "저기에 주차하세요"라는 말을 사투리로 "즈게 주차하소"라고 말했다고 해보쟈. 다른 지역 사람이 들으면 조금 낯설게 느끼겠지만 이해가 안 될 정도는 아닐 것이다.

그러나 방언들 사이에는 어휘나 구문론적인 차이도 존재하며 이런 차이는 더 큰 문제를 일으킬 수 있다. 예를 들어 루이지애나 남부 지방의 방언은 프랑스어의 영향을 많이 받았다. 18세기에 프랑스어를 구사하는 아카디아인들이 캐나다 연안 지방에서 루이지애나로 대거 이주해 왔기 때문이다. 그 결과 루이지애나식 영에는 다른 지방에서는 찾아볼 수 없는 프랑스식 단어가 많다. 언어 감각이 뛰어나지 못한 영어 화자라면 'Cher 사슴', 'mange먹다', 'fache화난' 등의 단어를 듣고 당황하기 쉽다.

지역에 따라 단어가 달라지는 사례는 또 있다. 미국 여행 도

---

* utes는 youths(젊은이)의 뉴욕 방언이다.

중 타는 듯한 목마름을 해소하기 위해 달콤한 탄산음료를 주문하고 싶다면 "○○ 한 잔 주시겠어요?"의 ○○ 안에 어떤 단어를 넣어야 할까? 어떤 지역이냐에 따라 괄호 안에 들어갈 용어는 완전히 달라진다. 미국 북동부와 캘리포니아 지역에서는 대부분 '소다soda'라는 말을 쓰고, 중서부와 북부 지역에서는 '팝pop'이라는 단어를 쓴다.[23] 예외도 있다. 세인트루이스와 밀워키 지역은 어떤 연유에서인지 '팝'의 바다에 있는 작은 '소다' 섬이지만, 어쨌든 대체로 이 패턴은 놀라우리만큼 일관적이다.[24]

그렇다면 미국 남부는 어떨까? 바로 이 지점에서 문제가 복잡해진다. 사우스캐롤라이나에서 텍사스에 이르는 지역에서 사용되는 단어는 '코크coke'다. 남부 지역에 거주하는 미국인이 아니라면 조금 혼란스러울 수도 있다. '코크'는 콜라를 의미하는데, 콜라는 탄산음료의 한 종류에 불과하지 않은가?

그 이유는 이 지역의 정체성과 관련된 현상 때문으로 보인다. 코카콜라는 1886년에 약사이자 남북전쟁 참전 군인이었던 존 펨버턴이 개발한 음료다. 전쟁에서 얻은 부상이 모르핀 중독으로 이어져 고통스러워하던 그는 대안이 될 진통제를 만들기 위해 코카잎 추출물이 포함된 혼합물을 만들었다.[25] 코카콜라는 이 신기한 약품에서 진화했다. 탄산음료 중 최초로 대량생산되어 대중에게 널리 퍼진 코카콜라가 처음으로 생산, 포장된 곳이 바로 애틀랜타다. 지금도 코카콜라의 본사가 이곳에 있다.

미국 외 다른 지역에서 쓰는 다양한 영어까지 감안하면 어휘의 차이는 더욱 확연히 드러난다. 아일랜드의 극작가 조지

버나드 쇼는 미국과 영국을 "같은 언어로 구분되는 두 나라"로 표현했다고 알려져 있다. 버나드 쇼든 아니든, 실제로 이 말을 한 사람은 두 나라에서 서로 다른 의미를 갖는 많은 단어를 떠올렸을 것이다. 예를 들자면 '보그bog'(늪 vs. 화장실), '브레이스braces'(치아교정기 vs. 멜빵), '트롤리trolley'(쇼핑카트 vs. 전차) 등이 있다.

영국 외 여타 국가의 영어도 미국 영어와는 사뭇 다르다. 미국인과 달리 캐나다인은 '뜨개 모자a knitted cap'가 아닌 '튀크tuque'를 쓰고 '스튜디오형 아파트studio apartment, 원룸'가 아닌 '독신 아파트bachelor apartment'에 살며 '차고parking garage, 주차장'가 아니라 '파케이드parkade'에 주차한다.

호주 영어는 '페어 딩컴fair dinkum, 진짜배기의'이나 '보건bogan, 편협한 사람' 등 독창적이고 다채로운 어휘들로 유명하다. '그로밋grommet'은 미국에서 신발 끈을 끼우는 아일렛eyelet이지만 호주에서는 '애송이 서퍼'라는 뜻이다. '루트root'는 '뿌리 내리다'가 아닌 '성관계하다'라는 뜻의 은어이며, '패시pash'는 '사랑의 열병'이 아니라 '길고 열렬한 키스'를 의미한다.

매력은 내용을 이긴다

1970년 여름, 교수 세미나에서는 아름다운 호수를 배경으로 '의사 교육을 위한 수학적 게임 이론의 활용' 강연이 진행될 예정이었다. 정신과 의사, 심리학자, 사회복지학 교수 등 열한 명의 청중이 자리를 잡았고, 강연자로 의학박사 마이런 폭스가 소개되었다. 사회자는 폭스 박사의 인상적인 경력과 논문들을 열거하며 그의 전문성을 강조했다.

40분간의 강연 내내 폭스 박사는 역동적으로 카리스마를 뿜어냈다. 하지만 강연은 모호하거나 모순된 진술, 진부한 이야기, 무의미한 잡담으로 가득했다. 그는 사실 게임 이론에 대해서도 아는 바가 별로 없었다. 물론 폭스 박사의 잘못은 아니었다. 폭스 박사는 애초에 존재하지도 않는 인물이었기 때문이다.

의학박사 마이런 폭스는 사실 전문 연기자 마이클 폭스였다. 그는 미국 드라마 〈페리 메이슨〉, 〈환상특급〉 등에서 의사 연기를 한 경력이 있을 뿐이었고, 그때 언뜻 배운 것이 폭스가 가진 의료 지식의 전부였다. 폭스는 게임 이론에 대한 단 한 편의 논문을 받아들고 단 하루 동안 강연 연습을 했다. 결국 그가 한 강연은 의식의 흐름대로 이루어진 공상의 결과에 불과했고, 앞서 고지된 강연 목적에 부합하는 내용은 전혀 없었다.

그렇다면 거기 모인 의사와 교육자들은 어떤 반응을 보였을까? 놀랍게도 그들은 강연 평가에서 상당히 높은 점수를 주었고, 전체적으로 우호적인 반응을 보였다. 폭스의 강연을 들은 전문가들은 아무래도 정보가 아니라 재미에 더 관심이 있었던 것 같았다.

이런 결과를 받아든 연구자들은 폭스의 강연을 들은 사람들이 정말로 뭔가 배웠다는 착각을 품고 돌아갔다고 결론 내렸다. 그리고 이 결과를 다시금 확인하기 위해 같은 실험을 두 번이나 더 진행했다. 폭스의 강연 녹화본을 교육 수준이 높은 교수들에게 보여주고 강의 평가를 부탁하자 결과는 마찬가지였다.[26]

하지만 이후 '폭스 박사 효과'는 대조군을 설정하지 않았다는 등 방법론적 관점에서 비판을 받는다. 여기에 대응하기 위해 연구진은 200여 명의 대학생을 대상으로 보강 연구를 진행했다. 이번에도 배우 마이클 폭스가 폭스 박사 역을 맡았고 강연 주제는 '기억력의 생화학'이었다.

다만 이번에는 청중을 둘로 나누어 두 번의 강연을 진행했다. 첫 번째 강연에서 폭스 박사는 이전과 마찬가지로 매력적인 강의를 선보였다. 그의 강연은 유머와 열정과 매력이 흘러넘쳤지만 동시에 비논리적 추론, 주제와 무관한 내용, 잡담으로 채워졌다. 두 번째 강연에서 폭스 박사는 같은 내용을 담으면서도 의도적으로 덜 재밌고 덜 매력적으로 강의했다.

이후 학생들을 대상으로 만족도 검사와 강연 자료에 대한 시험을 실시했다. 재미있고 강렬한 강연을 들은 학생들은 실질적인 지식이 얼마나 포함되었는지와는 무관하게 높은 점수를 주었다.[27]

폭스 박사 연구는 학생들의 교수 평가 시스템이 과연 타당한가에 대한 중요한 비판으로 자주 언급되었다. 학생들은 유익하거나 이해가 잘 되는 강의가 아니라 단지 흥미로운 강의에 높은 점수를 준다는 주장이었다. 결국 어떻게 표현하느냐가 강의의 본질을 넘어서는 것으로 보였다.

하지만 진실은 그보다는 조금 더 복잡한 듯하다. 1970년대에 찍힌 강연 영상을 활용해 2014년에 원래의 실험과 정확히 똑같은 실험을 진행했는데, 결과는 종전과 마찬가지였다. 하지만 그중 한 번의 실험에서 연구자들은 참가자들에게 강연에서 배운 것이 하나라도 있는지를 노골적으로 물었다. 그러자 참가자들은 배운 것이 없다고 대답했다.

다시 말해서 청중들이 배움을 얻었다고 착각했다는 증거는 어디에도 없었으며, 사람들은 단지 재미있는 강연을 즐겼을 뿐이다. 최초로 폭스 박사 연구를 진행한 연구자들은 강의를 즐기는 행위와 배움에 대한 증거를 암묵적으로 동일시하는 실수를 범했다.[28]

설득을 주제로 진행된 유사한 연구에서도 강연자의 전문성과 매력이 메시지 자체를 넘어서는 영향력을 미치는 것으로 드러났다. 이유가 무엇일까? 어떤 강연을 들을 때 우리가 최대한의 집중력을 발휘한다면 강연자의 주장이 합당한가와 같은 적절한 요소를 평가할 수 있다. 하지만 그러기 위해서는 메시지를 주의 깊게 들을 수 있는 능력과 동기가 모두 전제되어야 한다.

그러나 많은 경우 우리는 내용에 크게 주의를 기울이지 않거나 그 정도로 흥미를 느끼지 못한다. 이럴 때 우리의 태도는 부적절한 요소들, 예컨대 얼마나 기분이 좋고 얼마나 재미있는가에 큰 영향을 받는다.[29] TV 광고가 주로 유명인이나 아기, 귀여운 동물, 보면 기분이 좋아지는 소품 등을 활용하는 것도 이런 이유 때문이다.

광고주로서는 잠재적 소비자와 상품 사이에 긍정적인 연결고리를 만드는 것만으로도 만족스러울 것이다. 이런 긍정적인 관계가 향후 소비자들의 의견에, 더 나아가 그들의 구매 행동에 충분히 영향을 미치기 때문이다.

폭스 박사 효과는, 의사소통을 할 때 화자의 매력이 말의 내용을 얼마나 쉽게 압도할 수 있는지를 보여준다. 화자에게 해당 분야의 전문가라는 이름표가 붙을 때 이런 일은 더 쉽게 벌어진다. 폭스 박사 같은 사람이 이해할 수 없는 말을 하거나 비논리적 추론과 모호한 진술을 반복해도, 우리는 마음속에서 다양한 원인을 찾아 애써 해명하려고 든다. 예를 들어 화자의 말을 이해하기엔 우리의 지능이나 전문 지식이 부족하다고 생각해 버리는 것이다. 심지어는 모순점이나 틀린 내용을 발견해도 '컨디션이 안 좋은가? 말이 꼬였나?'라는 식으로 외부적인 요인을 찾기도 한다.

이런 일은 미국 대선을 앞둔 2008년 5월 민주당 예비 선거에서도 벌어졌다. 당시 상원의원이던 버락 오바마는 자신이 지금까지 방문한 주가 총 57개라고 말했다. 맥락으로 보건대 '47개 주'를 잘못 말한 것이 분명했다.

지지자들은 오바마가 너무 피곤해서 말실수를 한 거라고 말했다. 하지만 극우 세력은 오바마의 발언이 이슬람 협력 기구 소속 57개국을 가리키는 것이며 그의 친이슬람 성향을 보여주는 증거라고 주장했다.[30] 이처럼 화자에 대한 긍정적 또는 부정적 감정은 그의 발언을 어떻게 해석할 것인가에 대단히 중요한 영향을 미친다.

우리끼리만 아는 이야기

우리가 나누는 대화 중에는 제3자에게 들키고 싶지 않은 것들이 있다. 그럴 때 우리는 상대방에게 귓속말을 할 수 있다. 하지만 상대와의 관계에 따라 이런 전략은 어색하거나 심지어 부적절할 수도 있다. 게다가 사적인 대화가 이루어지고 있음을 주변 사람들에게 대놓고 알리는 꼴이므로 무례한 행동으로 여겨지기도 쉽다. 당신과 대화 상대만이 구사할 수 있는 언어를 사용하는 것도 한 방법이지만 이 역시 예의 없는 행동으로 인식될 수 있다.

더 복잡한 형태의 은폐도 가능하다. 부부가 어린 자녀 앞에서 소풍을 갈 것인지 대화를 나누고 있다고 하자. 아이가 일단 그 단어를 듣고 나면 돌이키기가 어려우므로 "ㅅ-ㅗ-ㅍ-ㅜ-ㅇ 어때?"라는 식으로 말을 할 수도 있다. 비슷하게는 "도송무술워선 가살까사?(동물원 갈까?)"처럼 소위 '도깨비말'을 쓸 수도 있다. 하지만 이런 수법을 쓰는 건 아이가 아직 글자를 모를 정도로 어리고 순진할 때나 가능하다.

서로 잘 아는 사이에 쓸 수 있는 또 한 가지 방법은 자신과 대화 상대만이 아는 공통의 경험을 언급하는 식으로 자기들만의 즉석 암호를 만드는 것이다. 대화 상대방은 다소 혼란스러울 수 있지만 일부러 거짓말을 하거나 혼동을 주려는 의도가 아니므로 속임수라고 볼 수는 없다. 하지만 이때 세심하게 균형을 유지하는 것이 중요하다. 잘못하면 제3자까지도 다 알아듣거나, 반대로 대화 상대방조차 못 알아들을 수도 있기 때문이다.

　연구 결과에 따르면 사람들은 이런 균형을 어느 정도 잘 유지하는 것으로 보인다. 심리학자 허브 클라크와 에드워드 셰이퍼는 스탠퍼드 대학에서 단짝 친구들을 대상으로 심리 실험을 수행했다. 두 친구는 교정 내 익숙한 장소와 지역 명소 사진 여러 장을 특정한 순서대로 배열해야 한다. 이때 한 명은 지시하는 역할을 맡고, 다른 한 명은 맞추는 역할을 맡는다. 두 친구는 서로의 말을 들을 수는 있지만 서로의 모습과 각자 손에 든 사진을 볼 수는 없다. 그러므로 지시자는 사진에 대해 최대한 잘 설명해야 한다.

　그런데 실험 도중 지시자에게 설명을 엿듣는 제3자의 존재를 통보한다. 제3자의 목적은 친구와 똑같이 사진의 순서를 맞추는 것이다. 지시자는 제3자의 승리를 막기 위해 설명의 내용을 최대한 숨겨야 한다. 그러자 자연스럽게 지시자들은 엿듣는 사람이 이해할 수 없는 특별한 방식으로 사진을 설명하기 시작했다. 예를 들어 '후버 타워'나 '스탠퍼드 스타디움'처럼 단순히 건물 이름을 말하는 것이 아니라 "내가 여름에 파트타임으로 일한 곳"이나 "우리 집에서 가장 가까운 곳"처럼 개인적인 내용으로 설명하려 했다.

　클라크와 셰이퍼는 이런 특이한 표현을 '개인 키private key'라고 칭했다. 이는 암호학에서 쓰이는 명칭으로, 친구라면 해독할 수 있지만 엿듣는 사람은 해독하지 못하는 암호를 의미한다.[31] 개인 키는 앞서 제2장에서 살펴보았듯 두 사람 사이에 존재하는 공통 기반에 의존한다.

또 다른 연구에서 실험 참가자들은 단순히 정보를 숨기는 것이 아니라 더욱 복잡한 목적을 달성해야 했다. 한 가지 표현에 두 가지 의미를 담아, 듣는 사람에 따라 다른 해석을 가능케 하는 것이다. 이를 '다중 청중의 문제'라고 부른다. 실험 참가자들은 사람들에게 글이나 영상으로 메시지를 보내면서 그 안에 친구들만 해독할 수 있는 정보를 숨겨놓으라는 지시를 받는다. 참가자들은 처음에는 어려워하다가도 결국은 문제를 해결해 냈는데, 이때 자주 사용된 전략은 친구들이라면 거짓임을 알 수 있는 발언을 활용하는 것이었다.

예를 들어 한 실험에서는 참가자에게 노래 네 곡을 제시한 뒤 이 가운데 한 곡을 친구들만 알 수 있는 방식으로 전달하게 했다. 한 참가자는 친구들만이 거짓임을 알 수 있는 말을 활용해 이 문제를 해결했다. 그는 네 곡의 노래에 대해 설명하면서 정답인 노래에 관해서는 종교적 상징이 들어 있어서 짜증이 났다고, 대중가요에 종교적 메시지를 넣어서는 안 된다고 말했다. 그런데 사실 이 참가자는 대단히 신실한 사람이었다. 그러므로 친구들은 이 노래에 대한 설명이 거짓 증언이라는 것을 깨닫고 정답을 맞힐 수 있었다.[32]

이렇게 친구들만 알 수 있는 뻔한 거짓말을 활용해 다중 청중의 문제를 해결할 수도 있지만 다른 전략을 쓸 수도 있다. 그중 하나가 반어법이다. 반어법을 쓰면 화자와 친밀한 관계인 사람들은 문자 그대로의 해석과는 전혀 다른 의미를 직감적으로 포착할 수 있다. 반면에 제3자는 그 사안과 관련된 맥락을 잘 알지 못하기 때문에 화자가 의도한 다른 의미를 알아내기가 어렵다.[33]

하지만 제7장에서 살펴본 것처럼 세상에 공짜 점심 같은 건 없다. 위의 실험 결과들을 통해 알 수 있듯 개인 키나 뻔한 거짓말을 사용하기란 인지적으로 까다로운 일이다. 이런 간접적인 진술을 해야 할 때 실험 참가자들의 설명은 시간도 오래 걸리고 유창성도 떨어졌다. 게다가 숨기려고 하면 할수록 오답 비율도 높아졌다.

예를 들어 스탠퍼드 대학에서 단짝 친구들에게 어떤 말이든 마음대로 하면서 사진을 정렬하게 했을 때는 결과가 거의 완벽에 가까웠다. 하지만 제3자로부터 메시지를 숨기라고 요청하자 정답률은 (여전히 높았지만) 크게 떨어졌다. 다시 말해 은폐는 의사소통의 실패 가능성을 높인다.

또 다른 문제는, 지시자의 은폐 시도가 모두 성공하지는 못했다는 점이다. 앞서 개인 키가 사용된 실험에서 단짝 친구의 대화를 엿들은 제3자는 예상대로 단짝 친구만큼 좋은 점수를 내지는 못했지만 전반적으로 예상보다는 훨씬 높은 점수를 냈다.

이런 결과가 가능했던 이유는, 지시자가 중앙 광장의 야자수를 설명할 때와 학내 교회를 설명할 때 서로 다른 단서를 제공할 수밖에 없기 때문이다. 엿듣는 사람은 이런 차이를 통해 지시자가 나무를 말하는 건지, 건물을 말하는 건지 추론할 수 있다.

그러므로 말의 의미에 가면을 씌우는 데에는 두 가지 위험이 존재한다. 한쪽 극단에는 불충분한 은폐의 위험이, 다른 쪽 극단에는 의사소통 실패의 위험이 존재하는 것이다. 그러므로 어린 자녀나 수다스러운 이웃을 피하기 위한 아리송한 메시지는 대화 상대방까지도 헷갈리게 만들 수 있다. 과도한 은폐 시도는 아무리 주의를 기울여도 의도치 못한 결과를 낳게 마련이다.

어떤 오해는 의도된다

우리는 지금까지 의도치 않은 오해의 사례들을 살펴보았다. 즉 청자나 독자가 화자의 의도를 추측해 보려고 애썼음에도 실패한 사례들이었다. 하지만 모종의 목적이 있어서 무슨 말인지 일부러 이해하지 못하는 척하는 경우도 있을 수 있다.

제10장에서 더 자세히 살펴보겠지만 증인 중에는 의도적으로 검사의 질문을 잘못 해석해 피고 또는 자신이 범죄 행위에 연루되었다는 사실을 숨기고자 하는 사람이 있을 수 있다. 이런 의도적 행동을 살펴봄으로써 우리는 지금껏 살펴본 다양한 원인의 오해와 의도된 오해가 어떻게 다른지를 확인할 수 있다.

의도된 오해의 좋은 사례로 '트롤럽의 수Trollope ploy'를 꼽을 수 있다. 이 개념은 1962년 10월 쿠바 미사일 위기가 벌어지던 중 케네디 대통령이 사용하면서 유명해졌다. 13일간의 봉쇄가 막바지로 치닫던 당시 케네디는 소련 지도자 니키타 흐루쇼프로부터 한 통의 서신을 받는다. 서신을 통해 흐루쇼프는 케네디가 쿠바를 침공하지 않겠다고 약속하면 탄도 미사일을 제거하겠다고 제안했다. 하지만 바로 다음 날 흐루쇼프는 미국이 튀르키예에 있는 미사일 기지를 해산해야만 자신들도 쿠바 미사일을 제거하겠다고 공언했다. 미국 입장에서는 당연히 첫 번째 제안이 두 번째 제안보다 유리했다. 그렇다면 미국은 과연 어떻게 대응했을까?

해결책을 제시한 사람은 대통령의 동생이자 당시 법무부 장관이던 로버트 케네디였다. 그는 소설가 앤서니 트롤럽의 작품 속 플롯 장치로, 손만 잡아도 청혼받았다고 의도적으로 잘못 해석해 버리는 여주인공의 이야기를 떠올렸다. 로버트는 마치 이 여주인공처럼 흐루쇼프의 두 번째 발언은 의도적으로 무시해 버리고 서신을 통한 첫 번째 제안에만 대응하자고 주장했다. 그리고 미국의 이런 대응을 흐루쇼프가 받아들이면서 위기는 마침내 끝난다.

사실 이것이 사건의 정확한 전말은 아니었으나(케네디는 흐루쇼프에게 비밀리에 터키 미사일도 해산하겠다고 약속했다) 상세한 내용은 오랜 세월이 흐른 뒤에야 대중에게 알려졌다. 그때는 이미 케네디가 제안한 트롤럽의 수가 사람들의 뇌리에 완전히 각인되어 버린 후였다.[34]

어떤 면에서 의도적인 오해는 언어철학자 폴 그라이스가 말한 '협력의 법칙'에 위배된다고 볼 수 있다.[35] 이 원칙에 따르면 대화의 두 당사자는 성공적인 의사소통을 위해 성심성의껏 노력해야 한다. 어떤 이유에서든 상대방이 내 의도조차 이해하려 노력하지 않는다면 우리는 그가 일부러 둔감한 척을 한다며 비난할 것이다. 이런 상황은 잘못에 대한 책임을 회피하거나 맡은 일을 피하려고 할 때 자주 벌어진다.

하지만 의도적인 오해가 하나의 전략적 행동으로 활용되기도 한다. 대표적인 사례로 고객을 응대하는 상황을 들 수 있다. 식당이나 가게 직원은 화난 고객이 던지는 무례하거나 공격적인 말을 '친절하게 무시'해야 한다. 고객의 분노에 직접적으로 반응하기보다는 정중하고 예의 바르게 응대하면서 불편 사항을 해소할 방법을 찾아야 한다. 고객의 분노를 일단 누그러뜨려야 향후 판매량이나 고객과의 관계에 문제가 생기지 않기 때문이다. 팁에 크게 영향받는 직종에서는 특히 이런 기술이 매우 중요하다.[36]

보통의 경우라면 이런 '친절하게 무시하기' 전략은 잘 통한다. 직원의 차분한 태도를 보고 많은 고객이 자신의 비이성적 행동을 깨닫기 때문이다. 하지만 이런 접근법이 전혀 효과를 보지 못하는 경우도 있다. 예컨대 애초부터 점원을 기분 나쁘게 만드는 것이 고객의 목적인 경우 상황은 더 악화될 수 있다.

교육 분야에서도 의도적인 오해가 활용된다. 플라톤의 『대화』에서 소크라테스는 모르는 척하거나 못 알아들은 척하는 경우가 많다. 상대방의 말에 내재된 가정이나 믿음을 끌어내어 추론 과정에 허점이 있음을 보여주기 위해서다. 소크라테스적 반어법 또는 소크라테스식 대화법으로 불리는 이 기법은 한때 법률 교육에서 자주 사용되었다. 하지만 요즘에는 교육적 도구로서 소크라테스적 반어법의 인기가 다소 시들해진 것 같다.[37]

한편 의도적으로 잘못 듣는 것은 과연 가능할까? 상황에 따라서는 듣는 것만으로도 자신에게 불리하기 때문에 일부러 못 들은 척하는 경우가 있을 수 있다. 예컨대 어느 추운 겨울날 이제 막 집에 들어왔는데 배우자가 "코트 벗었어?"라고 묻는다면 어떻게 해야 할까? 추위를 뚫고 쓰레기를 버리러 나가기 싫다면 배우자의 질문을 못 들은 척해야 한다(못 들은 척하면서 그사이에 후다닥 코트를 벗어버리면 된다).

또는 지금은 들을 수 없는 상태임을 대놓고 보여주기 위해 헤드폰이나 귀마개를 사용할 수도 있다. 물론 실제로 외부 소리가 들리는지 여부는 중요하지 않다. 그런가 하면 가사를 실수로 잘못 듣는 몬더그린과는 달리, 코믹한 효과를 주기 위해 일부러 노래 가사를 잘못 듣거나 잘못 해석한 척하는 사람도 있을 것이다.

의도적으로 잘못 읽기도 가능하다. 예컨대 변호사는 자신이 변호하는 피고에게 유리한 방향으로 법조문의 의미를 일부러 좁게 해석하거나, 맥락을 고려하지 않고 문자 그대로만 해석하곤 한다. 법학자 질 앤더슨이 지적한 바와 같이 서술어가 '모호한' 법조문(예를 들어 '갈망하다', '약속하다', '의도하다', '믿다')은 서술어가 '명백한' 법조문(예를 들어 '만지다', '빌리다', '보내다')에 비해 해석하기가 훨씬 까다롭다.[38] 이와 같은 용어의 모호성은 입법기구의 의도를 완전히 뒤집는 법률상의 허점을 만들 수도 있다.

의도적인 오독은 문학 비평의 맥락에서도 논의된 바 있다.

예를 들어 해럴드 블룸의 이론에 따르면 많은 시인과 작가들은 선대 작가들의 작품을 일부러 오독함으로써 그 속에서 자신만의 목소리나 주제 의식을 발견하려 한다.[39]

지금까지 살펴본 다양한 상황에서 한 가지 공통점은 의도적이거나 전략적인 행동으로서 오해를 연기한다는 점이다. 그러므로 이런 경우를 진정한 의사소통 실패의 사례로 보면 안 된다는 주장도 있을 수 있다. 모르는 척하는 것을 능동적인 기만으로 보기는 어려울지 모르지만, 그런 행동 뒤에는 분명한 고의성이 숨어 있으므로 정당한 의사소통에서 필요한 협력 정신을 찾아보기는 어렵다.

9장

아무것도 모르면서 앞뒤 자르지 마세요
매체와 맥락

?…?…?…?…?…?…?…?…?…?…?…?
!?…!?…!?…!?…!?…!?…!?…!?…!?…!?
!…!…!…!…!…!…!…!…!…!…!…!
?!…?!…?!…?!…?!…?!…?!…?!…?!

이 책의 마지막 두 장에서는 특정 맥락에서의 의사소통 실패에 대해 알아보려 한다. 앞에서 탐구한 내용을 기반으로 하겠지만 의사소통의 형태나 상황에 따라 달라지는 고유한 특성 또한 고려할 것이다. 예컨대 우리가 던지려는 질문은 이런 것들이다. 기업 경영자들은 왜 독특한 용어를 사용할까? 작가는 왜 독자들이 자신의 글을 이해하지 못한다고 불평할까? 번역은 단어, 문장, 심지어 글 전체를 이해하는 방식에 어떤 영향을 미치는가? 언론은 오해를 유발하는 데 어떤 역할을 할까? 그리고 로맨틱한 유혹의 말은 왜 그렇게 자주 오해를 일으킬까?

소셜 미디어에는 맥락이 없다

2013년 12월 20일, 생애 최악의 날을 맞이할 운명을 꿈에도 모른 채 저스틴 사코는 런던행 비행기에 몸을 실었다. 사코는 30세 여성이자 뉴욕 소재 미디어그룹 IAC InterActiveCorp의 이사로, 휴가를 맞아 가족과 친지들이 있는 남아프리카공화국으로 향하는 길이었다.

경유지인 런던 히스로 공항에 도착한 사코는 다음 비행기를 기다리며 트위터에 불만 섞인 게시글을 몇 개 올린다. 오는 길에 옆 좌석에 앉은 승객의 몸에서 냄새가 나 괴로웠다는 글도 올리고, 영국 치과의 암담한 현실에 대한 글도 올렸다. 그리고 케이프타운행 비행기에 탑승하기 직전에는 이런 게시글을 올렸다.

아프리카로 갑니다. 에이즈나 안 걸렸으면 좋겠네. 사실 농

담이에요. 저 백인이거든요!

당시 사코의 트위터 팔로워는 모두 173명이었다. 그런데 그중 한 명이 이 글을 더 많은 사람에게 퍼뜨리기로 마음먹는다. 그는 인터넷 신문사 《발리웨그》의 편집자인 샘 비들이었다. 인터넷 선동가로 유명했던 비들은 사코의 게시물을 약 1만 5,000명의 팔로워들에게 리트윗하면서 "자, IAC사의 홍보 책임자가 날린 재밌는 휴가철 농담을 들어보시죠"라는 글을 달았다. 온라인 세상은 곧바로 사코의 충격적인 글을 두고 술렁거리기 시작했다. 계정이 해킹당한 것 아니냐는 주장은 사코가 이전에 게시한 정치적으로 부적절한 게시물이 발견되면서 곧바로 자취를 감추었다.

'#저스틴사코' 또는 '#사코_아직_도착_전이냐'와 같은 해시태그가 일파만파 퍼져나가기 시작했다. 물론 비행기에 타고 있어서 인터넷을 확인할 수 없던 사코는 이 모든 일을 전혀 모르고 있었다. 케이프타운에 도착하고서야 무슨 일이 벌어졌는지를 확인하고 친구에게 트위터 계정 자체를 없애버리도록 부탁했다. 하지만 바로 다음 날 IAC에서 해고당했다. 그리고 얼마 후 사코가 남아프리카공화국 신문사인 《더 스타》지와의 인터뷰를 통해 자신의 글을 사과하자, 사코가 잘못을 인정했다는 소식이 ABC 뉴스를 통해 더욱 널리 퍼졌다.

우리는 누구나 친한 친구, 지인 들만을 대상으로 사적인 말을 하고 사적인 글을 쓴다. 그중에는 너무 과격하거나 졸렬하거나 문자 그대로의 의미가 아니어서 모든 사람에게 공개할 수 없는 것들도 있다. 사코의 트위터 팔로워가 상당히 소수였다는 점을 감안하면 그녀는 아마 이 게시글이 자신의 의도대로, 그러니까 무지하거나 사악한 글이 아니라 신랄하게 비꼬는 글로 읽히리라고 생각했을 것이다. 사코의 글을 문자 그대로의 해석이 아니라 비꼬기로 해석하는 것은 사코가 온라인상에서 추구하는 이미지와도 잘 맞아떨어졌다. 그녀의 트위터 프로필에는 "트러블 메이커", "크게 웃는 걸로 유명함"과 같은 내용이 포함되어 있었으니 말이다.

하지만 비들이 리트윗 글을 올리며 명시한 대로 사코는 미디어 대기업의 '홍보 책임자'였고 이 사실은 그녀에게 불리하게 작용했다. 게다가 하필이면 그때는 사람들이 겉으로나마 사회적 약자에게 더 큰 관심을 보이는 휴가철이었다. 이 모든 요소가 작정이라도 한 듯 맞아떨어지자 사코의 글은 특권층 백인 여성이 스스로 무슨 말을 하는지도 모르면서 생각 없이 내뱉은 말로 굳어지고 말았다.

이런 현상을 가리키는 명칭도 존재한다. 2011년 앨리스 마윅과 대나 보이드가 고안한 '맥락의 붕괴'다.[1] 그들은 소셜 미디어가 다양성을 가진 대중을 하나의 동질적 집단으로 만들어버린다고 지적하면서, 소셜 미디어 게시글이 모든 사람을 만족시키기가 얼마나 어려운 일인지 설명했다.

당신의 어린 자녀, 조부모, 친구, 직장 상사가 모두 당신의 페이스북을 확인한다면 새로운 글을 올리기가 얼마나 어려울지 상상해 보라. 이런 상황에서 사람들은 아무도 기분 상하지 않을 만한 재미없는 글만을 올리게 된다. 관련 연구에서도 많은 사람이 읽을 거라고 예상될 때 사람들은 보통 안전한 길을 택한다는 사실이 입증되었다.[2] 반대로 오직 소수의 친구만을 대상으로 할 때는 원하는 만큼 과감하고 충격적인 글을 쓴다. 그런데 이방인들이 그 게시물을 우연히 접하고 파고든다면 어떤 일이 벌어질까? 아마도 본래의 의도와는 사뭇 다른 역학이 작용하게 될 것이다.

저스틴 사코는 온라인 셰이밍online shaming* 또는 캔슬 컬처cancel culture** 등으로 불리는 현상의 초기 희생자였다. 보통 온라인 셰이밍의 타깃은 로잰 바 같은 유명인사들이다. 배우이자 정치인인 로잰 바는 트위터에 오바마의 측근인 밸러리 재럿에 대한 모욕적인 글을 올렸다가 드라마 제작이 취소되었다.[3] 배우 케빈 하트도 같은 일을 겪었다. 그는 과거 트위터에 게시한 동성애 혐오적인 글이 문제가 되어 2019년 아카데미 시상식 사회자에서 물러나야 했다.[4]

하지만 소셜 미디어 게시글은 그리 유명하지 않은 사람들에게도 문제가 된다. 2019년 미스 미시간으로 당선된 캐시 주는 과거 트위터 게시글이 문제되면서 당선이 취소되었다.[5] 2016년 대선 토론에서 새빨간 스웨터를 입고 질문을 던져 유명세를 탔

---

* 인터넷을 통해 공개적으로 모욕하는 행위
** 자신과 생각이 다른 사람에 대한 팔로우를 취소하여 손절하는 문화

던 켄 본 또한 과거 레딧에 올린 불쾌한 게시글이 도마에 오르면서 순식간에 명성을 잃고 말았다.[6]

바와 하트를 제외하면 이들 중 누구도 자신이 쓴 정치적으로 올바르지 못한 글을 그렇게 많은 사람이 읽을 거라고 생각하지 못했다. 그러나 과거에 썼던 다소 사적인 글이 유명세를 얻은 후 파헤쳐지면서 찾아온 파급 효과는 (사코의 경우와 마찬가지로) 빠르고도 강력했다.

그렇다면 사코의 진짜 의도는 무엇이었을까? 존 론슨과의 인터뷰에서 그녀는 이렇게 말했다. "사람들이 제 글을 문자 그대로 받아들일 거라고는 생각지도 못했어요."[7] 그 일이 있고 몇 달이 지난 후 사코는 자신의 글을 퍼뜨린 당사자 샘 비들에게 연락을 취했다고 한다. 사코와 만남을 가진 후 샘 비들은 인터넷 매체 《고커》에 다음과 같은 글을 썼다.

> 사코의 트위터 게시글은 인종차별적이고 무지한 사람이 할 만한 말을 흉내내서 비꼬려는 의도의 글이었다. 그러므로 그것은 반어적 표현이자 농담이었으며, 보이는 것과는 정반대의 의미를 지닌 것이었다. 사코에 대해 아무것도 모르면서 필자는 그녀의 글을 액면 그대로 받아들였고, 나를 비롯한 수많은 사람이 사코를 즉각적으로 혐오했다. 온라인에서 낯선 이를 혐오하는 것은 쉽고도 짜릿한 일이기 때문이다.[8]

어떤 사람에 대해 "아무것도 모르면서" 그의 말을 "액면 그대로" 받아들이는 것은 '맥락의 붕괴' 현상을 완벽하게 설명해 준다. 소셜 미디어는 수많은 사람과의 의사소통을 어느 때보다도 쉽게 만들어주었지만 안타깝게도 의사소통이 실패하기도 역시 그만큼 쉬워졌다.

전문 용어는 쓰레기다?

『불쾌한 골짜기』는 2010년대 후반에 캘리포니아 실리콘밸리의 기술 지원 분야에서 일하던 애나 위너의 자서전으로 직업에 관한 흥미로운 이야기들을 담고 있다. 그중에서도 눈에 띄는 것은 첨단 기술 산업과 관련된 다양한 수사적 표현을 풍자적으로 비꼬는 내용이다. 특히 스타트업 기업을 운영하는 사업가, 인플루언서, 소위 오피니언 리더들이 자주 쓰는 언어에 대한 내용이 많았다.

위너가 "쓰레기 언어"라는 말까지 써가며 가장 강도 높게 비판했던 것은 '최첨단 솔루션leading-edge solutions', '선발자 이익first-mover advantage'처럼 일반인은 이해하기 어려운 수수께끼 같은 전문 용어들이었다. 그런데 소위 사업가라는 사람들이 평범한 지식이나 언어를 얕잡아 본다고 비판한 사람은 위너뿐만이 아니었다.[9]

제2차 세계대전 이후 대기업이나 정부 관료들이 즐겨 사용하는 특징적인 언어를 가리키는 말로 '버즈워드Buzzword'라는 신조어가 등장했다. 뒤이어 '비즈니스 언어', '기업 전문 용어,' '경영 언어' 등 다양한 유사 표현이 생겨났다.

대중 매체 역시 이런 전문 용어에 대한 우려를 주기적으로 드러냈다. 예를 들어 1973년 《뉴욕타임스》에 실린 한 기사는 경영 및 광고 분야에서 쓰는 언어를 통렬하게 비판한 바 있다. 특히나 '목표에 의한 관리', '보상 요인', '이미지 동일시'와 같은 용어는 "멍청한 말"이라는 표현까지 써가며 비판했다.[10]

14년 후 《타임스》에 실린 사설 또한 전문 용어를 "80년대의 성장 산업"이라며 비꼬았고,[11] 1999년 기사에서는 '행정 잡무 administrivia'*, '코끼리 사냥elephant hunt'** '죽은 고양이의 도약dead cat bounce'***과 같은 용어를 강도 높게 비판했다.[12] 다시 16년이 흐른 후 《타임스》의 또 다른 기사에서는 '대역폭', '결과물', '철저한 분석' 등의 용어에 대해 불쾌감을 표시했다.[13] 이처럼 40여 년에 걸쳐 차례로 발표된 위 기사들은 놀라울 정도로 비슷한 결론에 이른다. 전문 용어는 나쁜 것이고 사람들은 전문 용어를 너무 많이 쓰며 이제 좀 그만했으면 좋겠다는 것이다.

전문 용어는 왜 그렇게까지 평판이 나빠졌을까? 한 가지 이유는 전문 용어가 많은 경우 완곡어법으로 사용되기 때문일 것이다. 제4장에서 살펴봤듯 완곡어법은 의사나 군인 등이 '사망률'이나 '죽음'처럼 불편한 주제를 에둘러 언급할 때 사용한다.

---

* 　조직의 비효율을 유발하는 사소한 행정 업무.
** 　대기업을 잠재적 고객으로 삼는 전략.
*** 　장기 하락하던 주가가 일시적으로 상승하는 것.

그런데 의사와 군인 못지않게 대기업 이사진은 타인에게 엄청난 부정적 영향을 미칠 수 있는, 다소 냉혹한 의사 결정을 내리곤 한다. 이 때문에 이사진들 역시 우회적 표현 뒤로 진의를 숨기는 경우가 많다.

예컨대 해고를 뜻하는 다양한 말에 대해 생각해 보자. 한때 미국에서는 해고되는 직원들을 '놓아준다lay off'고 표현했다. 마치 피고용인이 고용주의 따스한 품으로부터 자유로워질 기회라도 얻은 것처럼 말이다. 최근에는 해고를 '구조 조정', '인력 감축', '감량 경영Downsizing', 심지어는 '경영 합리화'라는 말로 표현하는 기업이 많다. 누가 감히 '조직 효율화'에 반대할 수 있단 말인가? 이처럼 비즈니스계는 기업의 결코 기분 좋을 수 없는 결정들을 에둘러 표현하기 위해 열과 성을 다하고 있다. 이런 표현들이 얼마나 다양한지, 요즘 미국 직장인들은 기업주가 사용하는 온갖 전문 용어들을 가지고 빙고게임을 하는 지경이라고 한다.[14]

『불쾌한 골짜기』는 출간 이래로 많은 사람의 공감을 샀다. 매거진 《뉴욕》의 비평가 몰리 영도 그중 한 명이었다. 영은 위너의 "쓰레기 언어"라는 표현에 공감하면서, "의사소통을 왜곡하고 방해하는 그 추악한 특성 역시 그들이 목표하는 바"라고 주장했다.[15]

이렇게 본다면 조지 오웰의 소설 『1984』속 '빅 브러더'의 말 "전쟁은 평화. 자유는 예속. 무지는 힘"도 그리 먼 이야기는 아니다. 만약 실제로 빅 브러더의 세상이 존재했다면 그곳에는 틀림없이 비즈니스 세계의 전문 용어들이 넘쳐났을 것이다.

사정이 이렇다 보니 비즈니스 전문 용어를 옹호하는 사람이 있다는 사실은 다소 놀랍게 느껴지기까지 한다. 몰리 영의 비판을 접한 뒤 마크 모지오니는 온라인 매거진 《슬레이트》 사설을 통해 소위 쓰레기 언어도 기업에서는 나름대로 유용한 기능을 수행한다고 주장했다. 모지오니의 주장은 전문 용어에 대한 사회적 통념을 사려 깊게 반박하는 만큼 주의 깊게 살펴볼 필요가 있다.

모지오니의 주장에 따르면 경영 전문 용어의 한 가지 이점은 시간을 절약해 준다는 것이다. 그는 '이해 관계자stakeholder'라는 말을 예로 든다. 이 단어는 비즈니스 전문 용어로 손색이 없다. 기업의 이사진을 제외한 다른 사람들은 거의 사용할 일이 없기 때문이다. 하지만 이 단어가 특정한 사람들을 효율적으로 지칭한다는 것 또한 부인할 수 없는 사실이다. 이해 관계자는 특정 행위로부터 가장 큰 영향을 받는 사람들로, 의사 결정 과정에서 반드시 고려해야 하며, 가능하면 의사 결정에 직접 참여해야 하는 사람들이다.

모지오니는 '병렬 경로parallel path'라는 용어에 대해서도 비슷한 분석을 제시하며, 비즈니스 전문 용어들이 상당히 복잡한 개념을 단순하게 표현하도록 도와준다는 점을 다시금 강조한다. 전문 용어는 의사소통을 위한 매우 효율적인 도구이므로 시간이 가장 우선시되는 비즈니스 업계에서 특히 유용하다는 것이 그의 주장이다.[16]

여기에 더해 전문 용어에는 또 다른 이점이 있다. 앞서 논의했듯 전문 용어는 불편한 진실을 가리는 완곡어법인 경우가 많다. 하지만 뒤집어 생각하면 이런 기능 덕분에 사회적 상호작용과 체면치레가 가능하다고 볼 수도 있다.

일례로 모지오니는 아직 업무에 익숙하지 않은 팀원이 고객의 질문을 받고서 "숙고해 deep dive 보고 재론하겠습니다 circle back"라고 답하는 경우를 예로 든다. 잘 몰라서 대답하기 곤란할 때 이 말은 일종의 도피처가 되어주며, 고객 역시 조만간 답을 들을 수 있다는 기대를 얻을 수 있다. 마찬가지로 "이 문제는 보류합시다"라는 표현은 무의미한 논의를 이쯤에서 끝내고 모두를 하던 일로 돌아갈 수 있게 해주는, 사회적으로 적절한 표현이다.

마지막으로 전문 용어를 사용함으로써 개개인은 자신이 속한 집단의 전통과 관습에 그만큼 익숙하다는 것을 은연중에 드러낼 수 있다. 예컨대 '상품'이라는 말 대신 '산출물'이라는 표현을 사용하면 자신이 경영업계의 일원이며 집단 내 자신의 지위를 가치 있게 여긴다는 점을 보여준다. 이렇게 본다면 전문 용어는 단순한 의사소통 매개체가 아니라 하나의 신호 장치라고 볼 수도 있다.

물론 모지오니가 자기 입맛에 맞는 사례들만 골라 '쓰레기 언어' 옹호론을 펼치고 있다고 비판하는 사람도 있을 것이다. 하지만 전문 용어를 혐오하는 사람들도 전문 용어 중 가장 악독한 사례들만 골라서 비판하기는 마찬가지다. 진실은 아마 양극단의 중간 어디쯤엔가 존재할 것이다. 비즈니스 전문 용어가

지나치게 자기중심적이고 무의미하다는 비판을 받는 것도 무리는 아니다. 하지만 효율성, 집단 내 소속감, 사회적 가치의 측면에서 중요한 역할을 담당하고 있음에도 제대로 평가받지 못하는 측면은 분명 존재한다.

저자의 의도를 찾으시오

위대함이란 오해받는 것이다.

- 랄프 왈도 에머슨, 『자기신뢰』(1841)

사람들은 나를 전혀 이해하지 못하며, 나를 이해하지 못한다는 나의 불평조차 이해하지 못한다.

- 쇠렌 키르케고르, 『키르케고르 일기』

작가들은 아주 많은 것을 불평한다. 자신에게 영감을 주는 뮤즈의 변덕을, 출판사의 홍보 부족을, 종이가 다른 매체로 대체되어 버린 이 세상을 불평한다. 하지만 그들을 가장 짜증나게 하는 것은 독자들이 자신을 이해하지 못한다는 사실이다.

그러나 많은 작가가 독자에게 친절하지 않은 것도 사실이다. 초현실주의 소설가들은 배경 설명, 인물 제시, 구성 단계 등 독자에게 익숙한 줄거리의 구성 요소를 의도적으로 건너뛴다. 예를 들어 커트 보니것은 시간을 비선형적으로 뒤섞어 버리고, 블라디미르 나보코프는 신뢰할 수 없는 서술자를 통해 이야기를 진행한다. 이런 기술이 모종의 미적 효과를 가져다주는 것은 사실이나, 독자 입장에서 이런 이야기는 혼란스럽거나 인지적으로 부담스럽다. 제임스 조이스(『피네건의 경야』)나 윌리엄 포크너(『음향과 분노』) 등 의식의 흐름 기법을 쓰는 작가들의 글 역시 이해하기가 매우 까다롭다.

작가들은 주제에서 벗어나는 이야기로 독자의 인내심을 시험하기도 한다. 고래잡이(『모비딕』)나 프랑스 파리의 하수관(『레미제라블』)에 대해 지나치게 자세히 설명하는 등 세부 사항을 너무 깊이 파고드는 긴 글은 그다지 독자 친화적이라고 보기 어렵다. 스위스의 심리학자 장 피아제 등 일부 저자의 글은 이해를 방해할 정도로 명확성이 부족하다는 평을 듣기도 한다.[17]

그런가 하면 다루고자 하는 개념 자체가 너무 복잡하거나 어려워서 이해하기 힘든 작품들도 있다. 독일의 현상학자 칸트, 헤겔, 후설 등이 독자에게 설명하고자 하는 철학 개념은 그 자체로 지나치게 어려웠기에, 결과적으로 그들의 글은 이해하기 어려울 수밖에 없었다.

심지어 작가의 의도 자체에 의문을 제기하는 사람들 때문에 문제는 더욱 복잡해진다. 예컨대 존 밀턴은 『실낙원』(1667)의 첫머리에서 이 서사시가 신의 판결을 정당화하기 위한 글이라는 점을 명시함으로써 자신의 목적을 분명하게 밝혔다. 그리고 여러 세대에 걸쳐 독자들은 『실낙원』을 작가의 의도에 맞게 해석했다. 하지만 이후 윌리엄 블레이크나 퍼시 셸리와 같은 비평가들은 밀턴의 의도를 깡그리 무시하고 신이 아닌 사탄이

『실낙원』의 진정한 주인공이라고 주장했다.

이들의 관점에 따르면 밀턴은 자신의 의도를 스스로 잘못 알고 있는 셈이 된다.[18] 여기서 한 걸음 더 나아가, 저자는 작품 자체와 아무 관련이 없으며, 저자의 의도가 무엇이든 상관할 필요가 없다고 주장한 사람도 있었다. 예컨대 롤랑 바르트는 1967년에 쓴 유명한 에세이를 통해 '작가의 종말'을 천명하면서 작품에 생명을 불어넣는 것은 창작자가 아닌 독자라고 주장했다.[19]

작품에 대한 반응과 작가의 의도가 유독 엇갈릴 수 있는 경우로 풍자적인 글을 꼽을 수 있다. 풍자문학에서는 누군가를 비판하거나 조롱하기 위해 과장, 유머, 역설 등을 사용하며. 어떤 작품은 이런 요소들을 전면에 내세운다. 예를 들어 조지프 헬러의 소설 『캐치-22』는 풍자적 요소들을 가득 담아 독자들이 반체제, 반전 메시지를 놓칠 수 없게 만들었다. 또 다른 작품은 명백한 풍자 효과를 내기 위해 우화 형식을 빌리기도 한다. 조지 오웰의 『동물 농장』 속 농부 존스가 러시아 황제 니콜라이 2세를 의미하며, 나폴레옹은 스탈린을, 스노우볼은 트로츠키를 뜻한다는 것은 누가 봐도 명백하다.[20]

하지만 작가의 풍자적 의도가 오해를 받는 경우도 많다. 17세기 영국 소설가 대니얼 디포의 경우를 살펴보자. 오늘날 그는 영국 최초의 근대 소설 『로빈슨 크루소』의 작가로 잘 알려져 있다. 하지만 당시에 그는 35년에 걸쳐 약 50여 편의 풍자문학 작품을 쓴 풍자문학 작가로 더 유명했다.[21] 그중 가장 악명 높은 작품은 익명으로 발표한 소책자『반대자들과의 짧은 길』이었다.

이 작품은 표면적으로는 영국 교회에 반대하는 신교도들을 공격적으로 비판하는 책이었다. 그런데 그 공격이 얼마나 포악하고 과장되어 있었던지 오히려 국왕과 영국 교회에 부정적인 이미지를 덧씌우는 효과가 있었다. 얼마 후 저자가 디포라는 사실이 밝혀지자 그는 선동적 명예훼손죄로 체포되어 유죄 판결을 받았고, 3일 내내 목에 칼을 써야 했으며 수개월 동안 수감되는 형벌을 받았다.

이 작품과 디포의 이후 행보에 대한 현대 학자들의 의견은 갈린다. 일부는 이 소책자를 '실패한 풍자'로 본다. 신교도에 대한 가짜 공격이라고 하기엔 너무나 완벽했기 때문이다. 하지만 그를 옹호하는 사람들은, 당대 사람 중 최소한 일부라도 이 작품을 국왕과 영국 교회에 대한 조롱으로 읽을 수 있었던 건 결국 풍자 소설가로서의 디포의 평판 덕분이었다고 주장한다.[22]

저자의 의도를 둘러싼 혼란은 여기서 끝나지 않는다. 일부 학자들은 바르트가 주장하는 '작가의 종말' 그 자체도 잘못 이해되었다고 주장한다. 사실 그의 에세이는 당시 유행하던 소위 신新비평*가들을 향한 또 다른 풍자였다는 것이다.[23]

한편 작가의 의도에 대해 혼란을 일으킬 수 있는 또 하나의 문학 장르로 '패러디'가 있다. 패러디는 다른 작품에 대한 비평으로 기능하며, 보통 원작을 조롱하고 비웃으려는 의도로 쓰인

---

*   작품의 배경, 작가 등은 무시하고 오로지 작품 자체에만 집중하는 비평 이론.

다. 하지만 풍자에 비해 패러디 글은 상대적으로 쓰기가 쉽다. 패러디 작가들은 보통 자신의 의도를 최대한 명확히 표현하기 위해 원작을 어느 정도 모방하기 때문이다. 원작을 알아차릴 수 있을 정도의 유사성이 없으면 성공적인 패러디라고 볼 수 없다.

예를 들어 셰익스피어의 〈소네트〉 130번은 이탈리아 시인 페트라르카의 사랑시와 그를 모방한 여러 작품을 패러디한 것으로 유명하다. 셰익스피어는 연인을 장미나 별빛처럼 아름다운 것에 비유하는 당대의 유행을 따르는 대신, 그녀의 머리칼은 머리에서 자라난 검은 철사와 같으며 그녀의 눈은 "전혀 태양 같지 않다"라고 묘사했다.[24]

그런데 페트라르카식 애정시를 풍자한 여러 작품이나 이런 식의 패러디에 익숙하지 않은 독자라면 셰익스피어가 어떤 여성에 대한 저열한 의도를 가지고 이 작품을 썼다고 오해할 수도 있다. 작가의 의도와는 전혀 다르게 해석하는 것이다. 그런가 하면 일부 비평가들은 셰익스피어가 묘사한 연인 '다크 레이디'가 지중해 출신이거나 유대계인 여성이었으며 그녀의 검은 눈과 머리칼을 있는 그대로 묘사한 것이라고 주장하기도 한다.

위의 사례들에서 알 수 있듯 작가가 독자에게 자신의 생각을 제대로 전달하지 못하는 경우는 너무도 많다. 독자들 또한 작품을 읽을 때 작가, 장르, 이야기 구조에 대한 자신의 선입견을 끌고 온다. 그러므로 어쩌면 에머슨은 이렇게 썼어야 했을지도 모르겠다. "쓰는 것이란 오해받는 것이다."

번역에서 길을 잃다

이 책은 같은 언어와 문화를 공유하는 사람들 사이에 벌어지는 의사소통 실패에 대해 다루고 있지만, 서로 다른 언어 사이에서 나타나는 소통 실패와 오해도 빼놓을 수 없는 주제다. 소통 실패를 유발하는 중요한 한 가지 원인은 번역 그 자체다. 번역 과정에서 어휘, 의미, 문화와 관련된 수많은 까다로운 문제가 불거진다.[25] 악명 높은 오역 사례는 정말 많지만 여기서는 그중 세 가지 사례를 통해 사소한 것부터 심각한 것에 이르기까지 다양한 오역을 살펴보자.

화성의 운하

1877년 화성과 지구가 '충opposition'* 상태를 이루면서 화성-지구 간 거리가 5,600만 킬로미터로 좁혀졌을 때 인류는 화성에 대한 수많은 발견을 해냈다. 미국에서는 아사프 홀이 해군 천문대 망원경으로 화성의 두 위성을 최초로 관측했고, 이탈리아 밀라노에서는 조반니 스키아파렐리가 브레라 천문대의 22센티미터 망원경으로 화성 표면을 자세히 관찰했다.[26]

스키아파렐리는 관찰 결과를 바탕으로 화성 지도를 만들었는데, 지도상에는 어두운 지역이 여러 군데 존재했다. 그는 이 지역을 화성의 바다로 추측하고 하나하나에 이름을 붙여주었

---

* 태양-지구-행성 순으로 일직선상에 위치하는 것.

으며, 그중 '시르티스 메이저Syrtis Major'를 비롯한 일부 명칭은 지금도 사용된다.27 그런데 스키아파렐리가 발견한 것은 또 있었다. 바로 화성 표면을 가로지르는 다수의 어둡고 곧은 선이었다. 그는 이것을 이탈리아어로 '해협'을 뜻하는 'canali'라고 칭했다. 하지만 이 단어는 영어로 번역되면서 '운하canal'로 둔갑하고 말았다. '해협cannel'은 자연적으로 만들어진 지형을 뜻하는 단어지만 '운하'는 인공적으로 설계된 시설을 의미하는 단어다.

그로부터 몇 년 후 미국의 아마추어 천문가 퍼시벌 로웰은 이 운하가 화성인들이 만든 인공 구조물이며, 극지방 만년설에서 채취한 물을 적도 지방 거주민에게 운송하기 위해 건설되었다는 주장을 폈다. 지구에서 운하의 모습을 관측할 수 있는 것은 운하 구조물을 따라 푸릇푸릇한 식물이 줄지어 자라고 있기 때문이라고 우겼다. 로웰의 주장은 우매한 대중의 입맛에 잘 들어맞았고, 그의 저서는 베스트셀러가 되었다. 허버트 조지 웰스는 로웰의 책에서 영감을 얻어 과학소설 『우주 전쟁』을 집필하기도 했다.

1907년 또 한 번의 '충' 현상이 나타났을 때 로웰은 화성 운하의 증거를 사진으로 남기려고 했지만 작고 어두침침한 이미지만으로는 반대론자들의 의심을 잠재우기 어려웠다.28 오랜 시간이 흐른 후 화성 궤도선과 착륙선의 탐사 결과, 화성 표면의 직선은 착시현상일 뿐이라는 사실이 증명되었다. 화성에는 운하가 존재하지 않았고, 스키아파렐리가 관측한 어두운 지역은 바다가 아니라 노출된 현무암이었다.

모세의 뿔

성 베드로 성당 바실리카는 영원의 도시 로마 관광의 필수 코스다. 주제단 아래 성유물함에는 성 베드로의 사슬이 보관되어 있는데, 5세기에 서로마 제국 황후 에우독시아가 교황 레오 1세에게 선물했다고 전해진다. 교황 율리오 2세의 묘지도 이곳에 있다. 묘지 건설 도중 재정적인 문제에 부딪혀 단 몇 개의 조각상만 설치하는 것으로 규모가 축소되었다지만 이 조각상 중에는 르네상스 최고의 조각가 미켈란젤로의 모세상도 있다.

미켈란젤로는 놀라울 정도의 생명력이 깃든 자신의 창조물을 무척이나 자랑스러워했다고 한다. 그런데 모세상의 머리에는 두 개의 뿔이 자랑스럽게 솟아 있어 의아함을 자아낸다. 미켈란젤로는 왜 뜬금없이 뿔을 달았을까? 이유는 단순했다. 성경에 모세가 머리에 뿔을 달고 있다고 쓰여 있기 때문이다. 특정 번역본에 따르자면 말이다.

문제가 되는 구절은 출애굽기 제34장 29~30절이다. "모세가 증거의 두 판을 손에 들고 시나이산에서 내려올 때, 모세 자신은 알지 못했으나 여호와와 얘기한 뒤로 얼굴에서 광채가 났다. 아론과 온 이스라엘인들이 모세를 보았을 때 얼굴에서 빛나는 광채를 보고 그에게 다가가기를 두려워했다." 이는 히브리어로 쓰인 구약 성경을 영어로 번역한 신국제역 성경에 따른 해석이다.

하지만 미켈란젤로 시대에는 성 히에로니무스가 천 년 전에 라틴어로 번역한 불가타 성서가 가장 많이 읽혔다. 성 히에

로니무스는 히브리어⁽ㄱ⁾를 'keren'으로 읽고 '뿔이 난'(라틴어로 'cornuta')이라고 해석했다. 하지만 이 단어는 모음만을 다르게 발음하여 'karan'으로 읽을 수도 있는데, 그러면 '빛나는', '환한'의 의미가 된다.29

불가타 성서의 번역에 따라 유대인을 뿔이 난 존재로 묘사한 예술가는 미켈란젤로 말고도 더 있었고, 악마를 떠올리게 하는 이런 식의 묘사는 몇 세기에 걸친 반유대 정서에 기름을 부었다.

흐루쇼프의 위협

1956년 11월 18일 소련 지도자 니키타 흐루쇼프는 모스크바 내 폴란드 대사관에서 열린 연회에서 북대서양 조약 기구NATO 특사들을 대상으로 연설을 했다. 헝가리 혁명과 수에즈 위기 직후여서 냉전으로 인한 긴장감은 특히 팽팽했고, 미-소 관계는 그야말로 악화일로를 걷고 있었다.

흐루쇼프는 즉흥적인 발언을 이어가던 도중 "당신들이 원하든 원하지 않든 역사는 우리 편이다"라고 말하더니 "My vas pokhoronim!"라는 말로 연설을 마무리했다. 이 문구는 "당신들을 묻어버리겠다!"로 번역되어 널리 보도되었으며, 서구권은 이것을 핵무기를 사용하겠다는 노골적인 위협으로 받아들였다.

수년이 흐른 뒤 흐루쇼프의 통역을 담당했던 빅토르 수호드레프는 방송사 RT네트워크와 이 사건에 관해 인터뷰를 진행했다. 그는 문자 그대로 해석하면 "당신들을 묻어버리겠다"가 맞다고 주장하면서도 흐루쇼프가 종종 자신이 모르는 우크라이나 속담을 쓰곤 했다고 인정했다.[30] 당시 흐루쇼프가 쓴 문구는 "당신들이 죽어 사라져도 우리는 여기 남을 것이다"라는 의미의 속담으로 해석될 수도 있다.[31]

다시 말해 흐루쇼프는 공산주의가 자본주의보다 더 오래 살아남을 것이라고 주장했을 뿐 서구 세계를 파괴하겠다고 위협한 것은 아니었을 수도 있다. 게다가 이 문구를 은유적 표현으로 본다면, 경제 체제로서 공산주의가 결국에는 자본주의를 이길 것이라는 의미로 이해할 수도 있었다.[32]

흐루쇼프의 진짜 의도가 무엇이었든 간에 서구권 정치인들은 문자 그대로의 해석을 적극적으로, 자주 활용했다. 피그스만 침공, 쿠바 미사일 위기, 베를린 장벽 건설 등을 겪으며 냉전 시대를 거치는 내내 이 문장은 해결되지 못한 채 미-소 관계에 해악을 끼쳤다. 그렇게 자그마치 30여 년의 세월이 흐르고 1980년대 중반 미하일 고르바초프가 글라스노스트(개방)를 실시한 뒤에야 흐루쇼프의 발언은 역사 속으로 사라질 수 있었다.

사실에서 멀어지는 기사들

2019년 6월 중순, 대중매체는 휴대전화가 밀레니얼 세대를 괴물로 바꿔놓고 있다는 기사로 한동안 떠들썩했다. 정확하게는 휴대전화 때문에 청년들의 머리에서 뿔이 자라고 있다는 내용이었다.

기자들이 앞다퉈 보도한 것은 2018년 피어리뷰 온라인 저널 《사이언티픽 리포츠》에 게재된 한 편의 연구 논문이었다. 호주의 보건과학자인 두 저자는 1,000건 이상의 두개골 엑스레이 사진을 분석한 결과 약 3분의 1 정도에서 두개골 바닥 부근에 '외골종 돌출', 즉 뼈가 튀어나오는 증상이 발견되었다고 주장했다.

연구자들은 오랜 시간 영상을 바라보는 행위가 뼈 돌출의 원인일 것으로 추측했다. 휴대전화나 태블릿PC를 보기 위해 고개를 숙이고 장시간 아래쪽을 응시하면 뒷목 부근 두개골에 하중이 증가하기 때문에 이런 변화가 나타난다는 것이다. 그렇다면 이 외골종은 자세 변화에 대한 우리 몸의 적응적 반응이라고 볼 수 있었다. 연구자들은 이런 변화가 만 18세에서 30세 사이의 성인에게 가장 흔하게 나타나며 여성보다 남성에게서 다섯 배나 더 많이 나타났다고 주장했다.[33]

이 논문이 다시금 주목받게 된 것은 그로부터 약 16개월이 지난 뒤였다. 영국 방송국 BBC는 "현대인의 생활은 인간의 골격을 어떻게 변화시키는가"라는 제목의 온라인 기사를 게재하면서 이 연구를 인용했다. 해당 기사에서는 외골종을 "뾰족한 혹"으로 표현했다.[34] 그런데 뒤이어 보도된 《워싱턴 포스트》의 기사는 "젊은이들 두개골에 '뿔' 나다. 원인은 휴대전화"라는 헤드라인과 함께 외골종을 "뿔과 같은 모양"이라고 소개했다.[35]

그리고 다시 《뉴욕 포스트》의 헤드라인에서는 의심스럽다는 의미를 담은 따옴표마저 사라지며 헤드라인은 "휴대전화 사용으로 젊은이들의 머리에 뿔이 자라고 있다"로 변한다.36 NBC뉴스와 《뉴스위크》 등 여타 매체의 보도 역시 이와 비슷했다.

그러나 원래의 연구 논문에는 '뿔'이라는 말 자체가 등장하지 않았다. 이후 매체와의 인터뷰에서 연구자들이 뿔이라는 단어를 언급한 적은 있지만 뼈의 구성 성분 자체가 아니라 단순히 뼈 모양이 변했다는 점을 강조했다.37 케라틴이라는 물질로 만들어지는 뿔은 애초에 뼈와는 전혀 다른 것이기 때문이다.

그리고 얼마 후부터 반대 기사들이 쏟아져 나오기 시작했다. 젊은이들의 머리에 뿔이 자라고 있다는 주장은 틀렸다는 내용이었다.38 39 논문은 정확한 휴대전화 사용 시간을 측정하지 않았다는 등 다양한 이유로 비판받았다. 게다가 논문이 주목받으면서 논문의 제1저자가 경제적으로 이득을 얻었다는 사실이 밝혀지기도 했다. 그는 '자세 박사'라는 이름으로 베개와 자세 교정기를 판매한 사람이었다.40

이처럼 '뿔 사건'은 여러 언론 매체가 신속하게 조치를 취한 덕분에 더 황당한 주장이 확산되기 전에 일단락될 수 있었다. 하지만 의심스러운 연구 결과가 자극적인 보도로 인해 대중의 뇌리에 깊이 각인되고 심지어는 공공 정책에까지 영향을 미친 경우도 있다.

예를 들어 1993년 《네이처》에는 모차르트의 소나타를 들은 후 대학생들의 공간추론능력이 일시적으로 향상되었음을 증명하는 논문 한 편이 게재되었다.41 시간이 흐르면서 이런 주장은 '모차르트 효과'로 탈바꿈했다. 영유아에게 모차르트 음악을 들려주면 인지 발달에 좋은 영향을 미친다는 믿음이었다. 미국의 음악가 돈 캠벨은 이런 주장을 널리 퍼트렸다. 그러나 여기에 대한 기자들의 반응은 반박이 아닌 침묵이었다.

그러자 1998년 조지아 주지사 젤 밀러는 신생아를 둔 부모들에게 클래식 음악 CD를 제공하기 위한 예산을 편성하기에 이른다.[42] 모차르트 효과의 과학적 근거가 빈약하다는 사실을 입증할 책임은 다시 심리학 연구자들에게 남겨지고 말았다.[43]

이처럼 경솔하고 부정확한 뉴스 보도를 하늘 아래 새로운 현상으로 볼 수는 없다. 하지만 과거에는 말도 안 되는 무책임한 신문 보도가 특정 계절에 집중되는 경향이 있었다. 주로 덥고 긴 여름, 특히 입법 기관들이 회기를 마치고 뉴스 제작자들이 휴가를 떠난 7~8월에 이런 보도가 횡행했다. 가짜 뉴스에 대한 우려가 오늘날처럼 심각해지기 전 영어권 국가들에서는 이런 시기를 '멍청한 계절silly season' 또는 '느린 뉴스의 계절slow news season'이라고 불렀다. 이 시기를 '오이의 시간'*이라고 부르는 나라도 많았다.[44]

한편 과학적 연구 결과가 대중에게 제대로 전달되지 못할 수 있다는 우려는 어제오늘의 일이 아니다. 1990년대부터 이미 여러 과학 저널에는 건강, 기후 변화 등에 관한 연구 결과를 어

---

* 오이가 제철인 여름에 부자들이 휴가를 떠나면 재단사들이 일감이 없어졌던 것에서 기원한 말

떻게 보도할 것인가에 관한 우려가 나타나기 시작했다.[45] [46] 어느 기사에서는 대중매체에 의해 기후 변화에 관한 연구 결과가 왜곡되는 현상을 '중국의 속삭임'(앞서 제7장에서 살펴본 전화기 게임의 다른 이름)에 비유하기도 했다.[47]

'과학과 대중 사이에 왜 의사소통 실패가 일어나는가'에 대해서는 여러 연구를 통해 다양한 원인이 밝혀졌다. 그중 중요한 한 가지 이유는 자극적 보도에 대한 보상 때문이다. 기자는 물론 연구자들 또한 자극적 보도 후 다양한 인센티브를 얻는다.[48] 자신의 연구 결과를 보도한 기사가 주목받을수록 과학자들의 평판은 좋아지며, 보도한 매체 역시 경제적 이득을 얻는다.

또 다른 원인으로 대중매체의 지형 변화와 새로운 비즈니스 모델의 등장을 꼽을 수 있다. 오늘날 대중매체는 가판대에 손님을 끌어들이거나 구독자를 모집하는 대신, 온라인 독자들의 눈길을 끌어 광고 노출 빈도를 높이려고 애쓴다. 그러다 보니 좋은 평가를 받는 언론사들조차도 헤드라인은 자극적인데 내용은 충실하지 못한, 그야말로 낚시성 기사들을 내보내고 있다. 이런 식의 보도 행태는 언론사는 물론이고 과학 그 자체에 대한 신뢰도마저 떨어뜨릴 수 있다.

저랑 만나보실래요?

경험이 부족한 남성은 외적으로 매력적인 여성을 찾아 헤맨다. 그러나 경험이 풍부한 남성은 자신에게 관심을 보이

는 여성을 찾아다닌다.

― 마크 캐리, 『대화로 이어지는 비언어적 표현』(1974)

다양한 의사소통 행위 중에는 특히 중요하면서도 까다로운 것들이 있다. 예를 들어 진정한 사과의 말을 전하려 할 때 딱 알맞은 말을 고르기란 상당히 어려우며, 은근한 협박을 할 때도 마찬가지다. 누군가에게 신세를 져야 하는 상황에서도 우리는 신중하게 단어를 선택해야 한다.

남녀 간의 애정이 결부된 대화 또한 정신 소모가 매우 큰 행위다. 누군가에게 이성으로서의 관심을 표현했다면 상대방이 제공하는 여러 단서를 활용해 그의 반응을 평가해야 한다. 이런 평가가 제대로 이루어지지 못하면 잠재적 연애 상대에게 다가가면서 느끼는 전율과 흥분은 오해, 혼란, 당황스러움으로 끝나버리기 십상이다. 안타깝게도 연애 사업은 의사소통이 실패하기에 안성맞춤인 영역으로 보인다.

추파를 던지는 행위가 쉽게 오해로 이어지는 한 가지 이유는 그것이 본질적으로 애매모호한 특성을 지니기 때문이다.[49] 너무 노골적인 유혹은 부정적으로 인식되기 쉽지만, 표현이 지나치게 미묘하면 아예 관심의 표현으로조차 받아들여지지 않을 수 있다. 마찬가지로 상대의 말에 너무 빠르고 확실한 반응을 보이면 뭔가 너무 절실해 보이거나 신중하지 못하다는 인상을 줄 수 있다. 그러면 연애 상대로서의 매력은 떨어지게 마련이다. 그러므로 남녀관계에서는 상대방에게 전혀 무관심한 것처럼 보일 위험을 무릅쓰더라도 얻기 어려운 사람이라는 느낌을 주는 편이 낫다. 어쨌든 의도를 알기 어려울 만큼 미묘한 구애 행동이나 애매모호한 반응이 확실하고 효과적인 의사소통을 막는 '원 스트라이크'임은 분명하다.

진화심리학자들의 주장에 따르면, 남성들로서는 잠재적인 연애 상대에게 최대한 많이 접근하는 편이 유리하다. 그래서 남성들은 구애 행동을 순전히 숫자놀음으로 여기는 경향이 있다. 어떤 타깃에게는 먹히지 않던 말이 다른 타깃에게는 효과를 발휘할 수도 있으며, 끊임없이 노력하다 보면 결국은 연애에 성공할 수 있다는 생각을 가지기 쉽다는 것이다.

반면에 진화 이론에서 여성의 입장은 남성과는 사뭇 다르다. 여성은 상대를 선택할 때 까다로워야 한다. 만약 남녀 간의 만남이 성관계와 임신으로 이어진다면 자녀를 양육하는 데 엄청난 시간과 노력이 들 테고, 이런 역할은 전통적으로 엄마에게 맡겨지기 때문이다.[50] 구애 행동의 결과로 지게 되는 잠재적 책임은 여성에게 훨씬 크다. 따라서 여성은 좋은 배우자를 판별하는 안목이 있어야 한다.

인간의 구애 행동에 관심을 가진 일단의 심리학 연구자들이 술집으로 향했다. 술을 마시려는 게 아니라 '현장'에서 이런 행동을 연구하기 위해서였다. 예를 들어 술집에서는 이성에게 접근하기 위한 다양한 말이 얼마나 효과적인가를 평가할 수 있었다. 보통 여성들은 경박하거나 의도가 뻔히 보이는 말("제가 예전에 만난 사람과 닮으셨어요"라든가 "술 좋아하세요?")을 부정적으로 받아들였고, 오히려 직접적이거나("이런 말 하기 부끄럽지만 저랑 만나보실래요?") 무해한 말("안녕하세요" 또는 "이 노래 좋아하세요?")을 선호했다.[51]

위에서 언급한 마크 케리의 문장에서 알 수 있듯 남녀의 만남에서 구애 행동을 수용한다는 신호는 본질적으로 비언어적인 경우가 많다.[52] 어찌 보면 당연한 일이지만, 심리 연구에서도 술집에서 남녀 간의 눈맞춤이 한 번으로 끝났을 때에 비해 여러 번 일어났을 때 '접근 행동'으로 이어질 가능성이 크다는 결과가 나왔다. 연구자들은 이런 현상을 "남성이 처음 만난 여성에게 접근하기 위해서는 약간의 격려가 필요하다"고 해석했다.[53]

또 다른 현장 연구에서는 여성의 눈맞춤이 얼마나 길었는지, 미소가 동반되었는지에 따라 잠재적 구혼자들의 접근 가능성이 어떻게 달라지는지를 조사했다(결과는? 당연히 달라졌다).[54] 그리고 온타리오 대학가의 독신 전용 술집에서 연구자들은 가슴, 엉덩이에 손을 대거나 춤을 추면서 몸을 문지르는 등 성적으로 노골적인 접근 행동의 실제 사례들을 확인하기도 했다.[55]

사람들은 보통 타인의 행동을 해석하는 데 상당히 구체적인 자기만의 대본을 가지고 있다. 성적인 행동에 대한 대본도 있는데, 여기에는 구애 행동과 연애를 규정하는 기대도 포함된다.

우선 신체 접촉을 비롯한 특정 행위들은 성적인 행동의 가능성을 높이는 신호로 여겨진다. 공공장소에서 사적인 공간으로 이동하는 것 역시 남녀 모두에게 성관계 가능성을 높이는 행동으로 받아들여진다. 반면 여성의 "너무 빠른 것 같아" 등의 걱정하는 표현은 남녀 모두에게 성관계가 일어날 가능성을 낮추는 것으로 인식된다.[56]

성적인 행동에 대한 남성과 여성의 생각은 상당 부분 겹치지만 아주 사소한 차이만으로도 오해와 의사소통 실패를 낳곤 한다. 예를 들어 남성은 추파를 던지는 행동을 좀 더 성적인 것으로 보는 반면, 여성은 단순히 상황을 즐기는 하나의 방식으로 인식할 가능성이 크다.[57] 그러나 흥미롭게도 남성이 단순히 상황을 즐기려고 추파를 던지는 것처럼 보이면 여성들에게 그의 매력은 크게 떨어졌다.[58]

이와 관련하여 오해가 일어나는 또 하나의 원인은 친절한 행동이 추파를 던지는 것으로 오해를 받거나, 그 반대의 오해를 받는 경우다. 이런 오해는 특히 직장에서 문제가 된다. 사람들은 대부분 직장 내에서 동료와 우호적인 관계를 유지하고자 하기 때문에 친절한 태도를 취하게 마련이다. 그래서 다정하게 대화를 나누기도 하고 동료의 생일을 기억하고 축하해 주기도 하는 등 동료로서의 애정을 보여주기도 한다. 하지만 받는 사람은 이런 행동을 로맨틱한 애정 표현이라고 오해하기 쉽다.

이 논의에서 아마 가장 중요한 내용은 의사소통 실패가 성적 동의에 대한 오해로 이어질 수 있다는 점일 것이다. 예를 들어 #미투 운동은 권력자나 우월한 지위를 가진 자가 어떤 식으로 자신의 특권을 남용할 수 있는가에 대한 경각심을 불러일으켰다. 이처럼 확실하고 적극적인 동의에 의해서만 성적 행위가 이루어져야 한다는 인식은 수동적인 동의라는 모호함을 없앰으로써 원치 않는 성적 접촉의 가능성을 낮춘다.[59]

10장

빵빵! 못 봤어요, 미안해요
장소와 맥락

?...?...?...?...?...?...?...?...?...?...?...?
!?...!?...!?...!?...!?...!?...!?...!?...!?...!?
!...!...!...!...!...!...!...!...!...!...!...!
?!...?!...?!...?!...?!...?!...?!...?!...?!...?!

이 책의 마지막 장에서는 이메일을 제대로 이해하기가 왜 어려운지 설명하기 위해 자기중심성 문제를 다시금 살펴보려 한다. 그리고 의사소통과는 거리가 멀어 보이는 행동, 예컨대 운전 중 분노 폭발도 실은 의사소통 실패에서 비롯된다는 점을 확인할 수 있을 것이다. 그밖에 오해가 어떻게 법정 증인의 신뢰성을 떨어뜨렸는지, 오해로 인해 전쟁터에서는 어떻게 끔찍한 살육이 벌어졌는지도 살펴보겠다. 마지막으로는 1977년, 의사소통의 취약성이 여러 겹의 안전장치를 뛰어넘어 재앙으로 이어진 비극적인 사건을 조명하고, 그 후 사고를 막기 위해 항공 분야에 도입된 특수 언어를 알아보겠다.

자기중심성과 이메일

어느 MBA 학생은 직장 상사의 이메일에 대해 이렇게 말했다. "이메일로는 그분의 기분을 알 수가 없어요. 한번은 회의 준비 중에 비꼬는 이메일('제대로 못 하면 곤란해')을 받고 너무 속상했거든요. 나중에 알고 보니 웃기려고 쓰신 말이었더라고요."

— 크리스틴 바이런[1]

한 응답자는 이렇게 말했다. "(직장 상사에게) 어느 날 이메일로 질문을 했어요. 그런데 그걸 반항적인 의도로 오해하신 거예요. 저 그날 거의 잘릴 뻔했어요!"

— 세라 셰이퍼[2]

전자 메시지는 도대체 어떤 특성 때문에 이렇게 잘못 해석되는 걸까? 생각해 보면 그리 놀라운 일은 아니다. 제2장에서 살펴보았듯 사람들은 상대가 자신의 손가락 연주만을 듣고도 노래 제목을 맞출 거라고 착각할 만큼 자기중심적이다. 이런 인지편향과 오류는 직접적인 대화에서도 문제를 일으키지만 문자 메시지나 이메일에서는 그야말로 최악의 시나리오를 불러올 수 있다.

그리고 이메일에는 대화의 명확성을 더해줄 단서가 부족하다. 나의 의도를 강조하기 위해 표정, 몸짓, 목소리를 동원할 수도 없고, 혼란스럽다는 듯 찡그리는 상대의 표정을 보고 고쳐말할 수도 없다. 불안해하는 상대의 모습을 보고 격려의 말을 건넬 수도 없다. 이처럼 이메일은 실시간 피드백을 전혀 할 수 없는 빈약한 매체다.

하지만 우리는 이메일로 충분히 의도가 전달되리라고 과신한다. 저스틴 크루거 연구팀은 실험에 참가한 대학생들에게 진지한 메일과 비꼬는 메일을 모두 쓰게 한 다음, 그것을 읽은 사람이 의도를 정확히 맞힐 수 있을지 예상해 보도록 했다. 그리고 다른 참가자들이 쓴 이메일을 진지한 것과 비꼬는 것으로 분류하라는 지시도 했다. 이메일을 쓸 때 학생들은 자신의 의도가 평균 97퍼센트의 확률로 정확히 전달될 거라고 예상했다. 하지만 실제로 학생들이 타인의 의도를 정확히 파악할 확률은 84퍼센트였다. 꽤 높은 수치지만 학생들의 예상치와는 상당한 차이가 있다.[3]

그런데 이 실험에 참가한 학생들은 모두 서로 모르는 사이였다. 만약 친구 사이였다면 결과가 조금이라도 달라졌을까? 친구라면 우리가 어떤 식으로 감정과 의견을 표현하는지 잘 알 테니 말이다. 게다가 친구들과는 공통 기반을 활용해 소통할 수도 있다. 그래서 크루거의 연구를 계승한 모니카 라이어든과 로런 트리칭어는 참가자들에게 자신의 감정을 표현하는 이메일을 쓴 뒤 모르는 사람과 친구에게 각각 보내도록 했다. 참가자들은 타인보다는 친구가 자신의 감정 상태를 더 정확히 알아낼 거라고 예상했다. 하지만 결과적으로 두 집단 사이에는 큰 차이가 없었다.[4]

사람들이 이메일에 나타난 감정 상태를 얼마나 잘 구분하는지를 평가하기 위한 또 다른 연구 결과도 크게 다르지 않았다. 참가자들의 능력은 '신뢰하기 어렵고 비일관적'이었다.[5]

이런 결과는 자기중심성과 인지편향으로 설명할 수도 있지만 일부 다른 요인도 있을 수 있다. 먼저 크리스틴 바이런의 주장에 따르면 긍정적인 감정이 담긴 이메일은 저자가 의도한 만큼 감정적으로 인식되지 않는다. 이런 현상을 '중립성 효과 neutrality effect'라고 부른다. 중립성 효과가 나타나는 이유는 대면 대화와 비교했을 때 이메일이 생리적 자극을 많이 주지 못하기 때문이다. 심지어 전화 통화와 비교해도 이메일의 생리적 자극은 훨씬 떨어진다.[6] 다시 말해서 아무리 긍정적인 말로 화려하게 장식한 글이라도 화면을 통해 전달된다면 사람이 직접 말할 때와 같은 정서적 공명과 호소력을 갖기 어렵다.

바이런은 보내는 사람의 의도와 달리 이메일이 심지어 부정적으로 인식될 수도 있음을 시사했다. 이런 '부정성 효과negativity effect'는 이메일의 짧은 길이에 일부 기인한다. 짧은 메시지는 보통 무뚝뚝하고 퉁명스러워 보이기 때문이다. 부정성 효과는 의도치 않은 여러 가지 결과를 낳을 수 있는데, 예컨대 이 주제의 첫머리에 언급한 두 사례처럼 상대방을 걱정시키거나 분란을 일으킬 수 있다. 어쩌면 우리는 바이런의 보고서 제목처럼 이메일에게 "감당하기 어려운 무거운 소통의 짐을 지우고" 있는지도 모르겠다.[7]

한편 타인을 설득하려 할 때도 대면 상호작용에 비해 이메일의 효율성은 크게 떨어진다. 우리는 설득을 통해 상대방의 의견을 바꾸고자 할 수도 있고 뭔가를 부탁할 수도 있다. 직접 만나서 뭔가를 부탁할 때와 이메일로 부탁할 때 과연 결과에 얼마나 차이가 있을까?

모르는 사람 열 명을 임의로 선정해 설문지 응답을 요청해야 한다고 생각해 보자. 열 명 중 몇 명 정도가 부탁을 들어줄까? 실험에 참가한 49명의 대학생은 이런 질문을 받고 평균적으로 5.08명, 그러니까 '절반 정도'가 부탁을 들어줄 거라고 예상했다. 하지만 직접 교정에 나가 임의의 열 명에게 설문지 작성을 요청했더니 평균 7.15명, 즉 예상보다 40퍼센트나 많은 사람이 부탁을 들어주었다.

이번에는 임의로 선정한 열 사람에게 이메일로 같은 부탁을 했을 때 어떤 결과가 나올지를 물었다. 학생들은 절반이 약간 넘어가는 수치(평균 5.53명)를 예상했다. 하지만 학교 전화번호

부에서 임의로 선정한 열 개의 이메일 주소로 실제로 메시지를 보냈을 때 요구에 응해줄 확률은 겨우 0.21퍼센트였다. 예상보다 26배나 적은 수치였다![8]

곰곰이 생각해 보면 이런 결과가 나오는 것은 당연하다. 누군가 직접 요청할 때는 거절하기가 어렵지만 이메일은 상대적으로 쉽게 무시할 수 있기 때문이다. 그럼에도 학생들이 예상한 수치와 실제 수치 사이의 엄청난 차이는 놀라운 수준이었다. 실험 참가자들은 "모르는 사람이 보낸 메일에 대한 의구심과 그에 따른 공감의 결여를 미처 예상하지 못한" 것으로 보인다.[9]

그렇다면 전자기기를 통한 의사소통에만 이런 문제가 있는 것일까? 사실 연구자들이 밝혀낸 문제는 대부분 심리적 편향에 의한 것이며, 편향은 거의 모든 의사소통 상황에서 나타난다.

도로 위의 분노

1997년 12월 셰릴 카일과 남편 로버트는 오리건주 더 댈러스에서 크리스마스 기념 저녁 식사를 마치고 집으로 향하는 길이었다. 포틀랜드 205번 고속도로를 달리던 셰릴은 차선을 변경하려다 사고를 낼 뻔했다. 스쿨버스 운전기사인 셰릴은 항상 조심스럽게 차선 변경을 하는 편이지만 이번에는 뒤에서 다가오던 갈색 소형 토요타 차량을 미처 발견하지 못했다. 충돌 위기를 간신히 넘긴 셰릴은 깜짝 놀라 본래 차선으로 돌아왔는데, 그 사이 토요타 차량이 속도를 내며 셰릴 옆으로 바짝 달라

붙었다.

셰릴과 로버트는 입 모양으로 "미안해요"라고 말하고 손을 흔들었다. 하지만 사과의 말과 손짓만으로 토요타 운전자의 분노를 잠재우기엔 역부족이었던 것 같다. 곱슬머리의 중년 남자는 창문을 내리더니 카일 부부를 향해 다짜고짜 총을 발사했고, 9밀리미터 권총에서 나온 총 한 발이 로버트의 팔꿈치에 명중했다. 셰릴의 표현에 따르면 이 남성은 총을 쏜 뒤 마치 아무 일도 없었던 것처럼 차를 몰고 달아났다고 한다.[10] [11]

사실 이런 일은 아주 흔하다. 2003년에 캐나다 온타리오 주민 약 1,400명을 대상으로 '도로 위의 난폭 행동'에 대한 전화 설문조사가 실시되었다. 온타리오처럼 친절하기로 유명한 도시에서도 지난 한 해 동안 도로 위에서 소리 지르기, 욕하기, 무례한 손짓 하기 등을 당했다고 응답한 사람이 거의 절반에 달했다. 그런 행동을 한 적이 있다고 답한 사람도 약 3분의 1이었다. 상대 운전자가 실질적인 위협 행위까지 가했다고 답한 사람은 약 7퍼센트였는데, 본인이 그런 위협을 가한 적이 있다고 답한 사람은 2퍼센트에 그쳤다.[12] 별로 놀랍지는 않겠지만 분노를 공격적인 방식으로 표출할 가능성은 남성일수록, 젊을수록 높았다.[13]

도로 위의 난폭 행동이라는 개념은 아마 사람들이 자동차를 운전하기 시작한 이래로 줄곧 있었을 것이다. 하지만 미국에서 이런 용어가 생겨난 것은 비교적 최근인 1988년이었다.[14] 이런 행태가 반복되는 한 가지 원인은 도로 위를 달리는 운전자에게 의사를 표현할 수 있는 행동 레퍼토리가 상당히 제한되어 있기 때문이다. 물론 카일 부부처럼 입 모양이나 손짓으로 사과의 뜻을 표할 수는 있다. 하지만 정확한 뉘앙스를 전달할 수 없기 때문에 상대방은 그것을 진심에서 우러나온 행동이 아니라 형식적인 행동으로 오해해 겁도 없는 뻔뻔한 인간들이라고 생각하며 분노할 수 있다. 더욱이 자신은 차 안이라는 어느 정도 익명성이 보장된 상태에 있기 때문에 평소에 비해 선 넘는 행동을 하기가 쉽다.

모든 자동차에는 점멸등이나 경적 같은 기본적인 의사소통 시스템이 갖춰져 있으며 헤드라이트도 같은 기능을 수행할 수 있다. 점멸등은 운전자의 의도를 상당히 분명하게 전달해 주는 신호인 반면 경적은 그렇지 못하다. 보통 경적은 다른 차량의 주의를 환기하기 위해, 예컨대 적색 신호가 녹색 신호로 바뀌었음을 알려주기 위해 최대한 짧게 울린다. 그래서 경적을 길게 울리는 것은 적대적인 행동으로 인식되기 쉬우며, 결국 상대 차량의 분노를 유발할 수 있다.

헤드라이트는 심지어 더 문제가 될 수 있다. 헤드라이트를 켜는 이유는 한두 가지가 아니기 때문이다. 예를 들어 반대편에서 다가오는 차량에게 상향등을 하향등으로 바꾸라는 의미로 헤드라이트를 켤 수도 있고, 트럭 운전수들은 자신의 앞에 안전하게 끼어들 수 있음을 알려주려고 헤드라이트를 켜기도 한다. 한때 미국에서는 헤드라이트를 켜라는 의미로 다른 차량을 향해 헤드라이트를 켜는 관행이 있었다. 하지만 범죄조직이 새로운 조직원에게 공격 대상을 알려줄 때 이런 행위를 한다는 도시 괴담이[15] 끊임없이 퍼지면서 이런 관행은 거의 사라지고 말았다.

때로 운전자들은 앞에 과속 단속 카메라가 있다는 사실을 다른 운전자에게 알려주려고 헤드라이트를 켜기도 한다. 미국에서는 이런 행위의 합법성을 주마다 다르게 규정한다. 일부 지역에서는 공무집행 방해를 이유로 벌금이 부과되기도 하지만, 재판부가 헌법상 표현의 자유에 의해 보호받는 행위라고 판시한 경우도 많았다.[16]

그밖에 느리게 가는 차를 추월하겠다는 의사 표시로 헤드라이트를 켜기도 한다. 그런데 앞차의 꽁무니를 바짝 따라붙으면서 이런 행위를 한다면 상대 차량은 큰 위협을 느낄 것이다. 그러면 분노한 앞 차가 오히려 속도를 늦추고 브레이크를 짧게 여러 번 밟아 브레이크등을 켜서 따라붙는 차에 경고 메시지를 보내기도 한다.

그런가 하면 운전 중 분노를 표현하는 손동작은 좋든 싫든 하나로 정해져 있다. 창문 밖으로 주먹을 내밀고 가운데 손가락을 펴는 동작이다. 하지만 미안함을 표하거나 자신의 실수를 인정할 때 쓸 수 있는 보편적 손동작은 거의 없다. 가볍게 손을 흔들 수는 있지만 상대 운전자에게 잘 보이지 않을 수도 있고 충분한 사과의 의미로 받아들여지지 않을 수도 있다. 앞서 카일 부부 사건에서 보았듯 손을 살짝 들어올리는 것 역시 난폭해진 상대 운전자의 분노를 누그러뜨리기에는 충분하지 않

을 수 있다. '손바닥으로 가볍게 이마 두드리기'처럼 사과의 손
짓을 만들자는 제안이 여럿 있었으나 아직 널리 통용되는 것은
없다.[17]

이렇게 의사 표현 방법이 빈약하면 의사소통은 불안정해질
수밖에 없다. 운전대 앞에 앉는 순간 이미 우리는 '원 스트라이
크'를 당하는 셈이다. 이런 문제를 해결하기 위해 다양한 방안
이 제시되었다. 그중에서도 뒷유리에 사과 문구를 담은 LED
표지판을 부착해 리모컨으로 조절할 수 있게 만든 상품이나 뒷
유리에 손 모양 부착물을 붙이고 사과의 손짓처럼 좌우로 흔들
리게 만든 상품 등은 미국에서 특허 출원까지 되었다. 라디오
방송국 NPR에서 자동차 토크쇼를 진행하는 톰과 레이 매글리
오지 형제는 2001년에 이런 상품들에 대해 나름대로의 소신을
밝힌 바 있다. 운전을 방해하는 요소가 이미 너무 많은 상황에
서 의사소통 수단을 하나 더 추가하는 것은 본질적으로 비효율
적인 행위라는 것이 그들의 의견이었다.[18]

여러 방안 중에서도 가장 흥미로운 것은 '사과의 경적'이었
다.[19] 지금까지 경적 소리는 늘 부정적인 의미를 가질 수밖에
없었다. 그런데 여기에 감사나 사과의 의미를 담을 수 있다면
어떨까? 자동차 음향 신호의 범주가 긍정적인 의미까지 확대
될 수 있고, 도로에서 의사소통 실패를 줄일 수도 있다. 물론 별
로 미안하지도 않으면서 비꼬는 용도로 쓸 수 있다는 단점은
있다.

혼돈의 법정

법조인들은 제멋대로인 세상사에 질서, 명확성, 공정성을 부여하고자 노력한다. 그런데 행위의 의도나 동기처럼 애매모호하고 추상적인 것을 판단하려면 법 적용 과정에서 사람의 정신과 마음을 들여다보아야 한다. 예를 들어 살인과 치사의 구분법을 살펴보자.

살인은 '살인할 계획'을 가지고 저지른 행위인 반면 치사는 우발적으로 일어난 행위를 말한다. 이 둘을 구분하기 위해 배심원들은 '도덕적 책임', '격정적 상태'와 같은 모호한 개념과 씨름해야 한다.[20] 어떤 판단을 내리는지에 따라 대단히 중대한 결과로 이어지기 때문이다. 살인에 비해 치사에 대한 처벌은 상당히 가벼우며 살인 판결을 받을 경우 형량이 훨씬 늘어난다.

정의를 구현하고자 하는 법조인이라면 법정에서 일어날 수 있는 다양한 오해와 의사소통 실패를 경계해야 한다. 우선 판사와 배심원은 재판 과정에서 양측이 제시하는 다양한 증거를 잘 살펴보아야 한다. 제8장에서 언급했듯 전문 증거의 인정 여부를 판단하는 것은 법원이 사실과 의견을 철저히 구분하기 위한 한 가지 방법이다. 양측이 모두 동의한 내용(합의 사항)과 논쟁 중인 내용(혐의) 또한 분명하게 구분되어야 한다.

게다가 검사의 경우 피고 측에 치우친 증인으로부터 증언을 얻어내야 하는 경우가 많다. 증인이 피고와 친밀한 사이거나 자신의 범죄 연루 사실을 숨기고자 한다면 그는 검사 측 질문을 자의적으로 좁게 해석하거나 제대로 이해하지 못한 척할 수도 있다.[21] 비협조적인 태도로 일관하거나 진술거부권을 사유로 답변을 아예 거부하는 증인도 많다.

법조인들이 아무리 노력해도 법정에서 의사소통 문제를 피하기 어려운 경우가 있다. 예컨대 판사가 법정에 선 사람들의 행위에 적용해야 할 법조문 자체가 불분명한 경우다.

판사가 배심원단에게 지침을 제공할 때도 혼란이 일어날 수 있다. 예를 들어 판사가 다양한 법적 개념에 대해 정확한 정의를 내려주지 않으면, 일반적인 상황에서 쓰이는 의미와는 사뭇 다른 법적 개념을 배심원단이 이해하지 못할 수 있다. 좋은 사례로 '합리적 의심이 없는 정도의 증명'이라는 개념을 들 수 있다. 이 개념은 법학 분야에서 최소 18세기부터 논란이 되어왔는데,[22] 판사가 배심원단에 이런 지침을 내릴 경우 배심원단이 유죄 판결에 편향된 시각을 가질 수 있다는 주장도 제기되었다.[23]

사법부는 재판 과정 자체와 관련된 의사소통 실패 및 오해를 차단하기 위해 다양한 안전장치를 갖추고 있다. 양측 발언을 실시간으로 기록하고, 필요할 때 언제든 그 기록을 확인해주는 속기사, 즉 법원 서기를 두는 것도 안전장치 중 하나다. 이상적으로 보자면 법원 서기의 기록은 재판의 진행 과정을 오류 없이 완벽하게 담아야 한다. 하지만 의사소통의 복잡성 때문에 법원 서기의 재판 기록은 불완전한 경우가 많다.

이 문제는 2013년 트레이본 마틴 사망 사건의 피고 조지 짐머만 재판 과정에서 크게 불거졌다. 증인으로 출두한 레이첼

진텔은 트레이본의 친한 친구로 사건 당시 트레이본과 통화를 하고 있었다. 흑인 영어를 구사하던 레이첼은 여전히 슬픔에서 헤어 나오지 못한 듯한 목소리로 부드럽게 증언을 이어나갔다.

그런데 흑인들이 주로 사용하는 미국 흑인 영어는 시제, 상相, 법 등에서 표준적인 영어와 차이를 보인다. 예를 들어 흑인 영어에서는 현재 시제를 쓸 때 be 동사를 생략하는 경우가 많다. 그래서 "He is working그는 일하는 중이다"은 "He workin'"으로 쓴다. "He be workin'"은 "그는 늘 일을 한다" 또는 "그는 자주 일을 한다"는 뜻이다.

게다가 'three of those그 세 사람'의 th 발음을 t 또는 d로 치환해 'tree of doze'처럼 발음하거나 'bath'를 'baf'로 발음하는 등 발음상의 차이도 상당하다.[24] 이런 흑인 영어에 익숙하지 않던 법원 서기와 배심원들은 레이첼의 증언을 이해하는 데 몹시 애를 먹었다.[25]

이 사건 재판에서 영감을 얻은 언어 연구자들은 법원 서기 기록의 정확성이 방언에 따라 얼마나 달라지는지를 확인하기 위한 실험을 기획했다. 필라델피아 법원의 서기 27명에게 흑인 영어가 포함된 다양한 법정 증언을 받아 적은 뒤 쉬운 말로 풀어쓰게 하는 실험이었다.

미국에서 법원 서기로 일하려면 분당 최소 225단어를 95퍼센트의 정확성으로 기록할 수 있어야 한다[26](비교하자면 이는 전문 속기사가 되기 위한 필수 속도의 세 배에 해당한다). 법원 서기들이 이토록 놀라운 속도와 정확성을 기록할 수 있는 것은 특수 키보드가 부착된 기계를 사용하기 때문이다. 이 기계의 글쇠를 다양한 조합으로 누르면 음절과 단어는 물론 하나의 구절까지도 한 번에 표현할 수 있다.[27]

해당 연구에서는 증언 목록에서 뽑은 83개의 녹음본을 법원 서기들에게 들려주었다. 각각의 녹음본을 재생한 뒤 들리는 그대로 받아 적은 다음 쉬운 말로 바꾸어 설명하게 했다. 그러자 받아쓰기의 정확도는 평균적으로 겨우 60퍼센트를 기록했다. 전문 법원 서기가 되기 위한 필수 정확도인 95퍼센트에 크게 못 미치는 수치다. 정확도가 제일 높은 참가자도 77퍼센트에 그쳤으며 최저점은 무려 18퍼센트였다.

쉬운 말로 바꾸어 쓰기의 정확도는 그보다도 훨씬 떨어지는 33퍼센트를 기록했다. 실험에 참가한 법원 서기들은 화자의 의도를 파악하는 데 큰 어려움을 호소했다.

예를 들어 한 참가자는 연구자들에게 이렇게 말했다고 한다. "시제를 도무지 모르겠네요! 'He be workin'"이라니, 대체 무슨 말이죠? 지금 일하고 있다는 것인지, 일을 자주 한다는 것인지, 정말로 일을 한다고 강조하는 것인지 모르겠어요! 돌겠네!"[28] 인종이 흑인인 법원 서기라도 결과는 백인 법원 서기들과 거의 다를 바 없었다. 대부분은 흑인 영어에 익숙하지 않았기 때문이다.

법정에서 충분히 만날 수 있는 비표준적 영어에 대해 법원 서기들은 전혀 훈련이 되어 있지 않은 것으로 드러났다. 서기의 기록은 재판 과정의 공식적인 기록으로 남는 만큼 그 과정에서 일어나는 실수는 어떤 것이든 치명적인 결과를 낳을 수 있다. 예를 들어 재판 과정을 제대로 기록해 두지 못하면 비표준적 영어를 쓰는 사람들은 재심을 받으려 할 때 중대한 불이익을 당할 수 있다. 아무래도 정의의 여신은 눈만 가려진 게 아니라 귀도 잘 들리지 않는 것 같다.

전쟁의 승패가 갈리다

"진격하라, 경기병대여!"
두려워하는 이가 있었던가?
누군가 실수하였음을
병사들은 알고 있었음에도.

- 알프레드 테니슨, 「경기병대의 돌격」(1854)

테니슨의 유명한 시에 묘사된 이 사건은 크림전쟁 두 번째 해의 발라클라바 전투에서 벌어졌다. 전투가 막바지로 치닫던 어느 날, 영국의 사령관 래글런 남작은 경기병대에게 공격을 명한다.

그의 목표는, 튀르키예군 점령 지역을 차지하고 해군포까지 빼앗아 달아나려던 러시아군을 막는 것이었다. 검과 창으로 무장한 영국 기병대는 훈련과 장비를 완벽하게 갖춘 군인들로 구성되어 이런 임무에 아주 적합했다.

그런데 웬일인지 경기병대는 러시아 보병대를 뒤쫓아 가는 대신 엉뚱한 방향으로 정면 공격을 감행했고, 얼마 후 사방에서 쏟아지는 엄청난 화포 공격을 마주하게 된다. 대열을 뚫고 쏟아지는 수많은 포탄에도 불구하고 경기병대는 진군을 계속했다. 마침내 수십 명의 기병이 러시아 대포에 도착했지만 이미 수많은 병사가 목숨을 잃은 후였다. 결국 이들은 목적을 달성하지 못한 채 후퇴할 수밖에 없었다.

대체 왜 이런 비극이 벌어졌는지에 대해서는 아직도 완벽한 결론이 나지 않았다. 당시 래글런 남작의 명령을 받은 루이스 놀런 대위는 기병대 지휘관 루컨 백작에게 다음과 같은 명령문을 전달했다. "적들이 대포를 가져가지 못하게 저지하라." 하지만 경기병대가 있는 곳에서는 문제의 대포가 전혀 보이지 않았다. 루컨 백작은 놀런 대위에게 화를 내며 대체 어떤 대포를 말하는 거냐고 물었다.

그런데 놀런 대위 역시 루컨 백작이 즉시 명령을 수행하지 않고 혼란스러워하는 모습에 격분한 상태였다. 그는 약 1마일 거리에 있는 다른 러시아군 주둔지를 향해 손을 휘두르며 이렇게 말했다고 한다. "저기 적군이 있고, 대포도 있지 않습니까!"[29]

놀런 대위가 가리킨 곳은 후에 테니슨이 '죽음의 계곡'이라고 부르는 계곡의 끄트머리였다. 러시아군은 이 계곡을 둘러싼 양쪽 능선을 따라 50기 이상의 화포를 설치해 두었으며, 기병대가 진군할 계곡과 러시아군 사이에는 아무런 방해물도 없었다. 그럼에도 불구하고 루컨 백작은 이 명령을 부하인 경기병대 지휘관 카디건 경에게 하달했다. 카디건 경이 작전에 의문을 제기하자 루컨은 이렇게 답했다. "방법이 없네. 명령을 따르는 수밖에."

결국 경기병대는 계곡을 향해 진격했고 러시아군의 도살은 단 7분 만에 끝이 났다. 공격을 감행한 670명의 기병 중 300명이 사망하거나 부상을 입거나 포로로 잡혔으며, 놀런 자신도 경기병대 맨 앞에서 진격하다가 거의 곧바로 죽음을 맞았다. 죽기 직전에 그가 자신의 실수를 깨닫고 내용을 수정하려 했는지는 아무도 알 수 없지만 어쨌든 그는 실수를 만회할 틈도 없이 죽고 말았다. 거의 자살행위와 다름없는 영국군의 행동을 보고 황당해하던 러시아군은 영국군이 술에 취한 것이 분명하다고 결론 내렸다고 한다.[30]

조직적 전쟁이 시작된 이래 군 지휘관들은 부대원들과 효과적으로 의사소통하기 위해 애썼다. 그러나 군대의 상명하달식 계층 구조는 '전화기 게임'과 같은 상황을 자주 만들어내곤 했다. 경기병대의 비극적인 진격도 마찬가지였다.

19세기 중반까지만 해도 이런 어려움을 해결하기 위해 매우 원시적인 방법이 동원되었다. 장성들이 직접 전장에 나가 병사들을 이끄는 것이었다. 그러면 지휘관은 전장에서 벌어지는 상황을 두 눈으로 확인할 수 있었고, 부대의 사기도 끌어올릴 수 있었다. 하지만 그로 인해 치르는 비용이 너무 컸다.

예를 들어 미국 남북전쟁이 벌어지는 동안 남부 연합에서는 사망하거나 심각한 부상을 입은 장성이 75명에 달했다. 전체 장성이 425명이었으니 여섯 명 중 한 명이 죽거나 다친 꼴이었다.³¹ 상급 지휘관을 그렇게나 많이 잃는다는 것은 결코 지속 가능하지 않았고, 결국 남부 연합에 불리한 요소로 작용했다. 이후 다양한 군사 기술이 발달하면서 장성들이 직접 위험에 뛰어들 필요는 없어졌다.

그런데 전쟁에서의 피해가 적군으로부터만 오지는 않는다. 전장의 불확실성은 여러 심각한 결과를 낳는데 그중 하나가 아군 간 의사소통 실패로 인한 소위 우호적 발포다. 우호적 발포는 아마 전쟁이 시작된 이래로 줄곧 존재했을 것이며, 많은 경우 그 중심에는 의사소통 실패가 도사리고 있다.

예컨대 남부 연합에서 가장 유능한 장성으로 꼽히던 토머스 '스톤월' 잭슨 장군 역시 챈슬러스빌 전투에서 아군에게 살해당했다. 땅거미 질 무렵 숙영지로 돌아오던 잭슨 장군과 부하들을 노스캐롤라이나 제18기병대가 적군으로 착각하고 공격한 것이다. 이들은 자신의 신분을 밝히려고 무던히 애썼지만, 아군이라는 주장을 믿지 못한 기병대원들은 공격을 멈추지 않았다. 결국 총상을 세 군데나 입은 잭슨 장군은 왼쪽 팔이 절단되었고, 합병증으로 인한 폐렴으로 8일 만에 사망했다.³²

세월이 흘러도 우호적 발포는 줄어들 기미를 보이지 않았다. 예를 들어 1982년 포클랜드 전쟁에서는 영국의 육군과 해군 사이에 의사소통이 잘 이루어지지 못하는 바람에 구축함 HMS 카디프가 자국의 가젤 헬리콥터를 격추하고 말았다. 이 사건으로 네 명의 군인이 아까운 목숨을 잃었다.

1991년 걸프전에서도 상황은 마찬가지였다. 당시 미군은 사상자가 615명에 그치는 놀라운 결과를 만들었지만, 그중 23퍼센트(사망자 35명, 부상자 72명)가 우호적 발포의 희생자였다고 한다. 게다가 전투 중 파손된 전차의 4분의 3 이상이 자국의 오인 사격에 의한 것이었다.[33]

2004년 아프가니스탄 전쟁 중에는 유명한 풋볼 선수 팻 틸먼이 오인 사격으로 사망하는 사건이 벌어지기도 했다. 심지어 최근에도 의사소통 실패로 인한 드론의 오인 사격이 종종 벌어지는 것을 보면 이 문제는 여전히 현재진행형임을 알 수 있다.[34]

하늘에서 쓰는 언어

많은 사람이 비행에 대한 두려움을 갖고 있지만 현대의 민간 항공은 믿기 어려울 만큼 안전하다. 2012부터 2017년 사이 전 세계의 비행기 운항 횟수는 2억 2,800만 건이었으나 사고는 단 419건에 그쳤다. 게다가 이 가운데 사망자가 발생한 사고는 단 15퍼센트에 불과했다. 2017년에는 민간 항공기 운항 횟수가 4,200만 건에 달했지만 비행기 사고로 사망한 사람은 단 19명이었다.[35] 다르게 표현하면 사망자가 발생하는 사고 비행기에 당신이 탑승할 확률은 380만 분의 1도 되지 않는다. 벌침에 쏘여 사망하거나 번개에 맞아 사망할 확률보다도 훨씬, 훨씬 낮은 수치다.

물론 실제로 사고가 벌어지거나 사고를 간신히 피하는 경우도 종종 있다. 그 원인은 기상 악화, 기기 고장 등 다양하지만 전체 사고의 약 80퍼센트는 비행기 조종사나 항공교통관제소에 의해 일어나는 것으로 판단된다.³⁶ 그리고 그중에서도 의사소통 실패와 오해가 주요 원인인 경우가 상당히 많다.

비행 노선 중에는 국내선뿐만 아니라 국제선도 있다. 매일 수많은 항공기가 나라와 나라의 경계를 넘나들기 때문에 목적지 국가에서 사용하는 언어는 출발지 국가의 언어와 달라진다. 그리고 수백 년 전 레반트 지역*에서 사용된 상업적 목적의 공용어 '피진어pidgin'가 있었듯, 오늘날 항공계에서는 만국 공통어로 영어가 통용된다. 항공계의 선구적인 조종사와 비행기 제작자 중에 영어 사용자가 많았고, 과거 영국의 식민지였던 국가들이 많아 영어가 세계적으로 널리 쓰이기 때문이다.

항공업계에서 사용되는 영어는 유엔 국제민간항공기구ICAO에 의해 성문화되었다. 몬트리올에 본사를 둔 ICAO는 공항 및 항공사 코드, 항공기 등록 및 유형 표시와 같은 표준을 관리하며, 1951년에 항공기와 지상 관제소 간 통신에 보편적으로 영어를 채택하도록 권장했다.

그런데 권고사항에 불과했던 이 조항은 2003년에 개정되었다. 5년 안에 모든 항공 종사자들이 유창한 영어 구사 능력을 증명해야 한다고 선언한 것이다. 특히 조종사와 비행 관제사는 총 여섯 단계로 이루어진 영어 유창성 지표에서 최소 4등급 이상을 획득해야 한다고 규정했으며, 유창성이 6등급 미만인 모

---

* 소아시아와 고대 시리아 지방의 지중해 연안 지방.

든 조종사와 비행 관제사는 주기적으로 영어 능력을 재평가받아야 한다. 하지만 안타깝게도 시험에서의 부정행위, 부패한 관료에 의한 불법 증명서 발급 등이 횡행하여 유창성 평가가 제대로 이루어지지 않는다는 우려가 널리 퍼져 있다.[37][38]

항공업계에서 쓰이는 영어는 민간에서 사용되는 영어와는 조금 다르다. 항공 영어는 세계적으로 다양한 목적을 위해 사용되는, 소위 특수 목적 영어English for Specific Purposes, ESP의 일종이다. 특수 목적 영어 프로그램은 의료, 경영, 관광 등 특정 분야에 종사하는 사람들이 다중 언어 사용 환경에서 효과적으로 활동할 수 있도록 비교적 좁은 범위의 어휘를 중심으로 영어를 교육한다.

항공 영어는 약 300개의 단어로 이루어지며 이들 대부분이 아주 특수한 상황에서 사용된다. 예를 들어 '팬-팬Pan-pan'은 심각하지만 생명을 위협하지 않는 상황에서 쓰는 말이다(인명이 위험한 상황에서는 '메이데이mayday'를 써야 한다). 이런 문구는 교신이 시작되면 곧바로 세 번 반복해야 한다.

명확성이 절대적으로 요구되는 분야인 만큼 항공 영어는 표준 영어와 여러 가지로 다르다. 시끄러운 조종실이나 관제소에서는 특히 알파벳이 잘못 전달될 가능성이 높으므로 해당 알파벳으로 시작하는 특정 단어를 사용하여 표현한다. 예컨대 'f'와 's'는 서로 헷갈리는 일이 많아서 각각 'foxtrot'과 'sierra'로 지칭한다.

그밖에도 'three'와 'thousand'의 첫음절인 'th' 소리는 언어권에 따라 아예 사용되지 않는 경우도 많으므로 영어가 모국어가 아닌 사람들은 이 발음에 어려움을 느낄 수 있다. 그래서 위의 두 숫자는 각각 'tree'와 'tousand'로 발음한다. 숫자는 완벽하게 표현해야 하는데, 예컨대 1,300은 'thirteen hundred천삼백'나 'one-tree-oh-oh일삼영영'가 아니라 'one tausand tree hundred일천삼백'와 같이 말해야 한다.

항공 영어에서는 간결성보다 명확성이 더 중요하다. 따라서 명령이나 지시 사항 중에서 중요한 부분을 제대로 들었다는 것을 확인받기 위해 복창해야 한다. 부정어 표현은 사용을 피해야 하며, 잘못 말했을 때는 'correction정정'이라고 말한 뒤에 정정해야 한다. 일반적으로 비행사와 지상 관제사 간의 통신은 예측 가능한 스크립트에 따라 이루어진다. 둘 중 하나라도 정해진 통신 규약을 벗어나면 의사소통 문제가 발생할 가능성이 커지기 때문이다.[39]

그러므로 영어를 모국어로 사용하는 사람이라고 해서 반드시 항공 영어를 유창하게 구사한다고 장담할 수는 없다. 그리고 항공 영어는 표준 영어의 하위 집합에 불과하기 때문에 원어민들은 운항 중에 무의식적으로 비표준적 영어를 사용할 수 있으며, 이때 영어가 모국어가 아닌 비행사나 관제사는 그 말을 이해하지 못할 수도 있다. 게다가 비상 상황에서 사람들은 평소보다 빠르게 말하는 경향이 있는데 이 역시 영어에 능통하지 못한 사람에게는 어려움을 야기할 수 있다. 마지막으로 비원어민들은 항공 영어를 유창하게 구사한다 해도 발음이 다소

특이할 수 있으므로 이 또한 의사소통을 방해하거나 저해할 수 있다.[40]

비행 중 발생하는 의사소통 문제 중에는 항공 영어의 특수성과 비행 및 착륙 과정의 복잡성 때문에 발생하는 문제들도 분명 존재한다. 하지만 모호한 표현, 동음이의어 등 앞서 살펴본 의사소통의 일반적 문제 또한 발생할 수 있다.[41] 그리고 모의비행 중 조종사와 관제사 사이의 대화를 관찰한 여러 실험 연구로 또 다른 문제들도 발견되었다.

어쩌면 당연한 결과겠지만 영어가 모국어인 사람일수록, 조종사 등급이 높을수록 의사소통 문제의 발생 빈도는 낮았다. 비원어민 조종사의 경우 의사소통 능력이 전반적으로 낮기도 할 뿐 아니라, 보고나 복창 등 중요한 전달 사항에서 구절마다 띄어 읽기를 잘 하지 않으면 이해에 어려움을 느꼈다.[42] 띄어 읽기는 중요한 정보를 강조함과 동시에 유창성이 떨어지는 사람들에게 들은 내용을 소화할 시간을 준다.

항공 영어에는 불필요하게 장황하다고 느껴지는 부분이 많다. 하지만 이런 모든 조치가 조종사 및 승무원, 지상 관제사 사이에 생길 수 있는 오해를 줄이기 위한 노력임을 기억해야 한다. 비행 중에는 아주 사소한 잘못도 끔찍한 결과를 초래할 수 있기 때문이다. 이 장의 마지막 부분에서는 이와 관련된 비극적인 사례를 소개하려 한다.

최악의 항공 참사

1977년 3월 27일, 로스 로데오 공항* 지상 관제사들은 아주 바쁜 오후를 보내고 있었다. 아프리카 서쪽 카나리아제도에 위치한 이 자그마한 국내선 공항으로 그날따라 많은 항공기가 쏟아져 들어오고 있었기 때문이다.

로스 로데오 공항이 이토록 혼잡해진 이유는 근처 그란 카나리아섬에 있는 공항이 테러리스트의 공격을 받았기 때문이다. 이 공격으로 여덟 명이 부상을 입었고, 폭발 직후 두 번째 폭발물이 설치되어 있다는 협박 전화까지 걸려온 상황이었다. 당국은 이 공항을 당분간 폐쇄하기로 결정하고 그란 카나리아에 착륙하려던 모든 항공편을 로스 로데오 공항으로 보내기 시작했다. 그러나 활주로와 유도로가 단 하나뿐인 로스 로데오 공항은 애초에 그 모든 항공기를 감당할 수가 없었다. 금세 공간이 부족해지자 지상 관제사들은 들어오는 항공기들을 유도로에 주차시켜야 했다. 이 중에는 보잉747기를 포함한 대형 항공기도 있었다.

게다가 로스 로데오 공항은 해발 고도 2,000피트 상에 위치했기 때문에 구름이 짙어지면 가시성이 금세 나빠지곤 했다. 그날도 오후가 되자 공항은 짙은 안개로 뒤덮였다. 하지만 이곳에는 지상 레이더조차 부족했다.

---

*   현 테네리페 공항.

드디어 그란 카나리아섬에서 문제가 해결됐다는 연락이 오자 지상 관제사들은 더욱 바빠졌다. 비행기들을 최대한 빨리 출발시키기 위해 승객들을 다시 탑승시키고 이륙 준비를 서둘렀다. 암스테르담발 보잉747기 KLM4805편도 승무원 14명과 승객 234명을 태운 채 이륙을 준비하고 있었다. 그리고 동시에, 승무원 16명과 승객 380명을 태운 또 다른 항공기 로스엔젤레스발 팬암1736편도 이륙을 위해 대기 중이었다. 두 비행기의 기장과 부기장은 대형 여객기 운항 경험이 풍부했지만 로스 로데오 공항에는 익숙하지 않았다.

유도로가 다른 항공기들로 막혀 있었기 때문에 지상 관제사들은 KLM기에게 활주로를 따라 끝까지 지상 이동한 다음 180도 유턴하라고 지시했다. 팬암기에게는 KLM기를 뒤따라 가다가 제3출구로 빠져나가 유도로로 이동하라고 지시했다. 하지만 이때 유도로는 안개 때문에 가시거리가 극도로 좁아진 상태였고, 팬암기는 제3출구를 그냥 지나쳐 제4출구로 향했다. 팬암기 기장이 실수로 제3출구를 놓친 것인지, 아니면 제3출구로는 비행기를 돌릴 수 없다고 판단해 일부러 지나친 것인지는 확인되지 않았다. 어쨌든 팬암기는 활주로를 따라 제4출구를 향해 지상 이동하고 있었다.

반면에 KLM기가 있던 활주로 끝부분의 대기 상태는 유도로에 비해 훨씬 양호했다. 이에 KLM4805편은 180도 회전을 한 뒤 활주로를 따라 속도를 높이기 시작했다. 그런데 속도가 시간당 260킬로미터에 달하며 이륙을 목전에 두었을 때 눈앞에서 팬암기를 맞닥뜨리고 만다. 기장은 급히 기수를 들어올렸고 비행기의 앞코는 무사히 팬암기를 지나쳤지만, 동체의 아래쪽과 엔진은 팬암기의 몸통을 거칠게 뚫고 지나갔다. 로스 로데오 공항에서 주유한 연료가 가득 차 있던 KLM기는 활주로로 다시 떨어져 300미터 가량을 미끄러지다가 곧 폭발하고 말았다. 당시 안개가 얼마나 짙었던지 소방관들이 충돌 지점을 찾기가 어려울 정도였다고 한다. KLM기는 몇 시간 동안이나 불에 탔다.

KLM기에서는 단 한 명의 생존자도 나오지 않았고 팬암기의 승무원과 승객 중 61명만이 목숨을 구했다. 총 583명이 목숨을 잃은 이 사고는 항공 역사상 최악의 충돌 사고로 기록되었다.[43]

조사가 진행되면서 초점은 즉시 KLM기 조종사들에게 맞춰졌다. 무엇보다도 이들은 네덜란드 법상 제한 근무 시간으로 인해 심적으로 매우 조급한 상황이었다. 빨리 출발하지 않으면 로스 로데오 공항에서 다시 발이 묶일 거라는 사실을 알고 있었기 때문이다.[44]

조종사들과 함께 비행경로를 검토한 후 지상 관제소는 KLM기 조종사들에게 "허가한다"라고 말했다. 하지만 이것은 활주로 대기를 허가한다는 의미일 뿐 실제 이륙을 허가한다는 뜻은 아니었다. 조종사들 또한 두 번째 허가가 있어야만 이륙할 수 있다는 사실을 알고 있었다. 그럼에도 불구하고 항공 기록상 KLM기는 첫 번째 허가를 받은 직후에 활주로를 따라 가속을 시작한 것으로 보인다.

이 시점에 KLM기 기장은 "지금 이륙 상태다We are now at takeoff."라고 무전을 보냈다.

그러자 지상 관제소는 "알았다. 이륙 대기하라. 연락 주겠다"라고 답했다.

그런데 지상 관제소의 '알았다'는 말을 듣자마자 팬암기 조종사는 깜짝 놀라며 "아니, 어, 우리는 아직 활주로에 있다!"는 무전을 보냈다.[45]

하지만 KLM기 조종사들은 이 말을 전혀 들을 수 없었다. 지상 관제소와 팬암기가 동시에 교신을 진행하면서 전파 간섭이 발생해 지지직거리는 소리만 들렸기 때문이다.

KLM기 부기장은 "아직 이륙하면 안 된다는 것 아닌가요?"라고 물으며 우려를 표했다. 하지만 기장은 그저 "아, 괜찮아"라고 답하며 활주로가 비어 있다는 주장을 굽히지 않았다. 결국 KLM기는 활주로를 질주하던 중 갑자기 팬암기와 마주친다. 하지만 끔찍한 충돌을 피하기엔 너무나 늦어버린 상황이었다.

테네리페 참사로부터 우리는 의사소통 실패의 '퍼펙트 스톰'이 어떻게 재앙으로 이어지는지를 알 수 있다. 먼저, 지각의 문제가 소통을 방해하는 데 한몫을 했다. 짙은 안개 때문에 아무도 상황을 두 눈으로 확인할 수 없었고, 전파 간섭 때문에 KLM기 조종사들은 팬암기의 절박한 교신 내용을 들을 수도 없었다. 앞서 여러 번 살펴봤듯 지각의 문제는 효과적인 의사소통을 막는 '원 스트라이크'다.

인지적 문제도 의사소통 실패에 기여했을 가능성이 크다. KLM 조종사들은 피로가 누적된 상태였고 시간적 압박까지 더해져 주의가 흐트러졌을 것이다. 게다가 KLM기의 부기장이 기장에게 자신의 우려를 강력하게 주장하지 못했던 것으로 보아 문화적인 문제도 의사소통 실패에 일조한 것으로 보인다. 말콤 글래드웰은 이런 식의 경직된 명령 문화가 다양한 항공기 사고의 원인이었음을 강조한 바 있다.[46]

사용되는 언어의 변환도 중요한 요소였다. 조종사들은 네덜란드어로 대화를 나눈 뒤 관제사들과는 영어로 교신했다. 그런데 네덜란드어와 영어는 현재 진행 시제가 서로 다르기 때문에 KLM기 기장은 "지금 이륙 상태다"와 같은 모호한 문장을 사용한 것으로 보인다.[47] 로스 로데오 지상 관제사들은 이 말을 '이륙 대기 상태에 있다'는 의미로 받아들였지만 실제 조종사들이 의도한 의미는 '이미 이륙 중이다'였다.

조종사의 이 말에 대한 지상 관제소의 답변 역시 사건 조사관들로부터 비판을 받았다. 기장의 모호한 문장을 듣고도 관제사들이 표준에 어긋나는 '알았다'는 답변을 하는 바람에 KLM기는 관제사들로부터 이륙을 시작하라는 무언의 동의를 얻은 것으로 인식했던 것이다. 물론 그 후 대기하라는 명령을 내리긴 했지만 이마저도 전파 간섭으로 인해 전달되지 못했다.

그나마 다행스러운 점은, 이 참사가 항공 언어의 모호성을 줄이기 위한 수많은 변화로 이어졌다는 점이다. 앞서 살펴보았듯 항공 승무원들은 이제 지시 사항 가운데 중요한 부분은 단순히 알아들었다고 표현하는 것이 아니라 그대로 복창해야 한다. '이륙'이라는 단어는 실제로 이륙을 허가할 때만 사용해야 하며 그전에는 '출발'이라는 단어를 써야 한다. 이런 변화는 사소한 것처럼 보일 수도 있지만 로스 로데오 참사 이후 수많은 생명을 구했을 것이 분명하다.

나가는 글

 일반적으로 인간의 의사소통은 대단히 견고하고도 효과적이다. 우리는 별다른 노력 없이도 언어를 통해 우리의 희망과 두려움을 타인에게 전할 수 있다. 언어를 통해 미래를 계획할 수도 있고 과거를 반성할 수도 있다. 언어 능력을 활용해 아주 섬세한 생각도 표현할 수 있으며, 심지어 세상을 바꿀 새로운 아이디어를 만들어낼 수도 있다. 한마디의 말, 아니 잠깐의 눈빛이나 손짓마저도 그 안에 엄청난 감정과 의미를 담을 수 있다.
 하지만 이 책에서 보여주었듯 의사소통 과정은 대단히 취약하다. 아무리 언어 능력이 뛰어나고 의도가 좋아도 의사소통은 다양한 이유로 길을 잃곤 한다. 필자는 이 책에 소개된 여러 사례를 통해 의사소통 실패를 일으키는 다양한 원인에 대해 설명하고자 했다.
 앞서 필자는 우리의 의사소통 능력이 한 가지 방해 요소 정도는 버틸 수 있지만 그 이상은 어렵다고 주장했다. 그렇게 본다면 언어는 '투 스트라이크로 아웃'되는 게임과도 같다. 앞서 머리말에서 우리가 상상했던 카페에서처럼 지각을 방해하는 주변의 소음은 상대의 말을 이해하지 못하게 막는 '원 스트라이크'다. 그런데 상대방이 갑자기 모르는 사람의 이름을 꺼낸다면(투 스트라이크) 우리는 그의 말을 거의 이해할 수 없을 것이다.

인간의 지각 체계도 의사소통 실패에 상당한 책임이 있다. 우리는 복잡한 생물학적, 심리적 과정을 거쳐 보고 듣고 읽은 것을 이해하는데, 이런 과정이 늘 정해진 대로 문제없이 흘러가지만은 않는다. 예를 들어 우리는 의사소통이 길을 잃는 것은 아랑곳하지 않고 낯선 것을 익숙한 것으로 바꿔 해석하곤 한다. 제3장에서 올리버 색스가 '카이로 프랙터(척추 지압사)'를 '콰이어 프랙티스(합창단 연습)'로 잘못 들었을 때처럼 말이다.

게다가 세상은 우리가 가는 길목에 인지적 방해물을 던지는 능력이 아주 뛰어난 것 같다. 차를 몰아 낯선 도시로 가는 동안 겪을 수 있는 여러 가지 어려움을 상상해 보라. 길에서 만나는 표지판들은 너무 작거나 희미해서 알아보기 어렵다. 고속도로를 빽빽하게 메운 차들이 내는 소음 때문에 내비게이션 안내는 잘 들리지도 않는다. 헤매고 있는 당신을 딱하게 여긴 누군가가 길을 알려주지만 생소한 사투리 때문에 도무지 알아들을 수가 없다. 엎친 데 덮친 격으로 우리의 지각 체계는 나이를 먹으면서 성능이 떨어져서 뚜렷하게 보고 정확히 듣는 것마저도 힘이 든다. 이런 모든 장애물을 감안한다면 우리가 보고 듣는 것을 이 정도라도 이해한다는 건 참으로 놀라운 일이다.

우리는 이 책 전반을 통해 트위터나 문자 메시지 소통이 쉽게 오해로 이어질 수 있음을 살펴보았다. 이런 유형의 소통은 말을 꺼내기도 전에 이미 원 스트라이크 상태라고 보면 된다. 이메일, 트위터, 문자 메시지에는 언어 사용자들이 수세기 동안 의존해 온 비언어적 단서가 부족하기 때문이다. 그 결과, 미묘한 말의 의도나 뉘앙스를 전달하는 우리의 능력은 크게 저하된다(원 스트라이크). 게다가 우리가 대화 상대방과 공통의 기반이나 맥락을 공유하지 않은 상태라면(투 스트라이크) 메시지가 과녁을 빗나가기가 너무 쉽다. 우리는 이런 사례를 제2장의 보이밴드 SB19가 올린 트위터 메시지("반가워요, 네그로스!")와 제5장의 미 상원의원 척 그래슬리가 올린 트위터 메시지("그짓")에서, 그리고 제9장의 저스틴 사코가 올린 에이즈에 관한 트위터 메시지에서 확인한 바 있다. 이런 소통의 불발 사례들을 통해 우리는 맥락을 제대로 공유하지 않은 채 트위터나 페이스북 같은 빈약한 매체를 통해 메시지를 전할 경우, 그것을 제대로 이해하기가 얼마나 힘든 일인지를 분명히 알 수 있었다.

하지만 컴퓨터를 매개체로 한 의사소통에서만 타인을 이해하는 능력이 저해되는 것은 아니다. 제6장에서 언급했듯 낯설거나 모호한 몸짓이나 손짓 또한 혼란의 원인이 될 수 있고, 심지어는 침묵마저도 잘못 해석될 수 있다.

이에 더하여 언어 그 자체에도 의사소통 실패의 책임이 일부 있다. 언어에는 마치 의사소통 실패를 자주 저지르는 사람들이 모여 일부러 설계라도 한 것처럼 소통을 어렵게 만드는 본질적

나가는 글 333

인 요소들이 내재되어 있다. 제4장에서 살펴봤듯 발음하기조차 힘든 소리들이 있는가 하면, 하나의 말이 두 가지 이상의 개념과 연결되어 혼동을 유발하기도 한다. 단어의 의미뿐만 아니라, 제7장에서 살펴보았듯 문장의 의미 또한 모호해질 수 있으며, 심지어는 구두점까지도 우리의 발목을 잡는다. 산문이나 시에 쓰였을 때 언어는 숨 막히는 아름다움을 뽐내기도 하지만 의사소통 수단으로서는 때로 미친 듯이 모호하고 부정확하다.

언어는 사회적 도구이므로 사회의 역할 역시 고려해야 한다. 인간의 문화는 끊임없이 진화하고 변화하며, 언어는 이런 변화에 적응해야만 한다. 새로운 단어들이 곳곳에서 난데없이 튀어나오고, 낡은 단어들은 어느 순간 사람들의 관심에서 멀어져 그 단어를 쓰는 사람을 구닥다리로 만들어버린다.

더욱 혼란스러운 것은 제5장에서 살펴보았듯 일부 언어의 의미가 갑자기 변하기도 한다는 점이다. 예를 들어 아무 죄도 없는 이름 '캐런Karen'은 가게에서 항상 "여기 매니저 어딨어!"를 외치는 특권층 중년 백인 여성을 가리키는 경멸적인 용어로 변해 버렸다. 과거에는 아무런 거부감 없이 쓰이던 단어나 문구가 인종 차별적, 성 차별적, 노인 차별적인 말로 인식되기도 한다.

의사소통 실패는 우리의 정신이 작동하는 방식의 결과이기도 하다. 제1장에서 살펴본 것처럼 우리의 기대는 때로 우리를 혼란스럽게 만들고, 우리의 준거틀이 청자의 준거틀과 맞지 않아 소통에 실패하기도 한다. 그런데 이런 실패 요인 중에서도 가장 치명적인 한 가지는 우리의 자기중심성일 것이다. 한편으로는 자신의 관점으로 세상을 바라보지 않는다는 것은 상상조차 하기 어렵다. 생존의 측면에서도 어느 정도의 자기중심성은 대단히 적응적인 반응으로 볼 수 있다. 하지만 이 자기중심성이 의사소통을 방해하는 수많은 문제를 일으키는 것 또한 사실이다. 제2장에서는 그에 따른 몇 가지 결과를 기술한 바 있으며, 그중 하나가 지식의 저주였다. 상대가 뭔가를 알지 못한다고 상상하기는 매우 어려운 일이기 때문에 상대에게 충분히 설명하지 않는다. 비꼬는 표현이나 농담을 할 때도 듣는 사람이 내 의도를 충분히 이해하리라고 섣불리 짐작해 버린다.

자기중심성은 타인과의 공통 기반을 검토하는 과정에서도 문제를 일으킬 수 있다. 청자와 독자를 위해 새로운 용어와 개념을 설명하는 것은 인지적으로 부담스러운 일이다. 누가 무엇을 알고 있는지 계속해서 확인하는 데도 많은 정신력이 소모된다. 이 때문에 공통의 기반을 추적하는 데 충분한 시간과 노력을 들이지 않으면 상대방은 우리가 누구에 대해 또는 무엇에 대해 말하는지 혼란스러워할 수 있다.

필자가 의사소통 실패에 관한 책을 쓴 이유 중 하나는 공통되는 요소를 강조하기 위해서였다. 여러 의사소통 실패 사례를 살펴보면 첫눈에는 그 유사성과 연결고리가 잘 보이지 않는다. 하지만 더 자세히 들여다보면 여러 유형의 오해에는, 심지어 전혀 달라 보이는 경우에도 비슷한 근본 원인이 존재한다.

사례를 한 가지만 꼽아보자면 온라인상의 격렬한 논쟁과 도로 위의 난폭 행동 사이에 공통점이 거의 없는 것처럼 보인다.

하지만 두 경우 모두 소통의 매체가 빈약해서 나타난 결과로 볼 수 있다. 소셜 미디어 게시물에서는 유머와 비꼬기, 풍자의 의도를 명확히 표현할 수가 없어 타인의 분노를 살 수 있다. 마찬가지로 운전 중에는 상대 운전자에게 미안한 마음을 적절히 표현할 수가 없어 상대의 오해를 사기가 쉽다.

또 다른 사례로는 이 책에서 여러 번 언급한 '전화기 게임' 효과가 있다. 이런 일은 단지 어린이들의 게임 속에만 존재하는 것이 아니라 훨씬 다양한 영역에서 나타난다. 의사소통의 긴 사슬 때문에 가십 속 이야기가 왜곡되는 현상은 제8장에서 기술했으며, 전쟁에서의 의사소통 실패에 관한 내용도 제10장에서 논한 바 있다.

그렇다면 우리에게 희망은 없는 것일까? 앞으로도 우리는 혼란과 실수, 오해로 가득한 삶을 살아갈 수밖에 없을까? 필자가 제안하고 싶은 구체적인 방법이 한 가지 있다. 의사소통을 방해하는 '원 스트라이크'가 이미 존재한다면 우리는 이 상황을 어떻게든 보완하기 위해 노력해야 한다. 예를 들어 시끄러운 레스토랑에서 귀가 잘 들리지 않는 부모님과 식사 중이라면 복잡한 금융 거래에 관한 이야기를 꺼내서는 안 된다. 마찬가지로 소셜 미디어 게시글은 언제든, 어디서든, 누구에게든 오해를 불러일으킬 수 있다는 사실을 잊지 말아야 한다. 만약 이메일에 비꼬는 말이나 유머러스한 표현을 쓰고 싶다면 이모티콘이나 이모지를 비롯해 우리의 비언어적 의도를 표현할 수 있는 약간의 양념을 가미해야 할 것이다.

마지막으로 필자가 이 책을 쓴 또 하나의 중요한 목적은 의사소통을 연구하는 수많은 심리학자와 여타 연구자들의 훌륭한 연구 결과를 독자들과 공유하기 위해서였다. 의사소통의 실패에 관여하는 많은 요인이 밝혀졌지만 아직은 이해하기 어려운 부분이 남아 있고, 앞으로 더 설명해 나갈 것도 많다. 이 공백을 많은 연구자가 채워 넣어, 우리가 보고 듣고 읽는 과정에서 오해가 생기는 이유에 대한 더욱 완벽한 그림이 완성될 날을 기대한다.

미주

1장 네가 그렇게 말할 거라고 예상했어: 오해를 낳는 여러 요소

1. Brian Knowlton and the International Herald Tribune, "No Radio Contact with NASA Spacecraft: Orbiter Believed Lost upon Arrival at Mars," *New York Times*, September 24, 1999.
2. Beth Dickey, "Spacecraft Is Launched to Look for Water on Mars," *New York Times*, December 12, 1998, A10.
3. John N. Wilford, "Mars Orbiting Craft Presumed Destroyed by Navigation Error," *New York Times*, September 24, 1999, A01.
4. Larry J. Paxton, "'Faster, Better, and Cheaper' at NASA: Lessons Learned in Managing and Accepting Risk," *Acta Astronautica* 61 (2007): 954–63.
5. Peter Francis Jr., "The Beads That Did 'Not' Buy Manhattan Island," *New York History* 78, no. 4 (October 1997): 411–28.
6. Bruce Shentiz, "New York's Beginnings, Real and Imagined," *New York Times*, December 3, 1999, E35.
7. Jason Barr, Fred H. Smith, and Sayali J. Kulkarni, "What's Manhattan Worth? A Land Values Index from 1950 to 2014," *Regional Science and Urban Economics* 70 (2018): 1–19.
8. Edward Robb Ellis, *The Epic of New York City: A Narrative History* (New York: Basic Books, 1966).
9. Dave Itzkoff, "Tony Lives, or Doesn't," *New York Times*, August 29, 2014, C3.
10. Frederic C. Bartlett, *Remembering: A Study in Experimental and Social Psychology* (Cambridge: Cambridge University Press, 1932/1997).
11. William F. Brewer, "Bartlett's Concept of the Schema and Its Impact on Theories of Knowledge Representation in Contemporary *Cognitive Psychology*," in *Bartlett, Culture and Cognition*, ed. Akiko Saito (Hove: Psychology Press, 2000), 69–89.
12. Robert P. Abelson, "Psychological Status of the Script Concept," *American Psychologist* 36, no. 7 (1981): 715–29.
13. Jon Morgan, "Radar, Built Here, Detected Pearl Harbor Attack, but... Futile Early Warning," *Baltimore Sun*, November 20, 1991, https://www.baltimoresun.com/news/bs-xpm-1991-11-29-1991333114-story.html.
14. Brenda Wineapple, *The Impeachers: The Trial of Andrew Johnson and the Dream of a Just Nation* (New York: Random House, 2019).
15. Daniel M. Goldberg, "What Comprises a 'Lascivious Exhibition of the Genitals or Pubic Area'? The Answer, My Friend, Is *Blouin* in the Wind," *Military Law Review* 224 (2016): 425–80.
16. Lara N. Strayer, "Ambiguous Laws Do Little to Erase Kiddie Porn," *Temple Political and Civil Rights Law Review* 5 (1995): 169–81.
17. Ryan McCarl, "Incoherent and Indefensible: An Interdisciplinary Critique of the Supreme Court's Void-for- Vagueness Doctrine," *Hastings Constitutional Law Quarterly* 42 (2014): 73–94.
18. Risa Goluboff, "The Forgotten Law That Gave Police Nearly Unlimited Power," *Time*, February 1, 2016.
19. John Pratt and Michelle Miao, "Risk, Populism, and Criminal Law," *New Criminal Law Review* 22, no. 4 (2019): 391–433.

20. James Madison, "Concerning the Difficulties of the Convention in Devising a Proper Form of Government," *Federalist Paper* No. 37, 1788.
21. David Dorsen, "Is Gorsuch an Originalist? Not So Fast," *Washington Post*, March 17, 2017.
22. Margaret Jane Radin, *Boilerplate: The Fine Print, Vanishing Rights, and the Rule of Law* (Princeton, NJ: Princeton University Press, 2012).
23. Yannis Bakos, Florencia Marotta-Wurgler, and David R. Trossen, "Does Anyone Read the Fine Print? Consumer Attention to Standard-Form Contracts," *Journal of Legal Studies* 43, no. 1 (2014): 1–35.
24. *Bartlett's Book of Love Quotations* (New York: Little, Brown, 1994).
25. Khalid Khulaif Alshammari, "Directness and Indirectness of Speech Acts in Requests among American Native English Speakers and Saudi Native Speakers of Arabic," *English Literature and Language Review* 1, no. 8 (2015): 63–69.
26. Eva Alcon Soler, "Does Instruction Work for Learning Pragmatics in the EFL Context?" *System* 33, no. 3 (2005): 417–35.
27. Christopher Borrelli, "Reagan Used Her, the Country Hated Her. Decades Later, the Welfare Queen of Chicago Refuses to Go Away," *Chicago Tribune*, June 10, 2019.
28. Rachel Wetts and Robb Willer, "Who Is Called by the Dog Whistle? Experimental Evidence That Racial Resentment and Political Ideology Condition Responses to Racially Encoded Messages," *Socius* 5 (2019): 1–20.
29. Michael Kazin, *The Populist Persuasion: An American History* (Ithaca, NY: Cornell University Press, 1998).
30. David D. Kirkpatrick, "Speaking in the Tongue of Evangelicals," *New York Times*, October 17, 2004.
31. Ben Sales, "Senator's Speech on 'Cosmopolitan Elites': Anti-Semitic Dog Whistle or Poli-Sci Speak?" *Jewish Telegraphic Agency*, July 19, 2019, https://www.jta.org/2019/07/19/united-states/a-missouri-senator-gave-a- speech-opposing-a-powerful-upper-class-and-their-cosmopolitan-priorities-um.
32. Jason Hancock, "Hawley's Critique of 'Cosmopolitan Elite' Earns Rebuke from Missouri Jewish Leaders," *Kansas City Star*, July 19, 2019, https://www.kansascity.com/news/politics-government/article232902747.html.
33. Ian Olasov, "Offensive Political Dog Whistles: You Know Them When You Hear Them. Or Do You?" *Vox*, November 7, 2016, https://www.vox.com/the-big-idea/2016/11/7/13549154/dog-whistles-campaign-racism.
34. Herbert A. Simon, "Rational Choice and the Structure of the Environment," *Psychological Review* 63, no. 2 (1956): 129–38.
35. H. P. Grice, "Logic and Conversation," in *Syntax and Semantics III: Speech Acts*, ed. P. Cole and J. L. Morgan (New York: Academic Press, 1975), 41–58.
36. Paul E. Engelhardt, Karl G. D. Bailey, and Fernanda Ferreira, "Do Speakers and Listeners Observe the Gricean Maxim of Quantity?" *Journal of Memory and Language* 54, no. 4 (2006): 554–73.
37. Paula Rubio-Fernandez, "Overinformative Speakers Are Cooperative: Revisiting the Gricean Maxim of Quantity," *Cognitive Science* 43, no. 11 (2019): e12797.
38. Jean-Marc Dewaele, "Interpreting Grice's Maxim of Quantity: Interindividual and Situational Variation in Discourse Styles of Non Native Speakers," in *Cognition in Language Use: Selected Papers from the 7th International Pragmatics Conference*, Vol. 1, ed. E. Nemeth (Antwerp: International Pragmatics Association, 2001), 85–99.
39. Warren St. John, "When Information Becomes T.M.I.," *New York Times*, September 10, 2006, sec.9.
40. Kevin Finneran, "Can the Public Be Trusted?" *Issues in Science and Technology* 34, no. 4

(2018): 17–18.
41. Murat Akcayır, Hakan Dundar, and Gokce Akcayır, "What Makes You a Digital Native? Is It Enough to Be Born after 1980?" *Computers in Human Behavior* 60 (2016): 435–40.
42. Paul A. Kirschner and Pedro De Bruyckere, "The Myths of the Digital Native and the Multitasker," *Teaching and Teacher Education* 67 (2017): 135–42.
43. Gretchen McCulloch, *Because Internet: Understanding the New Rules of Language* (New York: Riverhead Books, 2019).
44. Keri K. Stephens, Marian L. Houser, and Renee L. Cowan, "RU Able to Meat Me: The Impact of Students' Overly Casual Email Messages to Instructors," *Communication Education* 58, no. 3 (2009): 303–26.
45. Danielle N. Gunraj, April M. Drumm-Hewitt, Erica M. Dashow, Sri Siddhi N. Upadhyay, and Celia M. Klin, "Texting Insincerely: The Role of the Period in Text Messaging," *Computers in Human Behavior* 55 (2016): 1067–75.
46. Kenneth J. Houghton, Sri Siddhi N. Upadhyay, and Celia M. Klin, "Punctuation in Text Messages May Convey Abruptness. Period," *Computers in Human Behavior* 80 (2018): 112–21.
47. Jessica Bennett, "When Your Punctuation Says It All (!)," *New York Times*, March 1, 2015, ST2.
48. Logan Mahan, "Youthsplaining: You've Been Texting the Word 'Okay' Wrong," *InsideHook*, July 31, 2019, https://www.*insidehook*.com/article/advice/the-difference-between-texting-k- ok-kk-explained.

2장 이 정도는 다들 아는 상식이잖아: 심리적 요인

1. Elizabeth L. Newton, "The Rocky Road from Actions to Intentions," unpublished doctoral dissertation, Stanford University, Stanford, CA, 1991.
2. William H. Whyte, "Is Anybody Listening?" *Fortune*, September 1950.
3. Boaz Keysar, "Communication and Miscommunication: The Role of Egocentric Processes," *Intercultural Pragmatics*, 4-1 (2007): 71-84.
4. Lee Ross, David Greene, and Pamela House, "The 'False Consensus Effect': An Egocentric Bias in Social Perception and Attribution Processes," *Journal of Experimental Social Psychology* 13, no. 3 (1977): 279–301.
5. Thomas Gilovich, Victoria Husted Medvec, and Kenneth Savitsky, "The Spotlight Effect in Social Judgment: An Egocentric Bias in Estimates of the Salience of One's Own Actions and Appearance," *Journal of Personality and Social Psychology* 78, no. 2 (2000): 211–22.
6. Thomas Gilovich, Kenneth Savitsky, and Victoria Husted Medvec, "The Illusion of Transparency: Biased Assessments of Others' Ability to Read One's Emotional States," *Journal of Personality and Social Psychology* 75, no. 2 (1998): 332–46.
7. Roshan Rai, Peter Mitchell, Tasleem Kadar, and Laura Mackenzie, "Adolescent Egocentrism and the Illusion of Transparency: Are Adolescents as Egocentric as We Might Think?" *Current Psychology* 35, no. 3 (2016): 285–94.
8. Emily Pronin, Justin Kruger, Kenneth Savtisky, and Lee Ross, "You Don't Know Me, but I Know You: The Illusion of Asymmetric Insight," *Journal of Personality and Social Psychology* 81, no. 4 (2001): 639–56.
9. Boaz Keysar and Anne S. Henly, "Speakers' Overestimation of Their Effectiveness," *Psychological Science* 13, no. 3 (2002): 207–12.
10. Michael F. Schober and Herbert H. Clark, "Understanding by Addressees and Overhearers," *Cognitive Psychology* 21, no. 2 (1989): 211–32.
11. Herbert H. Clark and Susan E. Brennan, "Grounding in Communication," in *Perspectives*

on *Socially Shared Cognition*, ed. Lauren B. Resnick, John M. Levine, and Stephanie D. Teasley (Washington DC: American Psychological Association, 1991), 127–49.
12. Herbert H Clark, *Using Language* (Cambridge: Cambridge University Press, 1996).
13. Edda Weigand, "Misunderstanding: The Standard Case," *Journal of Pragmatics* 31, no. 6 (1999): 763–85.
14. Ashwin Rajadesingan, Reza Zafarani, and Huan Liu, "Sarcasm Detection on Twitter: A Behavioral Modeling Approach," in *Proceedings of the Eighth ACM International Conference on Web Search and Data Mining*, ed. Xueqi Cheng (New York: Association for Computing Machinery, 2015), 97–106.
15. Roger Kreuz, *Irony and Sarcasm* (Cambridge, MA: MIT Press, 2020).
16. Jean E. Fox Tree, J. Trevor D'Arcey, Alicia A. Hammond, and Alina S. Larson, "The Sarchasm: Sarcasm Production and Identification in Spontaneous Conversation," *Discourse Processes* 2020: 1–27.
17. Stacey L. Ivanko, Penny M. Pexman, and Kara M. Olineck, "How Sarcastic Are You? Individual Differences and Verbal Irony," *Journal of Language and Social Psychology* 23, no. 3 (2004): 244–71.
18. Gina M. Caucci and Roger J. Kreuz, "Social and Paralinguistic Cues to Sarcasm," *Humor* 25, no. 1 (2012): 1–22.
19. Raymond W. Gibbs Jr., "Irony in Talk among Friends," *Metaphor and Symbol* 15, no. 1–2 (2000): 5–27.
20. Roger J. Kreuz and Richard M. Roberts, "Two Cues for Verbal Irony: Hyperbole and the Ironic Tone of Voice," *Metaphor and Symbol* 10, no. 1 (1995): 21–31.
21. Soujanya Poria, Devamanyu Hazarika, Navonil Majumder, and Rada Mihalcea, "Beneath the Tip of the Iceberg: Current Challenges and New Directions in Sentiment Analysis Research," preprint, arXiv:2005.00357 (2020).
22. Cynthia Van Hee, Els Lefever, and Veronique Hoste, "We Usually Don't Like Going to the Dentist: Using Common Sense to Detect Irony on Twitter," *Computational Linguistics* 44, no. 4 (2018): 793–832.
23. Pagan Kennedy, "Who Made That Emoticon?" *New York Times*, November 23, 2012.
24. Debanjan Ghosh, Alexander R. Fabbri, and Smaranda Muresan, "Sarcasm Analysis Using Conversation Context," *Computational Linguistics* 44, no. 4 (2018): 755–92.
25. John Markoff, "Computer Wins on 'Jeopardy!': Trivial, It's Not," *New York Times*, February 16, 2011.
26. Rob High and Tanmay Bakshi, *Cognitive Computing with IBM Watson* (Birmingham: Packt Publishing, 2019).
27. *Nova*, "Smartest Machine on Earth," directed by Michael Bicks, written by Michael Bicks and Julia Cort, *PBS*, February 9, 2011.
28. Melanie Mitchell, *Artificial Intelligence: A Guide for Thinking Humans* (New York: Farrar, Straus and Giroux, 2019).
29. Van Hee et al., "We Usually Don't Like Going to the Dentist."
30. Cade Metz, "One Genius' Lonely Crusade to Teach a Computer Common Sense," *Wired*, March 24, 2016.
31. Thomas D. Erickson and Mark E. Mattson, "From Words to Meaning: A Semantic Illusion," *Journal of Verbal Learning and Verbal Behavior* 20, no. 5 (1981): 540–51.
32. Craig Speelman, "Implicit Expertise: Do We Expect Too Much from Our Experts?" in *Implicit and Explicit Mental Processes*, ed. Kim Kirsner, Craig Speeman, Murray Mabery, Angela O'Brien-Malone, Mike Anderson, and Colin MacLeod (Mahwah, NJ: Lawrence Erlbaum Associates, 1998), 135–47.
33. Allison D. Cantor and Elizabeth J. Marsh, "Expertise Effects in the Moses Illusion:

Detecting Contradictions with Stored Knowledge," *Memory* 25, no. 2 (2017): 220–30.
34. Krissy Aguilar, "SB19 Accused of 'Racism' after Tweeting 'Hello, Negros!' for Concert Tour," *Inquirer.net*, December 27, 2019, https://entertainment.inquirer.net/356469/sb19-accused-of-racism-after-tweeting-hello-negros-for-concert-tour.
35. Rich Duprey, "Drinkers Are Confusing Corona Beer with the Coronavirus," *The Motley Fool*, February 5, 2020, https://www.fool.com/investing/2020/02/05/drinkers-are-confusing-corona-beer-with-the-corona.aspx.
36. Kelly Tyko, "'Corona Beer Virus' and 'Beer Coronavirus' Searches Increase as Fears of Outbreak Spread," *USA Today*, February 27, 2020.
37. Michael M. Ego, "'Chink in the Armor': Is It a Racist Cliche?" *AP News*, October 28, 2018, https://apnews.com/4722f93c10a141d39ddb0a65a ef16c49.
38. Irving DeJohn and Helen Kennedy, "Jeremy Lin Headline Slur Was 'Honest Mistake,' Fired ESPN Editor Anthony Federico Claims," *Daily News*, February 20, 2012. https://www.nydailynews.com/sports/basketball/knicks/jeremy-lin-slur-honest-mistake-fired-espn-editor-anthony-federico-claims-article-1.1025566.
39. Richard Sandomir, "ESPN Fires Employee Over Slur," *New York Times*, February 20, 2012, D2.
40. Robert E Haskell, "Unconscious Linguistic Referents to Race: Analysis and Methodological Frameworks," *Discourse and Society* 20, no. 1 (2009): 59–84.
41. Sigmund Freud, *The Psychopathology of Everyday Life* (New York: Norton, 1901/1989).
42. Jerry Gary, "No. 2 House Leader Refers to Colleague with Anti-Gay Slur," *New York Times*, January 28, 1995, 1.
43. Saul Albert and J. P. De Ruiter, "Repair: The Interface between Interaction and *Cognition*," *Topics in Cognitive Science* 10, no. 2 (2018): 279–313.
44. Emanuel A. Schegloff, Gail Jefferson, and Harvey Sacks, "The Preference for Self-Correction in the Organization of Repair in Conversation," *Language* 53, no. 2 (1977): 361–82.
45. Willem J. M. Levelt, "Monitoring and Self-Repair in Speech," *Cognition* 14, no. 1 (1983): 41–104.
46. Mark Dingemanse, Sean G. Roberts, Julija Bara*nova*, Joe Blythe, Paul Drew, Simeon Floyd, Rosa S. Gisladottir, Kobin H. Kendrick, Stephen C. Levinson, Elizabeth Manrique, Giovanni Rossi, and N. J. Enfield, "Universal Principles in the Repair of Communication Problems," *PLoS One* 10, no. 9 (2015): e0136100.
47. Patrick G. T. Healey, Gregory J. Mills, Arash Eshghi, and Christine Howes, "Running Repairs: Coordinating Meaning in Dialogue," *Topics in Cognitive Science* 10, no. 2 (2018): 367–88.
48. Simeon Floyd, Elizabeth Manrique, Giovanni Rossi, and Francisco Torreira, "Timing of Visual Bodily Behavior in Repair Sequences: Evidence from Three Languages," *Discourse Processes* 53, no. 3 (2016): 175.
49. *Seinfeld*, "The Subway," episode 313, directed by Tom Cherones, written by Larry Charles, NBC, January 8, 1992.
50. Schegloff et al., "The Preference for Self-Correction in the Organization of Repair in Conversation."

3장 방금 누가 내 이름 부르지 않았어?: 지각의 문제

1. Scott Brown, "Daily Poll: Do You Hear Laurel or Yanny?" *Vancouver Sun*, May 16, 2018.
2. Matteo Toscani, Karl R. Gegenfurtner, and Katja Doerschner, "Differences in Illumination

Estimation in #thedress," *Journal of Vision* 17, no. 1 (2017): 1–14.
3. Josh Katz, Jonathan Corum, and Jon Huang, "We Made a Tool So You Can Hear Both Yanny and Laurel," *New York Times*, May 16, 2018.
4. Paul Vitello, "A Ring Tone Meant to Fall on Deaf Ears," *New York Times*, June 12, 2006.
5. Mitchell Akiyama, "Silent Alarm: The Mosquito Youth Deterrent and the Politics of Frequency," *Canadian Journal of Communication* 35 (2010): 455–71.
6. Jerry L. Northern and Marion P. Downs, *Hearing in Children*, 5th ed. (Philadelphia: Lippincott Williams & Wilkins, 2002).
7. Piers Dawes, Richard Emsley, Karen J. Cruickshanks, David R. Moore, Heather Fortnum, Mark Edmondson-Jones, Abby McCormack, and Kevin J. Munro, "Hearing Loss and Cognition: The Role of Hearing Aids, Social Isolation and Depression," *PLoS One* 10, no. 3 (2015): e0119616.
8. Susan Kemper, "Elderspeak: Speech Accommodations to Older Adults," *Aging and Cognition* 1, no. 1 (1994): 17–28.
9. David M. Harland, *Apollo 12—On the Ocean of Storms* (New York: Springer, 2011); Rick Houston and Milt Heflin, *Go Flight! The Unsung Heroes of Mission Control, 1965–1992* (Lincoln: University of Nebraska Press, 2015).
10. Frederic Apoux and Sid P. Bacon, "Relative Importance of Temporal Information in Various Frequency Regions for Consonant Identification in Quiet and in Noise," *Journal of the Acoustical Society of America* 116, no. 3 (2004): 1671–80.
11. R. Gary Patterson, *The Walrus Was Paul: The Great Beatle Death Clues* (New York: Fireside, 1996).
12. Jonathan Cott, "John Lennon: The Rolling Stone Interview," *Rolling Stone*, November 23, 1968.
13. Jiangang Liu, Jun Li, Lu Feng, Ling Li, Jie Tian, and Kang Lee, "Seeing Jesus in Toast: Neural and Behavioral Correlates of Face Pareidolia," *Cortex* 53 (2014): 60–77.
14. John McGrath, Sukanta Saha, David Chant, and Joy Welham, "Schizophrenia: A Concise Overview of Incidence, Prevalence, and Mortality," *Epidemiologic Reviews* 30, no. 1 (2008): 67–76.
15. K. Maijer, M. J. H. Begemann, S. J. M. C. Palmen, S. Leucht, and I. E. C. Sommer, "Auditory Hallucinations across the Lifespan: A Systematic Review and Meta-analysis," *Psychological Medicine* 48, no. 6 (2018): 879–88.
16. Ben Alderson-Day, Cesar F. Lima, Samuel Evans, Saloni Krishnan, Pradheep Shanmugalingam, Charles Fernyhough, and Sophie K. Scott, "Distinct Processing of Ambiguous Speech in People with Non-Clinical Auditory Verbal Hallucinations," *Brain* 140, no. 9 (2017): 2475–89.
17. Judith M. Ford, Thomas Dierks, Derek J. Fisher, Christoph S. Herrmann, Daniela Hubl, Jochen Kindler, Thomas Koenig, Daniel H. Mathalon, Kevin M. Spencer, Werner Strik, and Remko van Lutterveld, "Neurophysiological Studies of Auditory Verbal Hallucinations," *Schizophrenia Bulletin* 38, no. 4 (2012): 715–23.
18. Neville Moray, "Attention in Dichotic Listening: Affective Cues and the Influence of Instructions," *Quarterly Journal of Experimental Psychology* 11, no. 1 (1959): 56–60.
19. Oliver Sacks, *Hallucinations* (New York: Vintage Books, 2012).
20. S. F. Crowe, J. Barot, S. Caldow, J. d'Aspromonte, J. Dell'Orso, A. Di Clemente, K. Hanson, M. Kellett, S. Makhlota, B. McIvor, L. McKenzie, R. Norman, A. Thiru, M. Twyerould, and S. Sapega, "The Effect of Caffeine and Stress on Auditory Hallucinations in a Non-Clinical Sample," *Personality and Individual Differences* 50, no. 5 (2011): 626–30.
21. Susan Wright, "The Death of Lady Mondegreen," *Harper's Magazine* 201 (November 1954): 48–51.

22. Dominic W. Massaro and Alexandra Jesse, "Read My Lips: Speech Distortions in Musical Lyrics Can Be Overcome (Slightly) by Facial Information," *Speech Communication* 51, no. 7 (2009): 604–21.
23. Susan E. Brennan, Marie K. Huffman, and S. Hannigan, "More Adventures with Dialects: Convergence and Ambiguity Resolution by Partners in Conversation" (n.d.), https://slideplayer.com/slide/4018652.
24. Gerritt Kentner, "Rhythmic Segmentation in Auditory Illusions: Evidence from Cross-Linguistic Mondegreens," in *Proceedings of the 18th International Congress of Phonetic Sciences* (Glasgow: University of Glasgow, 2015).
25. Oliver Sacks, "Mishearings," *New York Times*, June 6, 2015, SR4.
26. J. Don Read, "Detection of Fs in a Single Statement: The Role of Phonetic Recoding," *Memory and Cognition* 11, no. 4 (1983): 390–99.
27. Peter F. De Jong, Danielle J. L. Bitter, Margot Van Setten, and Eva Marinus, "Does Phonological Recoding Occur during Silent Reading, and Is It Necessary for Orthographic Learning?" *Journal of Experimental Child Psychology* 104, no. 3 (2009): 267–82.
28. Keith Rayner, "Eye Movements in Reading and Information Processing: 20 Years of Research," *Psychological Bulletin* 124, no. 3 (1998): 372–422.
29. Edward J. O'Brien, Anne E. Cook, and Robert F. Lorch Jr., *Inferences during Reading* (Cambridge: Cambridge University Press, 2015).
30. Joel Sherzer, *Speech Play and Verbal Art* (Austin: University of Texas Press, 2002).
31. Adrian Staub, Sophia Dodge, and Andrew L. Cohen, "Failure to Detect Function Word Repetitions and Omissions in Reading: Are Eye Movements to Blame?" *Psychonomic Bulletin and Review* 26, no. 1 (2019): 340–46.
32. Meredyth Daneman and Murray Stainton, "The Generation Effect in Reading and Proofreading: Is It Easier or Harder to Detect Errors in One's Own Writing?" *Reading and Writing* 5, no. 3 (1993): 297–313.
33. Jeremy Caplan, "Cause of Death: Sloppy Doctors," *Time*, May 15, 2007, http://content.time.com/time/health/article/0,8599,1578074,00.html.
34. Leonardo L. Leonidas, "Death by Bad Handwriting," *Philippine Daily Inquirer*, October 27, 2014, https://opinion.inquirer.net/79623/death-by-bad-handwriting.
35. Adrienne Berman, "Reducing Medication Errors through Naming, Labeling, and Packaging," *Journal of Medical Systems* 28, no. 1 (2004): 9–29.
36. David C. Radley, Melanie R. Wasserman, Lauren E. W. Olsho, Sarah J. Shoemaker, Mark D. Spranca, and Bethany Bradshaw, "Reduction in Medication Errors in Hospitals Due to Adoption of Computerized Provider Order Entry Systems," *Journal of the American Medical Informatics Association* 20, no. 3 (2013): 470–76.
37. Ron Nixon, "Last of a Breed: Postal Workers Who Decipher Bad Addresses," *New York Times*, May 4, 2013, A11.
38. Russell W. Driver, M. Ronald Buckley, and Dwight D. Frink, "Should We Write Off Graphology?" *International Journal of Selection and Assessment* 4, no. 2 (1996): 78–86.
39. Helmut Ploog, *Handwriting Psychology: Personality Reflected in Handwriting* (Bloomington, IN: iUniverse, 2013), 89.
40. Carla Dazzi and Luigi Pedrabissi, "Graphology and Personality: An Empirical Study on Validity of Handwriting Analysis," *Psychological Reports* 105, no. 3, pt. 2 (2009): 1255–68.
41. Sara Rosenblum, Margalit Samuel, Sharon Zlotnik, Ilana Erikh, and Ilana Schlesinger, "Handwriting as an Objective Tool for Parkinson's Disease Diagnosis," *Journal of Neurology* 260, no. 9 (2013): 2357–61.

4장 삼연패한 당신의 권투를 빕니다: 헷갈리는 단어

1. Marc Fisher, "Donald Trump Doesn't Read Much. Being President Probably Wouldn't Change That," *Washington Post*, July 17, 2016.
2. Thomas Putnam, "The Real Meaning of *Ich Bin ein Berliner*," *The Atlantic*, August 2013.
3. Kat Eschner, "Where the Myth of JFK's 'Jelly Donut' Mistake Came From," *Smithsonian Magazine*, June 26, 2017.
4. Mariel Padilla, "Wait, Is It Nevada, or Nevada?" *New York Times*, February 19, 2020.
5. Olivia Waxman, "Pronunciation Fail Costs Guy $1 Million Prize on 'Wheel of *Fortune*,'" *Time*, September 19, 2013.
6. Mary L. Roberts, *What Soldiers Do: Sex and the American GI in World War II France* (Chicago: University of Chicago Press, 2013).
7. Chengsheng Li, Ruilan Lu, and D. Li Davis, "Let 500,000,000 Bottles Be Broken All Over China: Underground Dissidents Are Hoping the Small Gesture Will Breathe New Life into the Pro-Democracy Movement," *Los Angeles Post*, April 18, 1990.
8. Jack Rosenthal, "On Language: Misheard, Misread, Misspoken," *New York Times*, 20, August 28, 1988.
9. Mark Liberman, "Egg Corns: Folk Etymology, Malapropism, Mondegreen, ???" *Language Log*, September 23, 2003, http://itre.cis.upenn.edu/~myl/languagelog/archives/000018.html.
10. Mark Memmott, "'Eggcorns': The Gaffes That Spread Like Wildflowers," *NPR Weekend Edition Saturday*, May 30, 2015, https://www.npr.org/sections/thetwo-way/2015/05/30/410504851/eggcorns-the-gaffes-that-spread-like-wildflowers.
11. James. J. Kilpatrick, *The Ear Is Human: A Handbook of Homophones and Other Confusions* (Kansas City, MO: Andrews, McMeel & Parker, 1985).
12. Bill Bryson, *The Mother Tongue: English and How It Got That Way* (New York: W. Morrow, 1990).
13. Richard Lederer, "Curious Contronyms," *Word Ways*, February 1978, 27–28.
14. Brad Leithauser, "Unusable Words," *The New Yorker*, October 14, 2013.
15. Michael S. Wogalter, Jesseca R. Israel, Soyun Kim, Emily R. Morgan, Kwamoore M. Coleman, and Julianne West, "Hazard Connotation of Fire Safety Terms," in *Proceedings of the Human Factors and Ergonomics Society Annual Meeting* 54, no. 21 (Thousand Oaks CA: Sage Publications, 2010), 1837–40.
16. Patricia T. O'Conner and Stewart Kellerman, *Origins of the Specious: Myths and Misconceptions of the English Language* (New York: Random House, 2009).
17. "'In' on 'Inflammable' Found to Mislead Many," *New York Times*, January 21, 1947, 10.
18. Keith Allan, "The Pragmatics of Connotation," *Journal of Pragmatics* 39, no. 6 (2007): 1047–57.
19. Abigail Herbst, "How the Term 'Social Justice Warrior' Became an Insult," *Foundation for Economic Education*, August 13, 2018, https://fee.org/articles/how-the-term-social-justice-warrior-became-an-insult.
20. Nick Cumming-Bruce, "Myanmar Generals Should Face Genocide Charges Over Rohingya, U.N. Says," *New York Times*, August 27, 2018.
21. Nick Cummings-Bruce, "U.S. Steps Up Criticism of China for Detentions in Xinjiang," *New York Times*, March 13, 2019.
22. "Romney Asserts He Underwent 'Brainwashing' on Vietnam Trip," *New York Times*, September 5, 1967, 28.
23. Merrill Perlman, "How the Word 'Queer' Was Adopted by the LGBTQ Community," *Columbia Journalism Review*, February 22, 2019, https://www.cjr.org/language corner/queer.php.

24. Hy Harrison, "The Origin of 'Yankee,'" *The Academy and Literature* (1913): 222–23.
25. Peter McNeil, "'That Doubtful Gender': Macaroni Dress and Male Sexualities," *Fashion Theory* 3, no. 4 (1999): 411–47.
26. Allan M. Siegal and William G. Connolly, *The New York Times Manual of Style and Usage*, 5th ed. (New York: Three Rivers Press, 2015).
27. Bryan Garner, *Garner's Modern English Usage*, 4th ed. (Oxford: Oxford University Press, 2016), 114.
28. Merriam-Webster, "Bimonthly," https://www.merriamwebster.com/dictionary/bimonthly.
29. Garner, *Garner's Modern English Usage*.
30. Anke Holler and Katja Suckow, eds., *Empirical Perspectives on Anaphora Resolution* (Berlin: Walter de Gruyter, 2016).
31. Massimo Poesio, Roland Stuckardt, and Yannick Versley, eds., *Anaphora Resolution: Algorithms, Resources, and Applications* (Berlin: Springer-Verlag, 2016).
32. Nicolas Nicolov, "Book Review: Anaphora Resolution," *IEEE Computational Intelligence Bulletin* 2, no. 1 (2003): 31–32.
33. Morton Ann Gernsbacher and David J. Hargreaves, "Accessing Sentence Participants: The Advantage of First Mention," *Journal of Memory and Language* 27, no. 6 (1988): 699–717.
34. Barbara Hemforth, Lars Konieczny, Christoph Scheepers, Saveria Colonna, Sarah Schimke, Peter Baumann, and Joel Pynte, "Language Specific Preferences in Anaphor Resolution: Exposure or Gricean Maxims?" in *32nd Annual Conference of the Cognitive Science Society* 2010: 2218–23, hal-01015048.
35. Eric Topol, *The Creative Destruction of Medicine: How the Digital Revolution Will Create Better Health Care* (New York: Basic Books, 2012).
36. Tom Goldstein, "Lawyers Now Confuse Even the Same Aforementioned," *New York Times*, April 1, 1977, 23.
37. Robert W. Benson, "The End of Legalese: The Game Is Over," *NYU Review of Law and Social Change* 13 (1984): 519.
38. Martin A. Schwartz, "Legal Writing: Legalese, Please," *Probate and Property* 31 (2017): 55–59.
39. Michael Stephenson, "Harry Potter Language: The Plain Language Movement and the Case against Abandoning Legalese," *Northern Ireland Legal Quarterly* 68, no. 1 (2017): 90.
40. Stephenson, "Harry Potter Language."
41. Thomas W. LeBlanc, Ashley Hesson, Andrew Williams, Chris Feudtner, Margaret Holmes-Rovner, Lillie D. Williamson, and Peter A. Ubel, "Patient Understanding of Medical Jargon: A Survey Study of U.S. Medical Students," *Patient Education and Counseling* 95, no. 2 (2014): 238–42.
42. N. Ali, A. A. Khan, M. Akunjee, and F. Ahfat, "Using Common Ophthalmologic Jargon in Correspondence Can Lead to Miscommunication," *British Journal of General Practice*, December 2006, 968–69.

5장 오늘 빳빳한 거 한번 써볼래?: 표현의 문제

1. Shellie Nelson, "Sen. Grassley Gets Attention for Tweeting 'u kno what,'" *WQAD News*, November 7, 2014, https://wqad.com/2014/11/07/sen-grassley-gets-attention-for-tweeting-u- kno-what.
2. A. Goldman, "What's Up with Chuck Grassley's Twitter Feed?" *Digg*, April 16, 2015, https://digg.com/2015/chuck-grassley-twitter.
3. Andrew Kaczynski, "Senator Grassley Explains His Odd Dairy Queen Tweet," *BuzzFeed*, November 7, 2014, https://www.buzzfeednews.com/article/andrewkaczynski/senator-

grassley-explains-his-odd-dairy-queen-tweet.
4. Michael Tayler and Jane Ogden, "Doctors' Use of Euphemisms and Their Impact on Patients' Beliefs about Health: An Experimental Study of Heart Failure," *Patient Education and Counseling* 57, no. 3 (2005): 321–26.
5. Deborah Rawlings, Jennifer J. Tieman, Christine Sanderson, Deborah Parker, and Lauren Miller-Lewis, "Never Say Die: Death Euphemisms, Misunderstandings and Their Implications for Practice," *International Journal of Palliative Nursing* 23, no. 7 (2017): 324–30.
6. William J. Astore, "All the Euphemisms We Use for 'War,'" *The Nation*, April 15, 2016.
7. W. Donald Smith, "Beyond the 'Bridge on the River Kwai': Labor Mobilization in the Greater East Asia Co-Prosperity Sphere," *International Labor and Working-Class History* 58 (2000): 219–38.
8. Morton Ann Gernsbacher, Adam R. Raimond, M. Theresa Balinghasay, and Jilana S. Boston, "'Special Needs' Is an Ineffective Euphemism," *Cognitive Research: Principles and Implications* 1, no. 1 (2016): 1–13.
9. Jeffrey K. Salkin, *Righteous Gentiles in the Hebrew Bible: Ancient Role Models for Sacred Relationships* (Woodstock, VT: Jewish Lights Publishing, 2008).
10. Alex Lubertozzi, "Introduction," in *Oliver Twist* (Oak Park, IL: Top Five Books, 2019).
11. Marvin Rosenberg, *The Adventures of a Shakespeare Scholar: To Discover Shakespeare's Art* (Newark: University of Delaware Press, 1997).
12. Daniel Gross, "That's What She Said: The Rise and Fall of the 2000s' Best Bad Joke," *The Atlantic*, January 24, 2014.
13. Juliane House, Gabriele Kasper, and Steven Ross, "Misunderstanding Talk," in *Misunderstanding in Social Life: Discourse Approaches to Problematic Talk*, ed. Juliane House, Gabriele Kasper, and Steven Ross (Harlow: Pearson Education, 2003).
14. Carol Reeves, *The Language of Science* (London: Routledge, 2005).
15. Keith S. Taber, "When the Analogy Breaks Down: Modelling the Atom on the Solar System," *Physics Education* 36, no. 3 (2001): 222–26.
16. George Lakoff and Mark Johnson, *Metaphors We Live By* (Chicago: University of Chicago Press, 1980).
17. Michael Reddy, "The Conduit Metaphor: A Case of Frame Conflict in Our Language about Language," in *Metaphor and Thought*, ed. Andrew Ortony (Cambridge: Cambridge University Press, 1979), 284–324.
18. Keith S. Taber, "Mind Your Language: Metaphor Can Be a Double-Edged Sword," *Physics Education* 40, no. 1 (2005): 11–12.
19. Andreas Musolff, "Metaphors: Sources for Intercultural Misunderstanding?" *International Journal of Language and Culture* 1, no. 1 (2014): 42–59.
20. Bernie Becker and Aaron Lorenzo, "Tax Writers See Peril in Trump's Obamacare Persistence," *Politico*, August 7, 2017, https://www.politico.com/story/2017/08/07/trump-obamacare-congress-tax-reform-241340.
21. Miles Klee, "Senator Orrin Hatch and the Origin of 'Shooting One's Wad,'" *Mel Magazine*, August 2017, https://melmagazine.com/en-us/story/senator-orrin-hatch-and-the-origin-of-shooting-ones-wad.
22. Gareth Carrol, Jeannette Littlemore, and Margaret Gillon Dowens, "Of False Friends and Familiar Foes: Comparing Native and Non-native Understanding of Figurative Phrases," *Lingua* 204 (2018): 21–44.
23. Matt Soniak, "How Did the Term 'Open a Can of Worms' Originate?" *Mental Floss*, June 28, 2012, https://www.mentalfloss.com/article/31039/how-did-term-open-can-worms-originate.

24. Lakoff and Johnson, *Metaphors We Live By*.
25. Raymond W. Gibbs Jr. and Jennifer E. O'Brien, "Idioms and Mental Imagery: The Metaphorical Motivation for Idiomatic Meaning," *Cognition* 36, no. 1 (1990): 35–68.
26. Robert Allen, *How to Write Better English* (London: Penguin Books, 2005).
27. Steven Pinker, *The Blank Slate: The Modern Denial of Human Nature* (New York: Penguin Books, 2003).
28. Jayne Tsuchiyama, "The Term 'Oriental' Is Outdated, but Is It Racist?" *Los Angeles Times*, June 1, 2016.
29. Henry Ansgar Kelly, "Rule of 'Thumb' and the Folklaw of the Husband's Stick," *Journal of Legal Education* 44 (1994): 341–65.
30. Patricia T. O'Conner and Stewart Kellerman, *Origins of the Specious: Myths and Misconceptions of the English Language* (New York: Random House, 2009).
31. Mara L. Grayson, *Teaching Racial Literacy: Reflective Practices for Critical Writing* (Lanham, MD: Rowman & Littlefield, 2018).
32. Joe Satran, "Vintage Slang Terms for Being Drunk Are Hilarious a Century Later," HuffPost, December 7, 2017, https://www.huffpost.com/entry/vintage-slang-terms-drunk n 4268480.
33. Wilson Andrews and Josh Katz, "Language Quiz: Are You on Fleek?" *New York Times*, February 22, 2015.
34. Lynne Kelly, James A. Keaten, Bonnie Becker, Jodi Cole, Lea Littleford, and Barrett Rothe, "'It's the American Lifestyle!': An Investigation of Text Messaging by College Students," *Qualitative Research Reports in Communication 13*, no. 1 (2012): 1–9.
35. Lynne Kelly and Aimee E. Miller-Ott, "Perceived Miscommunication in Friends' and Romantic Partners' Texted Conversations," *Southern Communication Journal* 83, no. 4 (2018): 270.
36. Kelly and Miller-Ott, "Perceived Miscommunication in Friends' and Romantic Partners' Texted Conversations."
37. Jonathan Ohadi, Brandon Brown, Leora Trub, and Lisa Rosenthal, "I Just Text to Say I Love You: Partner Similarity in Texting and Relationship Satisfaction,"*Computers in Human Behavior* 78 (2018): 126–32.
38. Reader's Digest, *Laughter Totally Is the Best Medicine* (White Plains, NY: Trusted Media Brands, Inc., 2019).
39. Jillian Madison, *Damn You, Autcorrect! Awesomely Embarrassing Text Messages You Didn't Mean to Send* (New York: Hyperion, 2011).
40. Jerry Davich, "Text Messages Can Easily Get Lost in Translation," *Chicago Tribune*, June 29, 2017.
41. *Daily Mail*, "Jail for Knifeman Who Stabbed Friend to Death in Row Over Text Message," April 1, 2011.

6장 팀장님 표정이… 혹시 화나셨어요?: 비언어적 표현

1. Stephen Porter, Leanne ten Brinke, and Chantal Gustaw, "Dangerous Decisions: The Impact of First Impressions of Trustworthiness on the Evaluation of Legal Evidence and Defendant Culpability," *Psychology, Crime, and Law* 16, no. 6 (2010): 477–91.
2. Martin Vestergaard, Mickey T. Kongerslev, Marianne S. Thomsen, Birgit Bork Mathiesen, Catherine J. Harmer, Erik Simonsen, and Kamilla W. Miskowiak, "Women with Borderline Personality Disorder Show Reduced Identification of Emotional Facial Expressions and a Heightened Negativity Bias," *Journal of Personality Disorders* 34, no. 5 (2020): 677–98.
3. Roy Azoulay, Uri Berger, Hadar Keshet, Paula M. Niedenthal, and Eva Gilboa-Schechtman, "Social Anxiety and the Interpretation of Morphed Facial Expressions Following Exclusion

and Inclusion," *Journal of Behavior Therapy and Experimental Psychiatry* 66 (2020): 101–11.
4. Rishikesh V. Behere, "Facial Emotion Re*cognition* Deficits: The New Face of Schizophrenia," *Indian Journal of Psychiatry* 57, no. 3 (2015): 229.
5. Andrew J. Calder, Jill Keane, Tom Manly, Reiner Sprengelmeyer, Sophie Scott, Ian Nimmo-Smith, and Andrew W. Young, "Facial Expression Re*cognition* across the Adult Life Span," *Neuropsychologia* 41, no. 2 (2003): 195–202.
6. Madeline B. Harms, Alex Martin, and Gregory L. Wallace, "Facial Emotion Re*cognition* in Autism Spectrum Disorders: A Review of Behavioral and Neuroimaging Studies," *Neuropsychology Review* 20, no. 3 (2010): 290–322.
7. Jessica Bennett, "I'm Not Mad. That's Just My RBF," *New York Times*, August 1, 2015.
8. Heidi Grant Halvorson, *No One Understands You and What to Do about It* (Boston: Harvard Business Review Press, 2015).
9. Dana Berkowitz, *Botox Nation: Changing the Face of America* (New York: New York University Press, 2017).
10. Lisa Feldman Barrett, Ralph Adolphs, Stacy Marsella, Aleix M. Martinez, and Seth D. Pollak, "Emotional Expressions Reconsidered: Challenges to Inferring Emotion from Human Facial Movements," *Psychological Science in the Public Interest* 20, no. 1 (2019): 1–68.
11. Tony Bravo, "How to 'Smize' Like You Mean It," *San Francisco Chronicle*, May 2, 2020.
12. Emese Nagy, "Is Newborn Smiling Really Just a Reflex? Research Is Challenging the Textbooks," *The Conversation*, October 30, 2018, https://theconversation.com/is-newborn-smiling-really-just-a- reflex-research-is-challenging-the-textbooks-105220.
13. Paul Ekman, Richard J. Davidson, and Wallace V. Friesen, "The Duchenne Smile: Emotional Expression and Brain Physiology: II," *Journal of Personality and Social Psychology* 58, no. 2 (1990): 342–53.
14. Eva G. Krumhuber and Antony S. R. Manstead, "Can Duchenne Smiles Be Feigned? New Evidence on Felt and False Smiles," *Emotion* 9, no. 6 (2009): 807–20.
15. Peter Hurley, *The Headshot: The Secrets to Creating Amazing Headshot Portraits* (San Francisco: New Riders Press, 2016).
16. Simon Baron-Cohen, Therese Jolliffe, Catherine Mortimore, and Mary Robertson, "Another Advanced Test of Theory of Mind: Evidence from Very High Functioning Adults with Autism or Asperger Syndrome," *Journal of Child Psychology and Psychiatry* 38, no. 7 (1997): 813–22.
17. Simon Baron-Cohen, Daniel C. Bowen, Rosemary J. Holt, Carrie Allison, Bonnie Auyeung, Michael V. Lombardo, Paula Smith, and Meng-Chuan Lai, "The 'Reading the Mind in the Eyes' Test: Complete Absence of Typical Sex Difference in ~400 Men and Women with Autism," *PLoS One* 10, no. 8 (2015): e0136521.
18. Joshua K. Hartshorne and Laura T. Germine, "When Does Cognitive Functioning Peak? The Asynchronous Rise and Fall of Different Cognitive Abilities across the Life Span," *Psychological Science* 26, no. 4 (2015): 433–43.
19. David Dodell-Feder, Kerry J. Ressler, and Laura T. Germine, "Social *Cognition* or Social Class and Culture? On the Interpretation of Differences in Social Cognitive Performance," *Psychological Medicine* 50, no. 1 (2020): 133–45.
20. Stella Marie Hombach, "From behind the Coronavirus Mask, an Unseen Smile Can Still Be Heard," *Scientific American*, June 1, 2020, https://www.scientificamerican.com/article/from-behind-the-coronavirus-mask-an-unseen-smile-can-still-be-heard.
21. Claus-Christian Carbon, "Wearing Face Masks Strongly Confuses Counterparts in Reading Emotions," *Frontiers in Psychology*, September 25, 2020, https://www.frontiersin.org/articles/10.3389/fpsyg.2020.566886/full.

22. David Boyle, *V for Victory: The Wireless Campaign That Defeated the Nazis* (London: The Real Press, 2016).
23. M. Paul Holsinger, ed., *War and American Popular Culture: A Historical Encyclopedia* (Westport, CT: Greenwood Press, 1999).
24. Stephanie Burnett, "Have You Ever Wondered Why East Asians Spontaneously Make V-Signs in Photos?" *Time*, August 3, 2014, https://time.com/2980357/asia-photos-peace-sign-v-janet-lynn-konica-jun-inoue.
25. Gayle Cotton, *Say Anything to Anyone, Anywhere: 5 Keys to Successful Cross-Cultural Communication* (Hoboken, NJ: John Wiley & Sons, 2013).
26. Cheryl Hamilton, *Communicating for Results: A Guide for Business and the Professions*, 10th ed. (Boston: Wadsworth Cengage, 2014).
27. Daniel Alacon, "How Do You Define a Gang Member?" *New York Times*, May 27, 2015.
28. Zoe Mintz, "Dontadrian Bruce, 15-Year-Old Student, Suspended after School Says Hand Gesture Represented 'Vice Lord' Gang Sign," *International Business Times*, March 12, 2014.
29. Rheanna Murray, "School Defends Principal in Controversial 'Gang Sign' Photo," *ABC News*, November 20, 2014.
30. Kia Makarechi, "'Pointergate' Is the Most Pathetic News Story of the Week," *Vanity Fair*, November 7, 2014.
31. Alexander Petri, "The Best Response to Pointergate, the Worst News Story of 2014?" *Washington Post*, November 14, 2014.
32. *New York Times*, "Virginia Tourism Agency Removes Gang Gesture from Ad," August 19, 2007.
33. Alex Halperin, "Did Urban Outfitters Mean to Put a Gang Sign on a Shirt?" *Salon*, July 18, 2013.
34. Nara Schoenberg, "OK Sign Is under Siege: How the Squeaky-Clean Hand Gesture Was Twisted by Trolls and Acquired Racist Undertones," *Chicago Tribune*, May 30, 2019.
35. Michael Levenson, "Military Says Hand Gestures at Game Were Not White Power Signs," *New York Times*, December 20, 2019.
36. Ben Smith, "I'll Take 'Hand Gestures of QAnon' for $1,000," *New York Times*, May 17, 2021, B1.
37. Associated Press, "Deaf Man Attacked because of Sign Language Mixup," March 4, 1995.
38. Philip Caulfield, "Group of Deaf, Mute Friends Stabbed at Bar after Thug Mistakes Sign Language for Gang Signs," *Daily Mail*, May 1, 2011.
39. Samantha Grossman, "Deaf Man Stabbed after Sign Language Mistaken for Gang Signs," *Time*, January 15, 2013.
40. Katy Steinmetz, "Oxford's 2015 Word of the Year Is This Emoji," *Time*, November 16, 2015.
41. Anne Quito, "Why We Can't Stop Using the 'Face with Tears of Joy' Emoji," *Quartz*, October 18, 2019, https://qz.com/1726756/the-psychology-behind-the-most-popular-emoji.
42. Lucia Peters, "Those Emoji Don't Mean What You Think They Do," *Bustle*, April 12, 2016.
43. Eric Goldman, "Emojis and the Law," *Washington Law Review* 93 (2018): 1227–91.
44. Vyvyan Evans, *The Emoji Code: The Linguistics behind Smiley Faces and Scaredy Cats* (New York: Picador, 2017).
45. Qiyu Bai, Qi Dan, Zhe Mu, and Maokun Yang, "A Systematic Review of Emoji: Current Research and Future Perspectives," *Frontiers in Psychology* 10 (2019): 2221.
46. Facebook Community Standards, Part III, Section 15, "Sexual Solicitation," August 2019, https://www.facebook.com/communitystandards/sexual_solicitation.

47. Hannah Frishberg, "'Sexual' Use of Eggplant and Peach Emojis Banned on Facebook, Instagram," *New York Post*, October 20, 2019.
48. Hannah Jean Miller, Jacob Thebault-Spieker, Shuo Chang, Isaac Johnson, Loren Terveen, and Brent Hecht, "'Blissfully Happy' or 'Ready to Fight': Varying Interpretations of Emoji," in *Proceedings of the Tenth International AAAI Conference on Web and Social Media*, ed. Markus Strohmaier and Krishna P. Gummadi (Palo Alto CA: AAAI Press, 2016), 259–68.
49. Hannah Miller, Daniel Kluver, Jacob Thebault-Spieker, Loren Terveen, and Brent Hecht, "Understanding Emoji Ambiguity in Context: The Role of Text in Emoji-Related Miscommunication," in *Proceedings of the Eleventh International AAAI Conference on Web and Social Media*, ed. Derek Ruths (Palo Alto, CA: AAAI Press, 2017), 152–61.
50. Benjamin Weiser, "At Silk Road Trial, Lawyers Fight to Include Evidence They Call Vital: Emoji," *New York Times*, January 29, 2015, A22.
51. Matt Haber, "Should Grown Men Use Emoji?" *New York Times*, April 3, 2015, D27.
52. Gretchen McCulloch, *Because Internet: Understanding the New Rules of Language* (New York: Riverhead Books, 2019).
53. Jason Turbow, *The Baseball Codes: Beanballs, Sign Stealing, and Bench-Clearing Brawls: The Unwritten Rules of America's Pastime* (New York: Pantheon, 2010).
54. Michael S. Schmidt, "Phillies Are Accused of Stealing Signs Illegally," *New York Times*, May 12, 2010.
55. Michael S. Schmidt, "Boston Red Sox Used Apple Watches to Steal Signs against Yankees," *New York Times*, September 5, 2017.
56. Neil Vigdor, "The Houston Astros' Cheating Scandal: Sign-Stealing, Buzzer Intrigue and Tainted Pennants," *New York Times*, July 16, 2020.
57. USA Today Network, "What Do All Those Hand Signs Mean? Inside the Hidden Language of Baseball and Softball," *Wausau Daily Herald*, April 24, 2018.
58. Tim Rohan, "Mets Revamp Sign System after Daniel Murphy's Departure," *New York Times*, March 6, 2016.
59. Jack Curry, "Mets Follow the Wrong Sign to Another Defeat," *New York Times*, June 14, 1991, B11, B13.
60. Sam Farmer, "Ask Farmer: How Many Plays in an NFL Playbook, and How Many Do Teams Run in a Game?" *Los Angeles Times*, January 3, 2016.
61. Angelique Chengelis, "Big Picture: Play Cards Might Look Silly but Are 'Very Important' in Michigan Offense," *Detroit News*, September 19, 2019.
62. Jesse Newell, "How Miscommunication Hurt KU Football's Offense in Two Underwhelming Games," *Kansas City Star*, September 9, 2019.
63. Alex Ross, "Searching for Silence: John Cage's Art of Noise," *The New Yorker*, October 4, 2010.
64. Timothy D. Wilson, David A. Reinhard, Erin C. Westgate, Daniel T. Gilbert, Nicole Ellerbeck, Cheryl Hahn, Casey L. Brown, and Adi Shaked, "Just Think: The Challenges of the Disengaged Mind," *Science* 345, no. 6192 (2014): 75–77.
65. Takie Sugiyama Lebra, "The Cultural Significance of Silence in Japanese Communication," *Multilingua* 6, no. 4 (1987): 343–58.
66. Kurzon, Dennis, "Towards a Typology of Silence," *Journal of Pragmatics* 39, no. 10 (2007): 1673–88.
67. Linda B. Gambrell, "The Occurrence of Think-Time during Reading Comprehension Instruction," *Journal of Educational Research* 77, no. 2 (1983): 77–80.
68. Barbara A. Wasik and Annemarie H. Hindman, "Why Wait? The Importance of Wait Time in Developing Young Students' Language and Vocabulary Skills," *The Reading Teacher*

72, no. 3 (2018): 369–78.
69. Herbert H. Clark and Jean E. Fox Tree, "Using 'uh' and 'um' in Spontaneous Speaking," *Cognition* 84, no. 1 (2002): 73–111.
70. Shirley Naslund, "Tacit Tango: The Social Framework of Screen-Focused Silence in Institutional Telephone Calls," *Journal of Pragmatics* 91 (2016): 60–79.
71. Milena Popova, *Sexual Consent* (Cambridge, MA: MIT Press, 2019).

7장 그거 그 뭐더라, 그거 맞나?: 인지적 요인

1. N. G. N. Kelsey, *Games, Rhymes, and Wordplay of London Children* (London: Palgrave Macmillan, 2019), 131.
2. Tomasz P. Krzeszowski, "The Bible Translation Imbroglio," in *Cultural Conceptualization in Translation and Language Applications*, ed. Barbara Lewandwoska-Tomaszczyk (Cham: Springer Nature Switzerland, 2020), 15–33.
3. Arthur Asseraf, *Electronic News in Colonial Algeria* (Oxford: Oxford University Press, 2019).
4. Eleanor Ochs, "Misunderstanding Children," in *"Miscommunication" and Problematic Talk*, ed. Nikolas Coupland, Howard Giles, and John M. Wiemann (Newbury Park, CA: Sage Publications, 1991), 44–60.
5. Eve V. Clark, *First Language Acquisition*, 2nd ed. (Cambridge: Cambridge University Press, 2009).
6. Mary K. Fagan, "Toddlers' Persistence When Communication Fails: Response Motivation and Goal Substitution," *First Language* 28, no. 1 (2008): 55–69.
7. Ora Aviezer, "Bedtime Talk of Three-Year- Olds: Collaborative Repair of Miscommunication," First Language 23, no. 1 (2003): 117–39.
8. Sarah A. Bacso and Elizabeth S. Nilsen, "What's That You're Saying? Children with Better Executive Functioning Produce and Repair Communication More Effectively," *Journal of Cognition and Development* 18, no. 4 (2017): 441–64.
9. Elisabeth S. Pasquini, Kathleen H. Corriveau, Melissa Koenig, and Paul L. Harris, "Preschoolers Monitor the Relative Accuracy of Informants," *Developmental Psychology* 43, no. 5 (2007): 1216–26.
10. George A. Miller, Eugene Galanter, and Karl H. Pribram, *Plans and the Structure of Behavior* (New York: Henry Holt, 1960), 153.
11. H. W. Fowler, *A Dictionary of Modern English Usage* (Oxford: Oxford University Press, 1965).
12. John Kimball, "Seven Principles of Surface Structure Parsing in Natural Language," *Cognition* 2 (1973): 12–47.
13. Charles A. Perfetti, Sylvia Beverly, Laura Bell, Kimberly Rodgers, and Robert Faux, "Comprehending Newspaper Headlines," *Journal of Memory and Language* 26, no. 6 (1987): 692–713.
14. Ben Zimmer, "Crash Blossoms," *New York Times Magazine*, January 31, 2010, MM14.
15. Chris Elliott, "The Reader's Editor on... How Headlines Can Be More Easily Misunderstood Online," *The Guardian*, September 16, 2012.
16. Benjamin A. Levett, *Through the Customs Maze: A Popular Exposition and Analysis of the United States Customs Tariff Administrative Laws* (New York: Customs Maze Publishing, 1923).
17. *New York Times*, "Hyphen or Comma? The History of the Error in the Enrollment Tariff Bill," February 21, 1874.
18. Lynne Truss, *Eats, Shoots & Leaves: The Zero Tolerance Approach to Punctuation* (New

York: Avery, 2003).
19. Mary Norris, *Between You & Me: Confessions of a Comma Queen* (New York: W. W. Norton, 2015), 93.
20. Daniel Victor, "Oxford Comma Dispute Is Settled as Maine Drivers Get $5 Million," *New York Times*, February 9, 2018.
21. Adam Freedman, "Clause and Effect," *New York Times*, December 16, 2007.
22. Cecelia Watson, *Semicolon: The Past, Present, and Future of a Misunderstood Mark* (New York: Ecco, 2019).
23. Livia Albeck-Ripka, "Missing Apostrophe in Facebook Post Lands a Man in Defamation Court," *New York Times*, October 11, 2021.
24. Richard P. Heitz, "The Speed-Accuracy Tradeoff: History, Physiology, Methodology, and Behavior," *Frontiers in Neuroscience* 8 (2014): 150.
25. Mark Seidenberg, *Language at the Speed of Sight: How We Read, Why So Many Can't, and What Can Be Done about It* (New York: Basic Books, 2017).
26. Keith Rayner, Elizabeth R. Schotter, Michael E. J. Masson, Mary C. Potter, and Rebecca Treiman, "So Much to Read, So Little Time: How Do We Read, and Can Speed Reading Help?" *Psychological Science in the Public Interest* 17, no. 1 (2016): 4–34.
27. Dina Acklin and Megan H. Papesh, "Modern Speed-Reading Apps Do Not Foster Reading Comprehension," *American Journal of Psychology* 130, no. 2 (2017): 183–99.
28. Seidenberg, *Language at the Speed of Sight*.
29. Steve Tauroza and Desmond Allison, "Speech Rates in British English," *Applied Linguistics* 11, no. 1 (1990): 90–105.
30. Gareth Walker, "The Phonetic Constitution of a Turn-Holding Practice: Rush-Throughs in English Talk-in- Interaction," in *Prosody in Interaction*, ed. Dagmar Barth-Weingarten, Elisabeth Reber, and Margret Selting (Amsterdam: John Benjamins, 2010), 51–72.
31. Raymond Pastore and Albert D. Ritzhaupt, "Using Time-Compression to Make Multimedia Learning More Efficient: Current Research and Practice," *TechTrends* 59, no. 2 (2015): 66–74.
32. Ray Pastore, "The Effects of Time-Compressed Instruction and Redundancy on Learning and Learners' Perceptions of Cognitive Load," *Computers and Education* 58, no. 1 (2012): 641–51.
33. Ray Pastore, "Time-Compressed Instruction: What Compression Speeds Do Learners Prefer?" *International Journal of Instructional Technology and Distance Learning* 12, no. 6 (2015): 3–20.
34. Henry L. Roediger and K. Andrew DeSoto, "Recognizing the Presidents: Was Alexander Hamilton President?" *Psychological Science* 27, no. 5 (2016): 644–50.
35. Aaron French, "The Mandela Effect and New Memory," *Correspondences: Journal for the Study of Esotericism* 6, no. 2 (2018): 201–33.
36. Fiona Broome, *The Mandela Effect—Major Memories, Book 1* (N.p.: New Forest Books, 2019).
37. Henry L. Roediger and Kathleen B. McDermott, "Creating False Memories: Remembering Words Not Presented in Lists," *Journal of Experimental Psychology: Learning, Memory, and Cognition* 21, no. 4 (1995): 803–14.
38. Frederic C. Bartlett, *Remembering: A Study in Experimental and Social Psychology* (Cambridge: Cambridge University Press, 1932/1997).
39. Nathaniel Hebert, "Sex IN THE City; Carrie Bradshaw and the Mandela Effect," *Medium*, May 23, 2018, https://medium.com/@nathanielhebert/sex-in-the-city-carrie-bradshaw-and-the-mandela-effect-bead3a66b7bf.
40. Mark Davies, "Expanding Horizons in Historical Linguistics with the 400-Million Word

Corpus of Historical American English," *Corpora* 7, no. 2 (2012): 121-57.
41. Caitlin Aamodt, "Collective False Memories: What's behind the 'Mandela Effect?'" *Discover*, February 16, 2017, https://www.discovermagazine.com/mind/collective-false-memories-whats-behind-the-mandela-effect.
42. Roediger and DeSoto, "Recognizing the Presidents."
43. Eli Yokley, "Voters Want Gary Johnson, Jill Stein on the Debate Stage," *Morning Consult*, September 1, 2016, https://morningconsult.com/2016/09/01/voters-want-gary-johnson-jill-stein-debate-stage.
44. Jonah Bromwich, "'I Guess I'm Having an Aleppo Moment': Gary Johnson Can't Name a Single Foreign Leader," *New York Times*, September 28, 2016.
45. John Hendrickson, "Gary Johnson Is Ready to Talk about Aleppo," *Esquire*, February 23, 2018.
46. Ryan Teague Beckwith, "Read the Interview Where Gary Johnson Asked What Aleppo Is," *Time*, September 8, 2016.
47. Wilson L. Taylor, "'Cloze Procedure': A New Tool for Measuring Readability," *Journalism Bulletin* 30, no. 4 (1953): 415-33.
48. Richard A. Oppel Jr., "After Debate Gaffe, Perry Vows to Stay in Race," *New York Times*, November 10, 2011.
49. Gitit Kave, Ariel Knafo, and Asaf Gilboa, "The Rise and Fall of Word Retrieval across the Lifespan," *Psychology and Aging* 25, no. 3 (2010): 719-24.

8장 친구야, 넌 내 농담 이해했지?: 사회적 요인

1. Dacher Keltner, Lisa Capps, Ann M. Kring, Randall C. Young, and Erin A. Heerey, "Just Teasing: A Conceptual Analysis and Empirical Review," *Psychological Bulletin* 127, no. 2 (2001): 229-48.
2. Robin M. Kowalski, "'I Was Only Kidding!': Victims' and Perpetrators' Perceptions of Teasing," *Personality and Social Psychology Bulletin* 26, no. 2 (2000): 231-41.
3. Dacher Keltner, Randall C. Young, Erin A. Heerey, Carmen Oemig, and Natalie D. Monarch, "Teasing in Hierarchical and Intimate Relations," *Journal of Personality and Social Psychology* 75, no. 5 (1998): 1231-47.
4. Carol Bishop Mills, "Child's Play or Risky Business? The Development of Teasing Functions and Relational Implications in School-Aged Children," *Journal of Social and Personal Relationships* 35, no. 3 (2018): 287-306.
5. Justin Kruger, Cameron L. Gordon, and Jeff Kuban, "Intentions in Teasing: When 'Just Kidding' Just Isn't Good Enough," *Journal of Personality and Social Psychology* 90, no. 3 (2006): 412-25.
6. Michael Haugh, "'Just Kidding': Teasing and Claims to Non-Serious Intent," *Journal of Pragmatics* 95 (2016): 120-36.
7. Nilupama Wijewardena, Ramanie Samaratunge, Charmine Hartel, and Andrea Kirk-Brown, "Why Did the Emu Cross the Road? Exploring Employees' Perception and Expectations of Humor in the Australian Workplace," *Australian Journal of Management* 41, no. 3 (2016): 563-84.
8. Glen Gorman and Christian H. Jordan, "'I Know You're Kidding': Relationship Closeness Enhances Positive Perceptions of Teasing," *Personal Relationships* 22, no. 2 (2015): 173-87.
9. Richard M. Roberts and Roger J. Kreuz, "Why Do People Use Figurative Language?" *Psychological Science* 5, no. 3 (1994): 159-63.
10. Derrick B. Taylor, "Professor Fired after Joking That Iran Should Pick U.S. Sites to Bomb,"

New York Times, January 11, 2020.
11. Niraj Chokshi, "That Wasn't Mark Twain: How a Misquotation Is Born," *New York Times*, April 26, 2017.
12. Noam Cohen, "Spinning a Web of Lies at Digital Speed," *New York Times*, October 12, 2008, B3.
13. Thomas L. Friedman, "Too Good to Check," *New York Times*, November 17, 2010, A33.
14. Andrew Rosenthal, "Dukakis Criticizes Bush Tax Cut Plan," *New York Times*, October 25, 1988, A26.
15. Nicholas DiFonzo and Prashant Bordia, "Rumor, Gossip, and Urban Legends," *Diogenes* 213 (2007): 19–35.
16. C. J. Walker and D. Struzyk, "Evidence for a Social Conduct Moderating Function of Common Gossip," paper presented to the International Society for the Study of Close Relationships, Saratoga Springs, NY, 1998.
17. Aaron Ben-Ze'ev, "The Vindication of Gossip," in *Good Gossip*, ed. Robert F. Goodman and Aaron Ben-Ze'ev (Lawrence: University Press of Kansas, 1994), 11–24.
18. Eric K. Foster, "Research on Gossip: Taxonomy, Methods, and Future Directions," *Review of General Psychology* 8, no. 2 (2004): 78–99.
19. L. M. Montgomery, *Chronicles of Avonlea* (Toronto: McClelland & Stewart, 1912).
20. Gordon Allport and Leo Postman, *The Psychology of Rumor* (New York: Henry Holt, 1947).
21. Anthony J. Bocchino and David A. Sonenshein, *A Practical Guide to Federal Evidence: Objections, Responses, Rules, and Practice Commentary*, eighth edition (Louisville, CO: National Institute for Trial Advocacy, 2006).
22. Luiza Newlin-Łukowicz, "TH-Stopping in New York City: Substrate Effect Turned Ethnic Marker?" *University of Pennsylvania Working Papers in Linguistics* 19, no. 2 (2013): 150–60.
23. Luanne Von Schneidemesser, "Soda or Pop?" *Journal of English Linguistics* 24, no. 4 (1996): 270–87.
24. Alan McConchie, "Pop vs Soda," http://www.popvssoda.com.
25. Richard Gardiner, "The Civil War Origin of Coca-Cola in Columbus, Georgia," *Muscogee Genealogical Society* 2012: 21–24.
26. Donald H. Naftulin, John E. Ware, and Frank A. Donnelly, "The Doctor Fox Lecture: A Paradigm of Educational Seduction," *Journal of Medical Education* 48, no. 7 (1973): 630–35.
27. John E. Ware and Reed G. Williams, "The Dr. Fox Effect: A Study of Lecturer Effectiveness and Ratings of Instruction," *Journal of Medical Education* 50, no. 2 (1975): 149–56.
28. Eyal Peer and Elisha Babad, "The Doctor Fox Research (1973) Rerevisited: 'Educational Seduction' Ruled Out," *Journal of Educational Psychology* 106, no. 1 (2014): 36–45.
29. Richard E. Petty and John T. Cacioppo, "The Elaboration Likelihood Model of Persuasion," in *Advances in Social Psychology*, no. 19, ed. Leonard Berkowitz (New York: Springer, 1986), 123–205.
30. David Mikkelson, "Did Barack Obama Say He Had Visited 57 (Islamic) States?" *Snopes*, June 19, 2008, https://www.snopes.com/fact-check/57-states.
31. Herbert H. Clark and Edward F. Schaefer, "Concealing One's Meaning from Overhearers," *Journal of Memory and Language* 26, no. 2 (1987): 209–25.
32. John H. Fleming, John M. Darley, James L. Hilton, and Brian A. Kojetin, "Multiple Audience Problem: A Strategic Communication Perspective on Social Perception," *Journal of Personality and Social Psychology* 58, no. 4 (1990): 593–609.
33. Roger Kreuz, *Irony and Sarcasm* (Cambridge, MA: MIT Press, 2020).

34. Sheldon M. Stern, *Averting "The Final Failure": John F. Kennedy and the Secret Cuban Missile Crisis Meetings* (Stanford, CA: Stanford University Press, 2003).
35. H. P. Grice, "Logic and Conversation," in *Syntax and Semantics, Volume 3: Speech Acts*, ed. P. Cole and J. L. Morgan (New York: Academic Press, 1975), 41–58.
36. Alex I. Thompson, "Wrangling Tips: Entrepreneurial Manipulation in Fast-Food Delivery," *Journal of Contemporary Ethnography* 44, no. 6 (2015): 737–65.
37. Orin S Kerr, "The Decline of the Socratic Method at Harvard," *Nebraska Law Review* 78 (1999): 113–34.
38. Jill Anderson, "Misreading Like a Lawyer: Cognitive Bias in Statutory Interpretation," *Harvard Law Review* 127 no. 6 (2014): 1521–92.
39. Harold Bloom, *A Map of Misreading* (Oxford: Oxford University Press, 1975).

9장 아무것도 모르면서 앞뒤 자르지 마세요: 매체와 맥락

1. Alice E. Marwick and danah boyd, "I Tweet Honestly, I Tweet Passionately: Twitter Users, Context Collapse, and the Imagined Audience," *New Media & Society* 13, no. 1 (2011): 114–33.
2. Teresa Gil-Lopez, Cuihua Shen, Grace A. Benefield, Nicholas A. Palomares, Michal Kosinski, and David Stillwell, "One Size Fits All: Context Collapse, Self-Presentation Strategies and Language Styles on Facebook," *Journal of Computer-Mediated Communication* 23, no. 3 (2018): 127–45.
3. John Koblin, "After Racist Tweet, Roseanne Barr's Show Is Canceled by ABC," *New York Times*, May 29, 2018.
4. Jacey Fortin, "Kevin Hart Steps Down as Oscars Host after Criticism Over Homophobic Tweets," *New York Times*, December 6, 2018.
5. Ella Torres, "Kathy Zhu, Miss Michigan 2019, Stripped of Her Title Over 'Offensive' Social Media Posts," *ABC News*, July 20, 2019, https://abcnews.go.com/US/kathy-zhu-miss-michigan-2019-stripped-title-offensive/story?id=64459158.
6. Abby Ohlheiser, "Ken Bone Was a 'Hero'. Now Ken Bone Is 'Bad'. It Was His Destiny as a Human Meme," *Washington Post*, October 14, 2016.
7. Jon Ronson, "How One Stupid Tweet Blew Up Justine Sacco's Life," *New York Times*, February 12, 2015.
8. Sam Biddle, "Justine Sacco Is Good at Her Job, and How I Came to Peace with Her," *Gawker*, December 20, 2014, https://gawker.com/justine-sacco-is-good-at-her-job-and-how-i- came-to-pea-1653022326.
9. Anna Wiener, *Uncanny Valley: A Memoir* (New York: Farrar, Straus and Giroux, 2020).
10. William Davis, "Really, This Jargon Is Getting Out of Hand," *New York Times*, March 25, 1973, 3.
11. Janet Shilling, "I'll Fight Jargon with Jargon," *New York Times*, August 22, 1987, sec. 1, 27.
12. Sana Siwolop, "Business; Counting Coinages in Jargon," *New York Times*, August 1, 1999, sec. 3, 6.
13. Marilyn Katzman, "Baffled by Office Buzzwords," *New York Times*, July 4, 2015.
14. Emma Green, "The Origins of Office Speak: What Corporate Buzzwords Reveal about the History of Work," *The Atlantic*, April 24, 2014.
15. Molly Young, "Garbage Language: Why Do Corporations Speak the Way They Do?" *New York*, February 17, 2020, https://www.thecut.com/2020/02/spread-of-corporate-speak.html.
16. Mark Morgioni, "Defending 'Garbage Language,' the Silly Corporate Terminology That Seriously Works," *Slate*, February 20, 2020, https://slate.com/human-interest/2020/02/

garbage-language-business-speak-defense.html.
17. Howard Gardner, "Getting Acquainted with Jean Piaget," *New York Times*, January 3, 1979, C1.
18. Adam Kirsch, "Should an Author's Intentions Matter?" *New York Times*, March 10, 2015, 31.
19. Roland Barthes, *Image-Music-Text*, trans. Stephen Heath (New York: Hill and Wang, 1977).
20. Elaheh Fadaee, "Symbols, Metaphors and Similes in Literature: A Case Study of 'Animal Farm,'" *Journal of English and Literature* 2, no. 2 (2011): 19–27.
21. Ashley Marshall, "Daniel Defoe as Satirist," *Huntington Library Quarterly* 70, no. 4 (2007): 553–76.
22. Kate Loveman, *Reading Fictions, 1660–1740: Deception in English Literary and Political Culture* (Aldershot: Ashgate, 2008).
23. J. C. Carlier and C. T. Watts, "Roland Barthes's Resurrection of the Author and Redemption of Biography," *Cambridge Quarterly* 29, no. 4 (2000): 386–93.
24. Steve Sohmer, *Reading Shakespeare's Mind* (Manchester: Manchester University Press, 2017).
25. Mark Polizzotti, *Sympathy for the Traitor: A Translation Manifesto* (Cambridge, MA: MIT Press, 2018).
26. David Strauss, *The Planet Mars: A History of Observation and Discovery* (Tucson: University of Arizona Press, 1996).
27. Govert Schilling, *Atlas of Astronomical Discoveries* (New York: Springer Science & Business Media, 2011).
28. K. Maria D. Lane, *Geographies of Mars: Seeing and Knowing the Red Planet* (Chicago: University of Chicago Press, 2011).
29. Dennis Prager, *The Rational Bible: Exodus, God, Slavery, and Freedom* (Washington, DC: Regnery Faith, 2018).
30. RT, "Interpreter of Khrushchev's 'We Will Bury You' Phrase Dies at 81," May 17, 2014, https://www.rt.com/news/159524-sukhodrev-interpreter-khrushchev-cold-war.
31. Nataly Kelly and Jost Zetzsche, *Found in Translation: How Language Shapes Our Lives and Transforms the World* (New York: Perigee, 2012).
32. William Taubman, *Khrushchev: The Man and His Era* (New York: Norton, 2003).
33. David Shahar and Mark G. L. Sayers, "Prominent Exostosis Projecting from the Occipital Squama More Substantial and Prevalent in Young Adult Than Older Age Groups," *Scientific Reports* 8, no. 1 (2018): 3354.
34. Zaria Gorvett, "How Modern Life Is Transforming the Human Skeleton," *BBC Future*, June 13, 2019.
35. Isaac Stanley-Becker, "'Horns' Are Growing on Young People's Skulls. Phone Use Is to Blame, Research Suggests," *Washington Post*, June 25, 2019.
36. Hannah Sparks, "Young People Are Growing Horns from Cellphone Use: Study," *New York Post*, June 20, 2019.
37. Stanley-Becker, "'Horns' Are Growing on Young People's Skulls."
38. Denise Grady, "About the Idea That You're Growing Horns from Looking Down at Your Phone... ," *New York Times*, June 20, 2019.
39. Jamie Ducharme, "No, Teenagers Are Not Growing 'Skull Horns' because of Smartphones," *Time*, June 21, 2019, https://time.com/5611036/teenagers-skull-horns.
40. Beth Mole, "Debunked: The Absurd Story about Smartphones Causing Kids to Sprout Horns," *Ars Technica*, June 21, 2019, https://arstechnica.com/science/2019/06/debunked-the-absurd-story-about-smartphones-causing-kids-to-sprout-horns.

41. Frances H. Rauscher, Gordon L. Shaw, and Catherine N. Ky, "Music and Spatial Task Performance," *Nature* 365, no. 6447 (1993): 611.
42. Kevin Sack, "Georgia's Governor Seeks Musical Start for Babies," *New York Times*, January 15, 1998.
43. Samuel A. Mehr, "Miscommunication of Science: Music *Cognition* Research in the Popular Press," *Frontiers in Psychology* 6 (2015): 988.
44. Andy Newman and Sarah Maslin Nir, "New York Today: Cucumber Time," *New York Times*, August 19, 2013.
45. Allan Bell, "Media (Mis)communication on the Science of Climate Change," *Public Understanding of Science* 3, no. 3 (2016): 259-73.
46. Miriam Shuchman and Michael S. Wilkes, "Medical Scientists and Health News Reporting: A Case of Miscommunication," *Annals of Internal Medicine* 126, no. 12 (1997): 976-82.
47. Ann Henderson-Sellers, "Climate Whispers: Media Communication about Climate Change," *Climatic Change* 40, no. 3-4 (1998): 421-56.
48. David F. Ransohoff and Richard M. Ransohoff, "Sensationalism in the Media: When Scientists and Journalists May Be Complicit Collaborators," *Effective Clinical Practice* 4, no. 4 (2001): 185-88.
49. Susan A. Speer, "Flirting: A Designedly Ambiguous Action?" *Research on Language and Social Interaction* 50, no. 2 (2017): 128-50.
50. David M. Buss, "The Evolution of Human Intrasexual Competition: Tactics of Mate Attraction," *Journal of Personality and Social Psychology* 54, no. 4 (1988): 616-28.
51. Michael R. Cunningham, "Reactions to Heterosexual Opening Gambits: Female Selectivity and Male Responsiveness," *Personality and Social Psychology Bulletin* 15, no. 1 (1989): 27-41.
52. Mark S. Carey, "Nonverbal Openings to Conversation," paper presented at the annual meeting of the Eastern Psychological Association, Philadelphia, 1974.
53. Debra G. Walsh and Jay Hewitt, "Giving Men the Come-On: Effect of Eye Contact and Smiling in a Bar Environment," *Perceptual and Motor Skills* 61, no. 3 (1985): 873-74.
54. Nicolas Gueguen, Jacques Fischer-Lokou, Liv Lefebvre, and Lubomir Lamy, "Women's Eye Contact and Men's Later Interest: Two Field Experiments," *Perceptual and Motor Skills* 106, no. 1 (2008): 63-66.
55. Jonathan D. Huber and Edward S. Herold, "Sexually Overt Approaches in Singles Bars," *Canadian Journal of Human Sexuality* 15, no. 3/4 (2006): 133-46.
56. Betty H. La France, "What Verbal and Nonverbal Communication Cues Lead to Sex: An Analysis of the Traditional Sexual Script," *Communication Quarterly* 58, no. 3 (2010): 297-318.
57. David Dryden Henningsen, "Flirting with Meaning: An Examination of Miscommunication in Flirting Interactions," *Sex Roles* 50, no. 7-8 (2004): 481-89.
58. Brandi N. Frisby, Megan R. Dillow, Shelbie Gaughan, and John Nordlund, "Flirtatious Communication: An Experimental Examination of Perceptions of Social-Sexual Communication Motivated by Evolutionary Forces," *Sex Roles* 64, no. 9-10 (2011): 682-94.
59. Janet Halley, "The Move to Affirmative Consent," *Signs: Journal of Women in Culture and Society* 42, no. 1 (2016): 257-79.

10장 빵빵! 못 봤어요, 미안해요: 장소와 맥락

1. Kristin Byron, "Carrying Too Heavy a Load? The Communication and Miscommunication of Emotion by Email," *Academy of Management Review* 33, no. 2 (2008): 309-27.
2. Sarah Schafer, "E-Mail's Impersonal Tone Easily Misunderstood: Conflicts Can Arise from

Mistyped, Misperceived Messages," *Washington Post*, November 3, 2000.

3. Justin Kruger, Nicholas Epley, Jason Parker, and Zhi-Wen Ng, "Egocentrism Over E-Mail: Can We Communicate as Well as We Think?" *Journal of Personality and Social Psychology* 89, no. 6 (2005): 925–36.

4. Monica A. Riordan and Lauren A. Trichtinger, "Overconfidence at the Keyboard: Confidence and Accuracy in Interpreting Affect in E-Mail Exchanges," *Human Communication Research* 43, no. 1 (2017): 1–24.

5. Christoph Laubert and Jennifer Parlamis, "Are You Angry (Happy, Sad) or Aren't You? Emotion Detection Difficulty in Email Negotiation," *Group Decision and Negotiation* 28, no. 2 (2019): 377–413.

6. Byron, "Carrying too Heavy a Load?"

7. Byron, "Carrying too Heavy a Load?"

8. M. Mahdi Roghanizad and Vanessa K. Bohns, "Ask in Person: You're Less Persuasive Than You Think Over Email," *Journal of Experimental Social Psychology* 69 (2017): 223–26.

9. Roghanizad and Bohns, "Ask in Person," 223.

10. *Kitsap Sun*, "Road Rage: Man Shot When Trying to Apologize," December 29, 1997, https://products.kitsapsun.com/archive/1997/12-29/0020 _road rage man shot when trying t.html.

11. Kim Murphy, "Driven to Extremes in the Northwest," *Los Angeles Times*, January 11, 1998.

12. Reginald G. Smart, Robert E. Mann, and Gina Stoduto, "The Prevalence of Road Rage," *Canadian Journal of Public Health* 94, no. 4 (2003): 247–50.

13. Mark J. M. Sullman, "The Expression of Anger on the Road," *Safety Science* 72 (2015): 153–59.

14. Michael Fumento, "'Road Rage' versus Reality," *Atlantic Monthly* 282, no. 2 (August 1998): 12–17.

15. Joel Best and Mary M. Hutchinson, "The Gang Initiation Rite as a Motif in Contemporary Crime Discourse," *Justice Quarterly* 13, no. 3 (1996): 383–404.

16. Leslie Kendrick, "A Test for Criminally Instructional Speech," *Virginia Law Review* 91 (2005): 1973–2021.

17. John Tierney, "The Big City; A Hand Signal to Counteract Road Rage," *New York Times*, March 15, 1999, B1.

18. Tom Magliozzi and Ray Magliozzi, "The Horn and Lights Say It All in Basic Language of the Road," *Orlando Sentinel*, April 19, 2001.

19. Paul Bisceglio, "Why Don't Cars Have a 'Sorry' Signal?" *Pacific Standard*, February 3, 2014, https://psmag.com/environment/dont-cars-sorry-signal-73890.

20. Joshua Dressler, "Rethinking Heat of Passion: A Defense in Search of a Rationale," *Journal of Criminal Law and Criminology* 73 (1982): 421–70.

21. Randolph N. Jonakait, Harold Baer Jr., E. Stewart Jones Jr., and Edward J. Imwinkelried, *New York Evidentiary Foundations*, 2nd ed. (Charlottesville, VA: The Michie Company, 1998).

22. Craig Hemmens, Kathryn E. Scarborough, and Rolando V. Del Carmen, "Grave Doubts about 'Reasonable Doubt': Confusion in State and Federal Courts," *Journal of Criminal Justice* 25, no. 3 (1997): 231–54.

23. Irwin A. Horowitz, "Reasonable Doubt Instructions: Commonsense Justice and Standard of Proof," *Psychology, Public Policy, and Law* 3, no. 2–3 (1997): 285–302.

24. Taylor Jones, Jessica Rose Kalbfeld, Ryan Hancock, and Robin Clark, "Testifying while Black: An Experimental Study of Court Reporter Accuracy in Transcription of African American English," *Language* 95, no. 2 (2019): e216–52.

25. John R. Rickford and Sharese King, "Language and Linguistics on Trial: Hearing Rachel

Jeantel (and Other Vernacular Speakers) in the Courtroom and Beyond," *Language* 92, no. 4 (2016): 948–88.
26. Dana Chipkin, *Successful Freelance Court Reporting* (Albany, NY: Delmar West Legal Studies, 2001).
27. *New York Times*, "Answers from a Court Reporter," June 16, 2010.
28. Jones et al., "Testifying While Black."
29. Christopher Hibbert, *The Destruction of Lord Raglan: A Tragedy of the Crimean War, 1854–55* (London: Longmans, 1961).
30. Terry Brighton, *Hell Riders: The True Story of the Charge of the Light Brigade* (New York: Henry Holt, 2004).
31. Ezra J. Warner, *Generals in Gray: Lives of the Confederate Commanders* (Baton Rouge: Louisiana State University Press, 2006).
32. Mathew W. Lively, *Calamity at Chancellorsville: The Wounding and Death of Confederate General Stonewall Jackson* (El Dorado Hills, CA: Savas Beatie, 2013).
33. Rodney P. Carlisle, *Persian Gulf War* (New York: Facts on File, 2009).
34. David Zucchino and David S. Cloud, "U.S. Deaths in Drone Strike Due to Miscommunication, Report Says," *Los Angeles Times*, October 14, 2011.
35. Kelsey Munro, "How Safe Is Flying? Here's What the Statistics Say," *SBSNews*, July 31, 2018, https://www.sbs.com.au/news/how-safe-is-flying-here-s-what-the-statistics-say.
36. William Rankin, "MEDA Investigation Process," *Boeing Aero* 26, no. 2 (2007): 15–21.
37. J. Charles Alderson, "Air Safety, Language Assessment Policy, and Policy Implementation: The Case of Aviation English," *Annual Review of Applied Linguistics* 29 (2009): 168–87.
38. Barbara Clark, *Aviation English Research Project: Data Analysis Findings and Best Practice Recommendations* (Gatwick: Civil Aviation Authority, 2017).
39. John W. Howard III, "'Tower, Am I Cleared to Land?': Problematic Communication in Aviation Discourse," *Human Communication Research* 34, no. 3 (2008): 370–91.
40. Clark, *Aviation English Research Project*.
41. Steven Cushing, "Pilot–Air Traffic Control Communications: It's Not (Only) What You Say, It's How You Say It," *Flight Safety Digest* 14, no. 7 (1995): 1–10.
42. Brett R. C. Molesworth and Dominique Estival, "Miscommunication in General Aviation: The Influence of External Factors on Communication Errors," *Safety Science* 73 (2015): 73–79.
43. Jon Ziomek, *Collision on Tenerife: The How and Why of the World's Worst Aviation Disaster* (New York: Post Hill Press, 2018).
44. Simon Cookson, "Zagreb and Tenerife: Airline Accidents Involving Linguistic Factors," *Australian Review of Applied Linguistics* 32, no. 3 (2009): 1–14.
45. Douglas Kalajian, "Miscommunication That Led to Aviation Disaster," *Chicago Tribune*, April 21, 2002.
46. Malcolm Gladwell, "The Ethnic Theory of Plane Crashes," in *Outliers* (Boston: Little, Brown, 2008), 177–223.
47. Atsushi Tajima, "Fatal Miscommunication: English in Aviation Safety," *World Englishes* 23, no. 3 (2004): 451–70.